Conheça nossos clubes

Conheça nosso site

@editoraquadrante
@editoraquadrante
@quadranteeditora
Quadrante

Copyright © 2024 Quadrante Editora

Capa
Gabriela Haeitmann

Dados Internacionais de Catalogação na Publicação (CIP)

Llano Cifuentes, Rafael
Seneridade e paz pela oração / Rafael Llano Cifuentes — 1ª ed. — São Paulo: Quadrante Editora, 2024.

ISBN: 978-85-7465-722-6

1. Confiança em Deus 2. Deus - Amor 3. Deus - Paternidade 4. Fé 5. Providência divina I. Título

CDD—231.5

Índices para catálogo sistemático:
1. Providência divina : Doutrina Cristã 231.5

Todos os direitos reservados a
QUADRANTE EDITORA
Rua Bernardo da Veiga, 47 - Tel.: 3873-2270
CEP 01252-020 - São Paulo - SP
www.quadrante.com.br / atendimento@quadrante.com.br

SERENIDADE
e paz pela oração

RAFAEL
LLANO
CIFUENTES

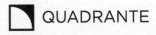

SUMÁRIO

PREFÁCIO 7

CAPÍTULO 1
A ORAÇÃO COMO ATITUDE VITAL 9

CAPÍTULO II
A PAZ NA ORAÇÃO E AS DIFERENTES
SITUAÇÕES DA VIDA 85

CAPÍTULO III
VIDA DE ORAÇÃO 207

CAPÍTULO IV
AO LADO DO SENHOR 267

CAPÍTULO V
UMA ORAÇÃO PARA CADA MOMENTO 297

CAPÍTULO VI
PAZ E SERENIDADE IRRADIANTES 353

REFERÊNCIAS BIBLIOGRÁFICAS 377

PREFÁCIO

O novo livro do nosso distinto Bispo Auxiliar é mais um chamado à reflexão das grandes apreensões que afligem as sociedades modernas, na busca incessante desse espaço ideal, desse *locus amoenus* do corpo e do espírito, em que se quer conviver com o "Doce Hóspede da alma". Juntando argumento sobre argumento, exemplário sobre exemplário, o autor nos guia a uma luz orientadora, ainda que muitas vezes no fundo do labirinto, que minora ou sana os males. E não nos esqueçamos de que "Rafael" significa ainda "o que sana os males", quer de Tobias, quer de nossa sociedade, pois também *habent suafata verba*.

Os primeiros cristãos, trabalhando por aprofundar o conceito e a prática do crer, procuraram estabelecer uma diferença entre a crença passiva e a crença ativa, aquela que não se contenta em dizer "creio em Deus", mas esforça-se por buscar a fé para chegar a dizer "Creio a Deus"! — *credo Deo*, na primeira maneira de crer, e *credo in Deum* na segunda.

O extraordinário orador e artista do estilo que foi o Padre Antônio Vieira trouxe a distinção semântica para o português, a fim de explicar o tópico das duas naturezas de crença, em um dos seus mais caros sermões.

Todas as reflexões e exemplos trazidos ao nosso conhecimento nas considerações de Dom Rafael apontam para esse processo, para esse movimento que vai de uma adesão intuitiva à capacidade de um recolhimento de fé reflexivo. É como dizia Santo Agostinho, lembrado pelo autor: "Esforça-te em tudo como se tudo dependesse de ti, e espera em tudo como se tudo dependesse de Deus".

Por todo esse esforço passarão todas as preocupações, todas as tensões e temores que afligem nossa caminhada, e todos se diluirão ao peso de nossa fé inquebrantável e da nossa oração à misericórdia superior.

Serenidade e paz pela oração reúne as leituras que aplainarão o caminho dessa jornada; as orações que conduzem ao caminho dessa adesão e nos proporcionarão finalmente a convivência com o "Doce Hóspede da alma".

Mais uma vez um livro de Dom Rafael Llano Cifuentes nos revela o conforto do espírito e a esperança de que Deus nos encontre muito antes de nós O encontrarmos pelas nossas próprias forças.

Acadêmico Evanildo Bechara
Membro da Academia Brasileira de Letras

CAPÍTULO 1
A ORAÇÃO COMO ATITUDE VITAL

Viver em paz: o domínio de nós mesmos

Contou-me um amigo um pequeno incidente familiar. Quando entrou em casa, encontrou a sua esposa — muito sensível — num estado verdadeiramente aflitivo: indo de um lado para o outro, procurando com ansiedade em cada canto da casa algo que havia perdido. Ele perguntou-lhe: "O que aconteceu com você?" "Perdi algo muito importante." "O que foi?" "Não, não quero dizê-lo!" "Diga, por favor!". E quase chorando, ela respondeu: "Algo que nunca gostaria de perder: a aliança do nosso casamento..." Meu amigo, com um olhar sereno, respondeu calmamente: "Não, você não sabe, mas perdeu uma coisa mais importante ainda." "O quê?" — "Você perdeu a paz... Vamos recuperá-la, enquanto tranquilamente buscamos o anel." E ambos se abraçaram com um sorriso nos lábios.

Quantas vezes nos inquietamos por coisas grandes e por coisas pequenas: quando perdemos a saúde, quando perdemos o emprego, quando perdemos a oportunidade de fazer um bom negócio, quando perdemos a carteira de identidade, quando perdemos o ônibus... Mas na realidade estamos perdendo algo muito mais importante: a paz.

Você já andou pela avenida Rio Branco, no Rio de Janeiro, ou pela Praça da Sé, em São Paulo, num dia de trabalho? O que você observa? Pessoas tensas, concentradas, nervosas, apressadas, inquietas... Parece que algo muito sério lhes está acontecendo, que algo muito perigoso as está perseguindo ou que está em jogo algo de interesse fundamental, e não percebem que, com sua agitação, estão perdendo algo muito mais importante ainda: a paz!

Em alguns momentos penso: se os rostos revelam essa ansiedade, esse nervosismo, o que não revelará a alma? O que aconteceria se nós pudéssemos fazer uma radiografia da nossa vida íntima? Talvez revelássemos uma situação que beira o nervosismo descontrolado, ou o *stress*, ou um estado pré--neurótico de ansiedade. Por que há tanta gente que não consegue dormir se não toma um calmante, um Valium qualquer? Falta paz interior, domínio de si próprio...

Às vezes, contudo, subitamente, como uma lufada de ar límpido, vem à nossa mente um pensamento: será que tudo isso é tão importante a ponto de me tirar o sono, de comprometer minha saúde, a tranquilidade do meu lar?

"Não é verdade", pergunta Jacques Madaule, "que há para cada um de nós um momento, naqueles dias demasiado ocupados, em que de repente sentimos que tudo aquilo não tem importância nenhuma, que não está naquilo o essencial, que permanecemos na superfície das coisas?"[1] Talvez respondêssemos: "Sem dúvida!" Nós mesmos poderíamos continuar perguntando-nos: não é certo que, por vezes, torna-se evidente a impressão de estarmos sozinhos ou perdidos no meio de uma multidão de relações, numa festa, numa reunião em que as conversas se cruzam e entrecruzam falando de banalidades, enquanto nós, por dentro, experimentamos uma sensação de vazio e solidão? Não temos a percepção de que, quando trabalhamos afanosamente, o motivo daquele esforço todo talvez não valha tanto a pena? Não experimentamos uma certa frustração quando atingimos um objetivo, e ao fim de tanta labuta reparamos que no fundo não era isso que procurávamos?

O que nos indicam estes fatos? Indicam que a felicidade e a paz não vêm de fora; que se criam e se recriam dentro de nós; que nas coisas exteriores achamos, com frequência, um incentivo e uma motivação, mas só na medida em que encontrem eco no nosso coração... Esses fatos nos mostram que, acima das coisas que nos ocupam diariamente — e que com frequência representam uma alienação, uma usurpação da nossa identidade mais profunda — há algo muito mais importante: os sentimentos do nosso coração, o ideal da nossa vida, o endereço verdadeiro da carta branca da nossa alma.

O Salmo 118 nos diz: "A minha alma está sempre nas minhas mãos". Nós poderíamos perguntar: está a minha alma nas minhas mãos, ou está nas mãos

---

[1] Madaule citado por Sertillanges, *Deveres*, Lisboa, 1957, p. 110.

do trabalho atabalhoado, em poder dos nervos descontrolados, no comando dos fantasmas do passado ou dos pressentimentos agourentos do futuro? Não temos, vez por outra, a impressão de que não nos possuímos, de que somos possuídos pela ansiedade, pela trepidação, pelas preocupações, pelas impaciências, pelas irritações?

Lembro-me agora de Daniel, um médico jovem, sereno, que parecia estar sempre em paz. Um colega dele contou-me um fato insignificante que revela o perfil de uma personalidade equilibrada. Encontravam-se ambos no quarto de um paciente. Este se dirigiu intempestivamente a Daniel reclamando, de uma forma extremamente grosseira, do tratamento que estava recebendo no hospital. Daniel ficou tranquilo, sorriu para ele e lhe disse calmamente: "Depois veremos como podemos mudar esse tratamento que o faz sofrer tanto, agora vamos medir a pressão". O doente, que esperava uma reação violenta do médico, ficou completamente calmo. O colega, admirado, perguntou-lhe depois por que não tinha repreendido o paciente. Ele respondeu: "É um pobre homem que está sofrendo de solidão, ele descarrega a sua mágoa no primeiro que encontra; se um mal-humorado num quarto já é ruim, por que haveria eu de acrescentar outro com a minha irritação?" E concluiu: "Sabe como consigo me manter calmo? Fazendo todos os dias, antes de vir para o hospital, um pouco de meditação. E procuro manter-me nesse clima o dia todo. É formidável! Representa para mim um filtro: só deixa passar o que é bom". A atitude de Daniel indicava autodomínio: a oração lhe permitia "ter a alma nas próprias mãos". Quando na meditação se veem as coisas através do olhar de Deus, a realidade adquire a sua verdadeira dimensão.

Ortega y Gasset sintetizava o seu pensamento historicista nesta frase: "Eu sou eu e a minha circunstância". Mas não raro se poderia dizer melhor: Eu, antes de ser eu, sou a minha circunstância, a minha esgotante atividade, os meus nervos descontrolados, a minha depressão, e só depois é que o meu "eu" vai a reboque, atrelado a todas essas situações descontroladas. Certas pessoas parecem marionetes mexidas pelas mais diversas cordinhas: o trabalho ansioso, o pressentimento de um perigo, o medo de uma doença, o puxão da sensualidade ou da ira, o ativismo fora de toda medida... Elas são comandadas de fora, não são elas que agem; não se possuem, são possuídas por outras forças alheias a si mesmas.

Hoje, mais do que nunca, temos que reafirmar a necessidade de entrar na posse de nós mesmos, de conseguir que a nossa atividade emane de um núcleo central de convicções; precisamos evitar que venhamos a ser arrastados pelos acontecimentos como uma folha pelo vento; nós mesmos — e não as circunstâncias — temos de marcar o ritmo de nossas vidas. Temos que reagir! Não podemos deixar-nos conduzir. Somos nós mesmos — e não as circunstâncias — que temos que segurar as rédeas da vida!

Necessidade de vida interior

No nosso tempo, grassa uma verdadeira doença: a vontade de triunfar a todo custo. A sociedade competitiva em que vivemos criou a necessidade psicológica do sucesso. É preciso subir na escala social. É necessário ganhar *status*. Despertar admiração. A profissão tornou-se fundamentalmente um pedestal e uma fonte de recursos para manter um alto nível de vida. Daí vem a corrida pelos postos rendosos e honoríficos, catalisada pelo *doping* da vaidade, que lança adrenalina nas veias, incentivando a realização de um trabalho apoplético. E termina desgastando a pessoa pelo *stress*, pelos distúrbios psicológicos, pela depressão, pelo desequilíbrio nervoso, se ela já não tiver sido, antes, fulminada pelo infarto. O homem é um escravo, dominado pela paixão da vaidade e da ambição. Ele não é dono do seu destino humano pessoal. Forma parte da máquina de uma sociedade globalizada que enaltece a produtividade e tritura a ineficácia.

Quando um homem não tem o comando de sua vida, não se possui a si mesmo, não sabe interiormente permanecer sozinho, em silêncio, com ele mesmo e com Deus, esse homem perde — por muito elevados que sejam os seus triunfos — o pulso interior, a sua categoria humana, a sua prerrogativa essencial que o diferencia da planta ou do animal. Estes estão sempre condicionados pelas circunstâncias e pelo meio ambiente: não têm uma vida autônoma.

A ORAÇÃO COMO ATITUDE VITAL

Quando os *slogans* propagandísticos, as ideias e sentimentos que a mídia, a televisão e o rádio querem incutir-nos à força, quando a trepidação do trabalho, a atividade desenfreada, o nervosismo e as preocupações polarizam a nossa atenção, invadindo o centro solene da nossa alma, é como se injetassem uma espécie de "narcótico" nas veias do nosso ser, colocando-nos num estado de "pré-hipnotismo": parece que somos dominados por um outro ser, que já não nos possuímos, que já não somos nós mesmos; então dá a impressão de que somos como um alto-falante, um DVD, que não tem música própria, só aquela imposta pelo comando exterior.

Urge reencontrar-nos de novo, entrarmos na posse de nós mesmos. Interiorizarmo-nos.

O homem que perdeu o silêncio, o recolhimento e a serenidade interior, não somente perdeu um atributo: foi modificado em toda a sua estrutura.

O silêncio e o recolhimento são como as pálpebras que protegem o que há em nós de mais pessoal e profundo.

Gustave Thibon, um dos mais conhecidos pensadores franceses contemporâneos, que escrevia com frequência na imprensa francesa, em um dos seus artigos comentava: "Outro dia, numa conferência, dizia eu a um grupo de executivos que o clima da sociedade atual torna cada dia mais difícil o acesso à vida interior, designando com esta palavra, no meu pensamento, a capacidade de recolhimento, de solidão, de silêncio; e, para os que têm fé, de oração".

"Vida interior?", disse um dos meus ouvintes, "É noção muito antiquada para esta segunda metade do século XX, no qual o homem liberta a energia dos átomos e visita os astros. Eu só creio no dinamismo e na eficácia, e só me sinto bem na ação, ou no dinamismo do meu trabalho, ou na distração que consigo com o fruto desse trabalho: no esporte, nos espetáculos, nas viagens".[2]

Esta maneira de falar poderia estar na boca de milhares de pessoas na cidade do Rio de Janeiro ou em qualquer outra cidade grande: quantas vezes eu ouvi palavras semelhantes! "Reflexão, oração, isto está bem para um monge, para uma freira, mas não para mim. O senhor não pode imaginar", dizem-me, "o que tenho que fazer... Sou continuamente assaltado pelas responsabilidades e obrigações... Não tenho um minuto livre... Além disso, parece-me tão inútil ficar parado, assim, sem fazer nada. Os filhos, o cônjuge, os problemas do lar, o trabalho, a empresa, os negócios, os mil assuntos a solucionar solicitam a minha ação, a minha atenção. Eu não tenho muito tempo para lero-leros".

Para os que assim se expressam poderíamos dizer o que Gustave Thibon respondeu ao seu interlocutor:

> Quero tornar mais precisa para você a noção de vida interior. O que distingue o ser humano de uma máquina é precisamente o aspecto interior, os pensamentos, os sentimentos. Uma máquina realiza exteriormente o que

---

2   Gustave Thibon, *Equilibrio y armonía*, Madri, Rialp, 1978, p. 21.

o homem pode realizar, mas não pode sentir nem pensar. Você diz que só é feliz com a ação. Mas essa felicidade, pergunto, está nas coisas sobre as quais você atua — por exemplo, se você é arquiteto, nas pedras das casas que constrói — ou essa felicidade atua em você mesmo, devido à plenitude que experimenta pelo exercício das suas faculdades criadoras?

A felicidade não está na eficácia e no dinamismo — termos mais em moda do que os da vida interior —, na rapidez em construir um prédio. Porque tudo isso uma máquina pode realizar muito melhor.

Você pensa que um homem pode ter como ideal ser uma máquina, muito eficiente, que não sente nada?

Você diz que gosta de viajar. Mas, o que dá valor à viagem? A passagem de um lugar a outro? Ou a maravilha das descobertas, uma experiência fundamentalmente interior?

Você não está reparando que a fonte da felicidade não está na ação exterior, mas no mais íntimo de você, na plenitude interior que a ação provoca

Você não compreende que viver do exterior é viver condicionado pelos acontecimentos?

Você não entende que um homem devorado (que palavra eloquente!) pela febre da ação não tem as reservas interiores suficientes para gozar plenamente dos resultados dos seus esforços?

O excesso do fazer provoca a anemia do ser.

"Estou cheio de atividades", você me diz. Não se esqueça de que estar cheio não é a mesma coisa que sentir-se pleno. Cheio pode significar também saturado, esgotado, obstruído por tanta inquietação.

Depois de dizer isto, posso reafirmar o caráter necessário da ação, as suas virtudes e os seus benefícios. Mas com a condição de que não se chegue até o esgotamento interior, no qual o homem, despossuído do que é, converte-se em escravo do que faz.[3]

---

3   Gustave Thibon, op. cit., pp. 22-24.

Que expressiva é, na linguagem popular brasileira, a frase "estou cheio!" Ela vem a dizer também algo semelhante a "estou farto". Algo diametralmente diferente dessa plenitude que só se consegue no silêncio e na paz interior que a oração proporciona. Uma coisa é a plenitude que se experimenta na oração, e outra bem diferente é o vazio que se sente quando se diz: "estou cheio; estou farto".

Recolhimento e silêncio

O recolhimento e o silêncio interior são fundamentais para se conseguir o equilíbrio e a harmonia, frutos da plenitude.

Há hoje muitas pessoas que vivem divorciadas de si mesmas, porque não fazem silêncio em si mesmas. Não ouvem o que há de mais essencial, porque o ruído as impede de ouvir a voz do seu mundo interior ou a voz de Deus.

É por esta razão que tantos precisam de "terapias" especiais, e é também por esta razão que os homens que têm vida interior normalmente não precisam ir ao analista: a paz, fruto da meditação e da oração — sem reduzir-se simplesmente a isso — não deixa de ser uma verdadeira e fecunda psicanálise salvadora.

Sem dúvidas a pausa, a quietude da oração, é como um remanso de paz no turbulento rio da vida. As águas agitadas, tumultuosas, serenam-se; os detritos que, porventura, carregaram na sua corrida sedimentam-se no fundo; e só então é que podemos enxergar o verdadeiro rosto do rio, o verdadeiro semblante da alma.

Parar. Acalmar as tensões, as irritações, para colocar as coisas no seu devido lugar. Não há nada melhor do que se perguntar, no silêncio da oração: "Que importância terá isto daqui a dez anos?"; ou melhor: "Que significado real tem este acontecimento para Deus?".

Colocar-se na atalaia de Deus, saber olhar a realidade com a perspectiva de Deus outorga-nos uma imensa serenidade: faz com que as impaciências, as preocupações, os nervosismos, as pressões, a corrida frenética desse ativismo que nos leva ao *stress*, adquiram o seu verdadeiro ritmo e valor.

Não é estranho que, já há anos, tenha entrado em moda a "meditação transcendental". Nos Estados Unidos, a chamada *Mahesh yogi* tem mais de 30 mil adeptos, que chegam a pagar 130 dólares apenas por sua inscrição nos "ritos de iniciação". E John Kaplan, professor da universidade de Stanford, recomenda a "meditação transcendental" como um "tranquilizante não-químico, sem efeitos colaterais". Esta frase pareceria uma piada, se não tivesse sido formulada por um eminente especialista na matéria, com a maior seriedade acadêmica.

Com frequência encontramos gente na praia, na montanha, no campo, fazendo "meditação transcendental". Faz pouco vi um rapaz barbudo, com "cara de monge budista", em posição de yoga, embaixo de uma árvore do Jardim Botânico do Rio, nessa atitude hierática. Mas, infelizmente, com mais frequência ainda, encontramos católicos que não têm tempo de fazer um pouco de oração diária e estão tomando vidros e vidros de Valium ou de outros tranquilizantes... Não pensem que estou criticando os tratamentos médicos; estou simplesmente dizendo que, em muitos casos, poderia trocar-se a química dos calmantes pelos comprimidos da paz e da serenidade que se elaboram nos pouco frequentados laboratórios da oração.

Há, pairando no ambiente, como que uma necessidade de vida interior, um desejo de realizar o que se está chamando "a experiência de Deus". É interessante reparar nos resultados das entrevistas que a C.P.M. realizou em seis grandes cidades brasileiras, entre pessoas de 12 a 20 anos, conforme noticiou a Folha de São Paulo em 24 de maio de 1998. Este balanço detectou que "o jovem brasileiro quer falar com Deus pessoalmente".

Lucas Porto, comentando essa enquete, escreve:

> Os resultados revelaram a onda de religiosidade entre os jovens do fim do século, abalando a visão de que esta seria uma geração materialista, sem transcendência espiritual. *De cada cem entrevistados, 52 gostariam de ter uma conversa a sós com Deus.*
>
> A fé é praticamente unânime: 98,2% das moças e dos rapazes ouvidos em São Paulo, Ribeirão Preto, Belo Horizonte, Porto Alegre, Recife e Salvador, disseram acreditar em Deus.
>
> Surpresos, alguns psicanalistas procuraram analisar o fato. O público ouvido é fruto da famosa "geração 68".

Pareceria mais lógico que os ideais rompedores de tabus apresentassem um resultado diferente. Mas não foi assim.

E qual foi o perfil traçado? Nem libertários políticos, nem defensores do sexo livre e inconsequente, nem ateus plenamente confiantes na humanidade. São pessoas — jovens pessoas, não se deve esquecer — que defenderam nessa mesma enquete a primazia de valores como a sinceridade, a honestidade, a humildade e a amizade. E que buscam a Deus, não para resolver seus problemas e crises, mas para ter com Ele um trato amigável.[4]

Sim, precisamente agora, quando o que está mais cotado é a eficácia do trabalho, a capacidade de elevar o próprio *status* social e econômico, ou de fazer subir o nível da conta bancária, parece que se torna mais aguda, por contraste, essa sede de absoluto, essa nostalgia de Deus, essa necessidade de recolhimento, de oração, de relacionamento íntimo com Deus. Parece que, de uma forma mais evidente, a nova geração está tomando consciência da verdade que implica aquela eterna sentença de Santo Agostinho: "Tu nos criaste, Senhor, para ti, e nosso coração estará inquieto até que descanse em ti".[5]

Não era isso precisamente o que revelava, aos brados, aquela multidão de dois milhões de jovens reunidos com o Papa João Paulo II, em Tor Vergata, perto de Roma, no Jubileu da Juventude do Ano Santo?

---

[4] Lucas Porto, *Deus e os adolescentes*, in Interprensa, n. 15, julho de 1998, p. 3.
[5] Santo Agostinho, *Confissões*, livro L, cap. 1.

Viajar para dentro

A já clássica sabedoria americana de Emerson dizia: "The one prudence in life is concentration; the one evil is dissipation".[6]

Recolhimento: fonte de toda sabedoria; dispersão: princípio de todos os males. Concentrar-se é ir ao centro. E lá no centro é onde encontraremos a raiz e o sentido de nossa vida.

Neste nosso clima cultural em que o viajar se tornou um desejo quase universal, é preciso, em primeiro lugar, *viajar para dentro*. Só nos encontraremos a nós mesmos e encontraremos o sentido da nossa vida a partir do *centro da nossa existência*. Só a partir desta *experiência central* é que podemos expressar o que realmente somos e sentimos. Só então poderemos falar com a boca da alma palavras que correspondam à nossa única e verdadeira identidade.

Estar centrados em nós mesmos é estar centrados no sentido da nossa vida. Só assim é que conseguiremos a paz. Santo Agostinho dizia que "a paz é a tranquilidade na ordem": não pode haver paz, se não sentimos que a nossa vida está ordenada para um fim e segue um determinado sentido. Como poderemos ter paz, se não sabemos de onde viemos e para onde vamos, se desconhecemos o itinerário da nossa vida?

---

[6] "A única sabedoria na vida é a concentração; o único mal, a dissipação" (Ralph Waldo Emerson).

E dessa paz surge a alegria, como a flor brota da fibra lenhosa, repleta de seiva. Por isso alegria e paz caminham sempre juntas.

Chegamos assim a entender que a alegria e a paz são algo mais do que algumas qualidades perdidas entre outras. São a revelação de um estado interior ou a tomada de consciência de estar caminhando em cima da linha diretriz que indica o sentido da vida.

A paz e a alegria são como um radar que se põe em movimento, quando percebemos — por uma profunda convicção — que estamos nos dirigindo para o centro gravitacional da nossa existência.

O desassossego e a angústia emanam da mesma verdade: quando não se está centrado em si mesmo ou não se tem a certeza de estar caminhando em cima da linha que marca o sentido da vida, brota a inquietação, que é precisamente o contrário da paz: *a intranquilidade na desordem*. E a consciência mais íntima, talvez de uma maneira subliminar, o percebe em determinados momentos em que, porventura, ela nos diz: "Você está à beira de uma crise existencial".

Crise existencial

Falar de crise existencial parece que está na moda, no entanto a eclosão desse tipo de crise epidêmica tem mais de meio século.

Guardo comigo, amarelado pelo tempo, um recorte do Jornal do Brasil com uma crônica enviada de Paris pelo conhecido jornalista José Carlos Oliveira. Nela ele se refere, de uma maneira comovente, à sua crise existencial, às suas inquietudes e nostalgias:

> Estou em Paris, sentado ao meio-dia no jardim de Luxemburgo... meditando... Deveria ir a Lourdes, Chartres e Fátima, pois posso declarar sem pudor que ando à procura da minha fé perdida. A minha fé católica, uma graça de Nossa Senhora que acalentou a minha infância, que me ajudou a sobreviver nas piores condições e para cuja destruição tive que inventar uma máquina, feita peça por peça, de conceitos filosóficos existencialistas. Após sofrer um trauma de grandeza trágica, isto no pórtico da juventude, triturei assim a minha fé e avancei revoltado, niilista, para dentro do mundo adulto. Cá estou agora, sentado no jardim de Luxemburgo, meditando... Meu coração alegre, mas a minha alma se alimentando de inquietude e nostalgia. Vivendo essa experiência na intensidade com que experimento e interrogo cada ondulação ou crispação do meu ser, posso dizer literalmente, dizê-lo autenticamente pela primeira vez desde que esta expressão popular foi pronunciada: a minha alma come o pão que o diabo amassou.[7]

Que triste uma vida alimentada com esse pão amassado de amargura e de angústia, que suspira nostalgicamente por uma fé perdida! Mas essa sensação de agonia, provocada por uma pausada meditação, pode ter sido para esse jornalista como uma janela aberta para Deus. É preciso que as pessoas saibam debruçar-se na janela que abre perspectivas eternas para ponderar, meditar, sentar--se num jardim de Luxemburgo qualquer, para

---

[7] José Carlos Oliveira, *Jornal do Brasil*, 21-03-79, Caderno B, p. 4.

reencontrar — caso o tenham perdido — o destino extraviado da sua vida.

Sim, já o dizíamos, fala-se hoje muito de crise existencial. Esta, contudo, frequentemente pode ser uma tomada de consciência da realidade, o pressuposto de uma *conversão à verdade*: uma suspeita fundada de que a vida não está solidamente alicerçada, de que talvez seja necessário desmontar toda a sua estrutura e edificá-la em outras bases. A sensação de vazio e inquietação pode representar um clarão revelador. Num momento de depressão se pensa: "Que estranho me senti hoje! Parece como se tudo o que antes julgava importante deixasse subitamente de sê-lo. É como se uma inversão na escala de valores se estivesse operando dentro de mim: como se o que estava lá em cima viesse a colocar-se lá embaixo..." Não se percebe, todavia, que precisamente nesse momento aconteceu uma coisa muito significativa: por um instante levantou-se o véu da costumeira mentira cotidiana e se chegou a vislumbrar um pouco da realidade de si mesmo e de Deus.

Depois de ter escrito isto, impressionou-me encontrar uma experiência semelhante numa página do escritor alemão Thomas Mann — prêmio Nobel de Literatura —, através do sentimento íntimo da personagem central do seu célebre livro *Os Buddenbrook*. Buddenbrook, empresário inteligente e culto, homem de extraordinária projeção social, milionário, encontrava-se na sua rica biblioteca num momento de meditação e de silêncio, e, olhando para aquelas magníficas estantes de mogno, repletas de sabedoria, teve um momento de comoção, de perplexidade: não entendia o significado da sua vida:

> A minha vida, as minhas posses, a minha cultura... tudo isso, diante do meu olhar baço, sem brilho, não era nada. Não era isso o que procurava. Não era isso o que queria. Comecei a sentir-me insatisfeito comigo mesmo. Rico, prestigioso... esposa bonita, filhos inteligentes... poderia dizer-se que tinha tudo o que um homem sensato poderia desejar. E, no entanto, sentia-me insatisfeito, como se um amor mais alto, um sentimento mais profundo da existência lançasse para mim um apelo... Senti como se estivesse oco, vazio... Lembrei-me então daquele sentimento que me comovia no cimo dos grandes cumes, na beira do mar, ou quando a minha mãe me falava de Deus...
> Será que estou sentindo nostalgia de Deus? Será que esta sensação que experimento agora representará um simples parêntese na minha vida, ou será que é agora que começa a dissipar-se a névoa da superficialidade e começo a enxergar a profunda realidade da minha existência?[8]

Estas sensações, recolhidas por Thomas Mann — tão parecidas às de José Carlos Oliveira na sua meditação parisiense — estiveram, talvez, de alguma maneira presentes em muitos de nós ao longo de nossas vidas, coincidindo com momentos especialmente sensíveis. Por qualquer circunstância, porque uma melodia despertou a nossa sensibilidade; porque uma festa familiar evocou a figura dos nossos pais, ou um dia, visitando os lugares que povoaram a nossa infância, nos sentimos outra vez crianças; porque nos

---
8 Thomas Mann, *Os Buddenbrook*, São Paulo, Cedibra, 1975, p. 347.

comoveram as palavras e o exemplo de um amigo ou um gesto de ternura; porque uma doença deteve os nossos passos na necessária quietude do leito; porque uma dor inesperada, uma contrariedade nos obrigou a concentrar-nos em nós mesmos; porque sentimos a imensa separação de um ser querido, ou por qualquer outra circunstância semelhante, viemos a compreender que entre o que nós éramos e o que ansiávamos ter sido havia um abismo; que entre a nossa alma e Deus — para o qual fomos criados e por quem suspirávamos sem o saber — levantavam-se as paredes do túnel por onde a nossa existência escuramente resvalava. É então que pensamos: entrei em crise. E julgamos necessário ir ao analista.

Porém, lá dentro de nós, algo nos dizia que o que sentíamos não era uma doença psicológica que reclamava o médico, mas uma realidade bem diferente: como se estivessem começando a desmoronar os muros do túnel para onde obscuramente a nossa vida ia-se deslocando... Como se pela primeira vez nós estivéssemos nos perguntando a sério, em profundidade: "Qual é o sentido da minha vida?".

É por isso que Viktor Frankl acertadamente disse

> que cuidar de averiguar qual é o sentido da existência não é nem uma situação doentia, nem um fenômeno patológico, antes, pelo contrário, devemos guardar-nos muito de pensar tal coisa... Pois o cuidar-se de averiguar o sentido de sua existência é o que caracteriza justamente o homem enquanto tal — não se pode imaginar um animal que esteja submetido a tal preocupação — e não nos é lícito degradar esta realidade que vemos no

homem (mais ainda, sendo isto o que há de mais humano no homem) a algo demasiadamente "humano", a uma espécie de fraqueza, de doença... de complexo. Melhor se poderia dizer que é exatamente o contrário.[9]

Em seguida o mesmo autor nos diz que o anormal não é perder a paz preocupando-se com o sentido transcendental da vida, mas precisamente o inverso: anormal é viver como um "homúnculo", sem verticalidade, aletargado pelo trabalho, pelas incidências da vida, pelas diversões, sem uma explicação última da própria existência. E fala, de forma extremamente significativa, de doentes psicóticos que somente nos intervalos de normalidade experimentavam preocupações sobre o sentido de sua vida![10]

Por isso, muitas vezes se denomina crise o que é um despertar, um abrir os olhos à realidade e sentir essa tremenda saudade que traz consigo a ausência de Deus...

É nesses momentos delicados que se torna indispensável concentrar-se, ir ao centro, meditar, *viajar para dentro* para encontrar lá o núcleo central da nossa personalidade, o sentido da nossa vida.

Então aparece de uma maneira muito clara o pensamento de Deus: se Deus deu a cada estrela a sua órbita e a cada pássaro o seu canto, deu-me a mim, sem dúvida, um sentido, uma missão a cumprir.

---

9 Viktor Frankl, *La idea psicológica del hombre*, Madri, 1965, pp. 58-59.
10 Idem.

É interessante como os "pensadores" de todos os tempos, ao questionar os últimos "porquês" das coisas e dos acontecimentos, quando indagavam sobre o sentido da vida, também ao mesmo tempo pediam a Deus a claridade necessária para encontrar a paz, faziam oração. Assim, Platão perguntava-se: "De onde venho, para onde vou?" e depois, uma prece pungente: "Oh, Ser Desconhecido, tem compaixão de mim!".
A busca do sentido da vida traz consigo, necessariamente, a oração.

Chamaram-me a atenção, a esse respeito, algumas palavras do Papa Pio XII, dirigidas a um grupo de oficiais da marinha brasileira em Castel Gandolfo, residência de verão do Sumo Pontífice. Aludindo à vida do mar, aos desafios constantes das longas travessias marítimas, às muitas viagens e paradas em variados portos, Pio XII deixou-lhes este magnífico recado:

> Lembrai-vos de fazer escala, frequentemente, no porto do silêncio interior, onde podeis encontrar a resposta para todas as vossas aspirações mais íntimas: Deus. Este é o caminho da paz, da alegria, da felicidade; ancorar nossa fragilidade humana na força de Deus... Fazer repousar o barco da existência, assiduamente, no misterioso e pacífico porto da vida interior e da oração: aí encontrareis a força para continuar navegando e, também, o próprio rumo da navegação.

Que paz, que tranquilidade sentimos ao saber que estamos navegando para o porto da nossa realização eterna! Mas para conseguir essa paz, necessitamos olhar para a bússola da nossa consciência, meditar com calma, mergulhar no fundo do nosso ser e encontrar o rumo.

A força da vocação

Esse mergulhar a fundo para encontrar o rumo é algo indispensável. Se não há rumo, não há porto de chegada e, no dizer de Sêneca, "nenhum vento é favorável para o navio que não sabe a que porto se dirige".

A vida perde toda a sua motivação quando não há um polo de atração, um destino, uma vocação.

A única coisa realmente importante — a que esgota o problema do sentido da vida — é saber qual é a nossa vocação: o que Deus quer de nós. E levá-lo a cabo.

É por isso fundamental, dizíamos, mergulhar fundo no nosso ser para descobrir o que Deus quer de nós: quando não há uma vocação que nos chama não há estímulo, a pulsação da vida *para*. Mas, quando ela nos chama, a vida toma outro impulso, ganha outra força.

Não podemos imaginar, se não o experimentarmos, a mudança que se pode operar em nossa personalidade, quando nos deixamos possuir até a medula pelo imperativo de uma missão divina. É como se a mais forte motivação nos empurrasse, como se de lá, do nosso futuro, partisse um braço de ferro que nos levantasse de todos os desânimos: sentimo-nos como que arrastados por uma "avalanche de força avassaladora"[11] para superar o último obstáculo e vencer nossa última batalha. É como se uma potente voz, vinda do lugar para onde fomos destinados, nos chamasse vigorosamente: "Tu tens que fazer isto, tu tens que te tornar aquilo". É como se esse chamado nos despertasse das nossas apatias e nos empurrasse imperativamente para o nosso futuro.

Nietzsche escrevia: "Quem dispõe de um porquê é capaz de suportar qualquer como". Eu diria que este pensamento, que tão a fundo explica a realidade do comportamento humano, é válido especialmente quando se tem consciência de que o porquê coincide com a razão de ser da nossa vida, ou seja, com o desígnio de Deus sobre cada um de nós. Então sabe-se suportar qualquer como, qualquer forma sob a qual se encubra a vontade de Deus, ainda que seja a monotonia dos dias iguais, as cargas do trabalho, as contrariedades e as dores.

Quando alguém, apesar de todos os sacrifícios, se dispõe a assumir o seu destino, a missão a cumprir gozosamente o arrasta. A vocação o chama primeiro na alma em forma de exigência e depois o propulsiona para frente com a força de um guindaste, com o ardor do ideal e a jubilosa certeza de que está caminhando na direção de sua plenitude completa.

Quando ouvimos em nossa alma aquele grito de São Paulo: *hora est iam nos de somno surgere!*, "já é hora

---

11 Josemaria Escrivá, *É Cristo que passa*, São Paulo, Quadrante, 1975.

de nos levantarmos de nossa apatia!" (Rm 13, 11); quando Deus nos chama para algo muito maior do que possa desejar o nosso egoísmo, e — sentindo embora a natural indolência, o medo do desconhecido e a aversão à renúncia — somos capazes, ainda assim, de superar tudo isto e levantamos voo nas asas de nossa vocação, esta termina protegendo-nos como uma couraça. Nela encontramos sossego, novos motivos de luta; nela se renova nosso ânimo e até parece que nos agigantamos ante os obstáculos, e nos dilatamos em meio às dificuldades como as pupilas se dilatam no meio da noite. É deste modo que impedimos que os espectros do desalento encontrem refúgio em nosso peito.

Como é importante que, ao chegarem os desânimos e os quebrantos, exista algo muito superior a qualquer carga, sofrimento ou pena; algo que nos diga lá no fundo: "Todos esses trabalhos, labutas e dificuldades sofridos por esse ideal, realmente valem a pena, mil vezes valem a pena!".

Para descobrir esse desígnio de Deus, para escutar esse chamado, é preciso, no entanto, estar atento, fazer silêncio para ouvir a voz de Deus; é necessário distinguir a sua voz por entre o barulho que fazem o nosso orgulho e o nosso egoísmo, por entre a algazarra provocada pelo ativismo desbocado que exacerba o sistema nervoso... Mas cumpre especialmente ter a coragem de encarar Deus, de perguntar-lhe, na oração, como Paulo depois de ser jogado do cavalo no caminho de Damasco: "Senhor, que queres que eu faça?" (At 9, 6). A oração, o diálogo com Deus, é

A ORAÇÃO COMO ATITUDE VITAL

indispensável. É impressionante reparar nesse homem depois de sua decisão, tomada lá mesmo em Damasco: não há nada que o possa deter. Perseguido, caluniado, apedrejado. E, todavia, seguro, constante, inquebrantável. Mais ainda, vibrante: *Superabundo gaudio in omni tribulatione nostra* (2Cor 7, 4); no meio de suas tribulações sentia que a alegria, como um rio inflado pelo temporal, transbordava em seu coração. Existe nele uma força sobre-humana. É a força da vocação. É a energia da graça vocacional: da ajuda com que Deus acompanha nosso empenho por cumprir a missão por Ele a nós confiada; uma força que renova o ânimo em meio às naturais depressões e debilidades de nossa condição humana, segundo as palavras de Cristo: "Minha força, meu alimento, é fazer a vontade de meu Pai" (Jo 4, 34).

A consciência de uma missão a cumprir arranca energia das próprias raízes de nosso ser e nos impulsiona para o nosso último destino. Faz-nos retroceder à origem de nossos dias e, recolhendo toda a força vital de nossa existência — herança, sangue, recordações, experiências, conhecimentos, desejos, paixões, entusiasmos —, lança-nos para o futuro, para a plenitude de nosso ser.

Homens sem consciência de sua vocação são homens de futuros mortos. Essa dimensão do homem que o arrasta a crescer, a progredir, a "ser mais", está apagada neles. O futuro está mudo. Não os chama. Não existe para eles um incentivo fora da realidade opaca do dia a dia. Não há motivação. Um homem assim é um caso perdido. A falta de sentido, a falta de esperança, de motivação, mata, como claramente evidenciou Viktor Frankl, com exemplos estarrecedores, ao falar das suas experiências no campo de concentração nazista onde ele próprio estava confinado.[12]

É por esta razão que, nesse mergulho que devemos fazer na nossa consciência, tentaremos, antes de mais nada, descobrir o desígnio de Deus sobre nós, que marcará o sentido da nossa vida e nos arrastará como uma avalanche de força avassaladora.

Por este motivo, cumpre ressaltar neste momento que a primeira condição para dialogar com Deus é escutar o que Ele tem a nos dizer. As palavras fortes do Arcanjo São Gabriel a Maria, assimiladas e assumidas com aquele *Fiat* — "faça-se em mim segundo a tua palavra" (Lc 1, 38) — mudaram não apenas a vida de Maria, mas a da humanidade inteira. Deus tem também para nós desígnios fundamentais que podem transformar a nossa vida e a vida de muitas outras pessoas. É preciso escutá-los e responder à altura da sua importância.

Viver na superficialidade, no brilho das aparências, deixar-se dominar pelos atrativos sensíveis, pelas miragens do poder e do dinheiro; viver, enfim, deixando-se enfeitiçar pelas ambições mundanas, nos separa do que há de mais profundo e de mais sagrado no nosso ser: nos impedirá de ouvir a voz da nossa vocação, a única que marca o caminho da nossa felicidade.

---

12 Viktor Frankl, *Psiquiatria e sentido da vida*, São Paulo, Quadrante, 1973.

Quanta gente há que corre atrás dessa felicidade e, ao mesmo tempo, galopa em direção contrária de onde ela realmente se encontra!

Deveríamos saber fazer-nos, agora e com frequência, algumas perguntas: A forma como eu vivo me impede de enxergar o fundo da minha vida? Sei perguntar-me o que Deus quer de mim, com a disposição corajosa de assumir as consequências? Determinei-me a fazer uma parada a fim de consultar a bússola da minha consciência e averiguar se o rumo que estou tomando é acertado? Imploro à Sabedoria Divina que me ilumine, para vir a descobrir com a sua luz a minha vocação concreta? Compreendo que tudo isso exige que eu faça com frequência uma pausa, uma meditação, uma reflexão profunda? Tomo consciência de que da resposta acertada que venha a dar a estas perguntas depende o sentido da minha vida e, portanto, a minha felicidade?

A ciência da vida

A meditação, além de ajudar-nos a descobrir a nossa vocação e a marcar o sentido da nossa vida, cumpre muitas outras funções. Vamos referir-nos em primeiro lugar ao papel que desempenha para assimilar as experiências da vida. Estas podem vir-nos pelas lições que os outros nos dão e, também, pelas que nós mesmos aprendemos com a nossa própria vivência.

Pode-se aprender muito pela experiência alheia. O antigo aforismo já o diz: *historia magistra vitae* —

a história é mestra de vida. Dizem que todos aprendemos "apanhando", mas só os inteligentes aprendem observando como os outros "apanham". Há quem tenha escrito que Hitler não teria cometido o erro de entrar no coração da Rússia, onde sofreu uma fatal derrota, se tivesse estudado a fundo o desastre sofrido anteriormente por Napoleão frente a Kutusov, o desconhecido comandante russo ou perante o "general inverno" — a neve e o frio — muito mais potente e destruidor. Talvez muitos não tivessem se deixado levar pela tentação, se tivessem refletido no caso de Esaú, que vendeu a sua primogenitura por um prato de lentilhas, ou não teriam perdido a força da sua vocação se tivessem prestado mais atenção ao percalço do fortíssimo Sansão, vencido pelos encantos de Dalila.

O afobamento, a imprevisão, a falta de reflexão, a imprudência que nos impedem de levar em conta os desastres alheios — pensando com autossuficiência: "isto não acontecerá comigo!" — fazem com que cometamos muitos erros previsíveis: falta ponderação, falta espírito de meditação e de exame.

Há, no entanto, pessoas que caem em erros semelhantes por uma razão mais grave e indesculpável: porque não sabem assimilar as suas próprias experiências, porque não sabem ler o livro da sua vida: estes são os imaturos.

A maturidade depende em grande parte da capacidade que se tem de assimilar as lições ministradas pela história da própria vida. As crianças e os imaturos não têm passado, não souberam assimilar as próprias experiências. Por esta razão incidem repetidas vezes nos mesmos erros.

Os franceses têm um adágio formulado com exclamações e reticências: "Ah! Se a juventude soubesse! E a velhice pudesse!". A capacidade de reflexão, de meditação, faz com que o jovem una ao seu poder — à sua força — a sabedoria do ancião.

Diz o salmo: Super *senex intelexit quia mandata tua quaesivi*" (Sl 118, 100) — "Entendi mais do que os anciãos porque segui, Senhor, as tuas instruções".

Seguir os conselhos do Senhor — possuidor de uma experiência eterna — é a fórmula para que possamos ter, seja qual for a nossa idade, o poder da juventude e a sabedoria da velhice. E esses conselhos são ouvidos na oração pessoal, na qual ponderamos a palavra de Deus.

É impressionante observar como alguns jovens, adolescentes e crianças possuíam uma sabedoria completamente acima da sua idade: uma Catarina de Sena, uma Joana D'Arc, um Francisco, uma Jacinta, uma Lúcia — as crianças videntes de Fátima — estavam dotados de uma maturidade e de uma lucidez que ultrapassava por completo o nível de experiência próprio da sua idade.

Em contraposição, há pessoas com sessenta anos de idade que parecem ter o psiquismo de um adolescente. O seu organismo intelectual assemelha-se ao primitivo organismo das minhocas: não sabem assimilar as próprias experiências, porque não sabem meditar... refletir, ponderar, trazer ao presente as vivências do passado, a fim de que sirvam de lições para o futuro.

Observamos em Maria um grau eminente de maturidade. Ela, no momento da Anunciação, deveria ter uns quinze ou dezesseis anos, mas o seu comportamento depois da Anunciação e a forma de expressar-se no *Magnificat* — o hino que profere diante da sua prima Santa Isabel — revela uma maturidade ímpar. Em duas passagens do Evangelho encontramos um indício do que poderia ser a fonte dessa maturidade: Maria ponderava os acontecimentos no seu coração (cf. Lc 2, 19-50). Outras versões falam de modo significativo que Maria "conservava todas estas coisas meditando".[13]

Reparemos numa só passagem da sua vida: Maria, adolescente, ficou grávida sem ter coabitado com José. A gravidez tornou-se notória aos olhos de todos e aos do seu noivo. Um abismo abriase diante do seu futuro. Podia ser apedrejada em praça pública, segundo a lei e os costumes israelitas. Humanamente estava perdida. O que fazer? Dar explicações? Quem as aceitaria? As justificativas pareceriam algo absurdo e inacreditável. Então, voltamos a perguntar, o que fazer? Sem dúvida: ponderar as coisas no seu coração.

E foi isso exatamente o que ela fez: meditando nos acontecimentos decidiu guardar silêncio e confiar cegamente no seu Senhor. Ele resolveria. Compreendemos que a serenidade de Maria diante

---

[13] Versão do *Novo Testamento* do Pe. Matos Soares, Paulinas, São Paulo, 1981.

desse silêncio dramático tem dimensões colossais: é a serenidade de uma menina que desafia o mundo e a opinião pública, escudando-se na confiança ilimitada no seu Pai-Deus. É uma serenidade fora de série. Se Maria, tão jovem, é capaz de guardar silêncio sem comunicar nada a ninguém, carregando sozinha o peso do imenso segredo que encerrava todas as esperanças do povo israelita, é porque nos encontramos diante de uma personalidade excepcional.

Onde encontrar a explicação de tamanha estatura psicológica e de tão profundo domínio próprio, superior a toda sabedoria humana? Incontestavelmente na segurança que lhe outorgava a sua intimidade com Deus. Larrañaga refere-se a essa ideia de uma maneira muito expressiva:

> Quando uma pessoa vive intensamente a presença de Deus, quando uma alma experimenta, inequívoca e vitalmente, que Deus é o tesouro infinito, Pai queridíssimo, Todo Bem e Sumo Bem, que Deus é Doçura, Paciência, Fortaleza... o ser humano pode experimentar tal vitalidade e plenitude, tal alegria e júbilo que, nesse momento, tudo nesta terra, exceto Deus, parece insignificante. Depois de saborear o amor do Pai, sente-se que, em comparação, nada vale, nada importa, tudo é secundário. O prestígio? Fumaça e cinza.
> Deus é uma maravilha tão grande, que o homem que o experimenta sente-se totalmente livre. O "eu" é assumido pelo "Tu". Desaparece o temor, tudo é segurança, e a pessoa sente-se invulnerável mesmo diante de um exército inteiro (Sl 26). Nem a vida nem a morte, nem a perseguição nem a enfermidade, nem a calúnia

nem a mentira, diz São Paulo, nada me há de abalar, se meu Pai está comigo (Rm 8, 38). Deve ter acontecido isso com Maria.[14]

Admirável exemplo cuja trilha todos nós devemos percorrer: Maria, como mestra de oração, é também, por isso mesmo, mestra de serenidade, ponderação e segurança.

Vemos, assim, como a meditação — da qual Maria é exemplo eminente — vem a converter-se igualmente em laboratório onde se assimila a experiência, se destila a sabedoria e se fundamenta a segurança.

Meditar, ponderar, é dar a cada acontecimento o seu peso — *pondus*, em latim, significa peso — e agir em consequência.

Ponderar os acontecimentos do passado é dar aos êxitos e aos fracassos, aos percalços, às contrariedades e aos triunfos, o valor que eles realmente têm e merecem.

Nós reincidimos nos nossos erros porque não sabemos ponderá-los na sua devida dimensão. Nós caímos reiterativamente nos mesmos pecados, porque não nos arrependemos, porque não sentimos a dor de termos ofendido a Deus. Quando verdadeiramente se sente dor, uma dor profunda — uma dor de amor — o pecado não se repete.

Dentro do âmbito do Sacramento da Reconciliação podemos entender isso, porque a graça sacramental

---

14 Inácio Larrañaga, *O silêncio de Maria*, 9ª ed., São Paulo, Paulinas, 1977, p. 111.

eleva e potencializa o firme propósito de não voltar a pecar. Propósito este fundamentado na dor profunda de ter afrontado um Pai infinitamente bom. Mas podemos entender isso, também, pela repercussão humana que essa dor profunda causa no mais íntimo de nós, ativada por um mecanismo psicológico que a nossa natureza tem e que, no linguajar comum, denominamos trauma.

Sempre senti uma certa resistência a dar importância a essa expressão. Quando se dizia que alguém tinha trauma de guerra, trauma de avião, de bala perdida, de assalto, parecia-me que esse sentimento mais se poderia denominar medo ou fraqueza.

Um dia, porém, eu vim a entender o que realmente implicava o trauma, quando o sofri na minha própria carne. Num jogo de futebol, tive um acidente tão sério que, ao levantar a perna do chão, pensei que ela tinha sido decepada. Ficou, em realidade, virada às avessas com a tíbia e o perônio quebrados. A operação que se seguiu — o pino e o parafuso que me colocaram — foi realmente traumática.

Essa experiência fazia com que não pudesse ver uma entrada violenta no futebol ou uma queda na prática de qualquer esporte sem que sentisse verdadeiros arrepios. Ainda lembro o que me aconteceu quando voltei a jogar no mesmo campo onde tinha acontecido o acidente: não conseguia mexer-me à vontade; entrava atemorizado, *traumatizado*.

Este acontecimento ajudou-me a entender todo tipo de trauma: compreendi por que as pessoas tinham aversão ou medo a determinados ambientes, situações, circunstâncias e atitudes. Entendi também como deveria ser o trauma do pecado.

Se, como nos diz São Paulo, pecar é voltar a crucificar a Cristo (cf. Hb 6, 6), lembrando das dores sofridas por mim ao quebrar a perna, imaginava o que deveria ter sofrido Jesus e sentia também um arrepio. Aí vim a compreender que todo pecado, quando interiorizado no coração pela meditação, quando confrontado com os sofrimentos de Jesus na sua Paixão, deveria levantar em nós uma dor semelhante e que, levado com frequência à nossa reflexão, o pecado deveria tornar-se para nós um verdadeiro trauma.

A natureza irracional tem a sua memória sensitiva: os animais nunca esquecem os acidentes que sofrem, nunca caem no mesmo buraco, nunca tropeçam no mesmo lugar, nunca comem qualquer alimento que os tenha prejudicado. Às vezes penso que, neste sentido, os animais são mais "inteligentes" que os homens. Nós, homens, esquecemos as falhas cometida por falta de humildade: como elas ferem a nossa sensibilidade e o nosso orgulho, nós nos recusamos a tomar consciência delas. É por isso que os nossos percalços se tomam reiterativos.

Lembro que em certa ocasião, no decorrer de uma conferência sobre o valor da vida, projetou-se um filme sobre um aborto. Foi realmente arrepiante ver a cabecinha e as pernas do bebê trucidadas e jogadas no lixo. Uma senhora, chorando, disse-me: "Por favor, nunca mais projete um filme semelhante: fiquei *traumatizada*". E eu lhe perguntei, com toda a delicadeza, se ela própria já tinha praticado algum aborto. Assentiu afirmativamente. Ainda inquiri se estaria disposta a voltar a repeti-lo. A resposta foi comovente: "Nunca mais! Depois do que acabo de ver, nunca mais!". Então acrescentei: "Já pensou que para muitas pessoas ver um filme como este poderia significar evitar um crime tão horroroso? Não acha que vale a pena mostrar um fato tão chocante apesar de ser *traumático*?". Ela, entre lágrimas, concordou e agradeceu a lição.

Na nossa meditação, podemos e devemos passar o filme dos nossos erros e pecados para tomar consciência das suas consequências: da ofensa que causamos a Deus, motivo da sua dolorosíssima Paixão e Morte, a fim de refletir sobre o seu sofrimento e ficar com esse *trauma* salvador que servirá para evitar que venhamos a reincidir novamente no mesmo pecado.

Faz pouco tempo um prestigioso profissional do Rio abriu o seu coração comigo sobre algo que lhe pesava muito na consciência. Era um bom católico, casado fazia vinte anos, com três filhos que o admiravam muito. Amava a esposa. Por um descuido, motivado por sua vaidade masculina — queria verificar se ainda tinha atrativos e possuía capacidade de conquista — teve um problema de infidelidade. No dia seguinte, quando acordou, compreendeu as dimensões do seu pecado. Fez uma longa meditação, interiorizando seu erro até experimentar toda a sua podridão. Sentiu-se muito mal. Confessou-se. Ele pensava: "E agora, com que cara vou olhar para minha esposa e para os meus filhos? Como conseguirei encarar a Deus? Comportei-me como um canalha".

Meses depois, encontrou-se com a mesma moça com quem tivera o deslize, num congresso que se realizava fora do Rio de Janeiro. Ela o procurou. Pediu-lhe, por favor, que ficasse dormindo no hotel em que se realizava o congresso. Naquele momento — comentava — "ao lembrar-me da 'canalhada' que tinha feito com ela e da dor que tinha experimentado na minha meditação, e voltando a sentir o cheiro nojento daquela podridão, peguei as malas e voltei imediatamente para o Rio". Ele me dizia que não suportaria outra vez o trauma do *day after*. Quanto bem causou àquele bom pai de família a meditação que fez *no dia seguinte*!

Quando sabemos, como Maria, ajudados pela graça de Deus, ponderar o nosso passado na oração, assimilamos um verdadeiro tratado de vida espiritual: vamos sentindo horror pelo pecado e experimentando a paz, fruto de uma boa confissão, e a alegria na alma por cumprir a vontade de Deus e a vibração quando se consegue aproximar um amigo da vida cristã. É o aprendizado mais importante, a *ciência da vida*, essa sabedoria que constatamos em algumas pessoas muito jovens e muito santas. Tudo o que podemos aprender na mais prestigiosa faculdade nunca se poderá igualar a esta ciência assimilada na "universidade da vida", na cátedra de uma meditação habitual feita na presença de Deus.

A perspectiva do tempo e o espírito de oração

A meditação desempenha também outra função muito semelhante àquela que acabamos de referir: sabe colocar todas as coisas no seu devido lugar. A proximidade dos objetos e dos acontecimentos nos faz perder a perspectiva. O quintal da nossa casa é muito diferente, quando o enxergamos lá de cima, do alto de um avião. As pinceladas de uma pintura de Van Gogh adquirem todo o seu valor, quando reparamos nelas a quatro ou cinco metros de distância. O quadro da vida só ganha o seu verdadeiro perfil quando o observamos com a objetividade que nos outorga a passagem do tempo.

Lembro agora algumas pequenas "tragédias" da minha vida passada: a bola que ganhei no Natal e que no dia seguinte foi perder-se no telhado de uma fábrica, sem que eu pudesse recuperá-la mais; a vergonha que senti quando fui pego colando numa prova; aquela nostálgica despedida do meu pai quando ficou longe de casa por uma comprida temporada... Tudo isso agora me parece uma "brincadeira de criança".

"Brincadeiras de criança" parecem-me hoje o que já foram "tragédias infantis". O tempo, unido à reflexão, mudou a feição das coisas. Mas só o tempo não é suficiente; é preciso também refletir, ponderar, elevar-nos até o ponto de vista de Deus para enxergar, dessa perspectiva, os acontecimentos, as pessoas e as coisas.

Voltando ao mundo das experiências pessoais, que talvez tenham para cada um de nós uma conotação mais viva, recordo um outro acontecimento mais sério: uma doença imprevisível que naquele momento pareceu-me dramática e incompreensível. Chegou quando eu tinha 16 anos e jogou-me na cama por uma longa temporada. Ela, contudo, obrigou-me a refletir, a compreender as minhas limitações, a tomar consciência de que, se não cumprisse a vontade de Deus, a vida não valia nada... E o que parecia uma forte contrariedade, foi pouco a pouco criando o clima que daria lugar mais tarde à minha vocação... Por essa doença, dou mil vezes graças a Deus, porque propiciou o surgimento daquilo que representa a maior felicidade da minha vida.

Repetimos: o que faz mudar a tecitura dos acontecimentos não é apenas o tempo, é também a oração: enxergar as coisas através do olhar de Deus. Aí tudo ganha a sua verdadeira dimensão, como o quintal da minha casa observado das alturas de um avião.

Esta maneira de encarar a vida nos dá uma grande serenidade, faz-nos viver cada minuto com vibração de eternidade, nos faz compreender que as sombras do quadro da vida servem de contraste às cores mais vivas que se deseja ressaltar; que nesse claro-escuro das situações e circunstâncias, paulatinamente, vai-se perfilando o contorno da nossa personalidade.

Se diante de uma "tragédia", de um acontecimento doloroso, soubéssemos pensar no valor que adquirirá no balanço total da nossa vida, quando ela vier a ser julgada pela Sabedoria Divina, provavelmente não perderíamos com tanta facilidade a nossa paz.

A preocupação: sofrer antes do tempo

Assim como sabemos dar às coisas as suas devidas proporções com a reflexão e a passagem do tempo, da mesma maneira não deveríamos antecipar, antes do tempo, a ocorrência dos acontecimentos.

Sofremos de uma tendência doentia: as preocupações. Esta palavra já é em si mesma bem expressiva. *"Pré*-ocupar-se" é ocupar previamente o cérebro, é carregar o sistema nervoso de apreensões, de previsões agourentas, antes que a realidade as concretize. As preocupações guardam um paralelismo com os *"pré*-sentimentos" e as *"pré*-monições". Há gente que vive aflita por coisas que nunca acontecerão.

Se analisássemos pormenorizadamente o universo das apreensões e das preocupações, não terminaríamos nunca. Lembraremos, contudo, alguns exemplos.

Tenho agora diante da minha memória a figura de uma senhora de cinquenta anos, cordata, boa católica, com uma fortuna invejável, bem casada, desfrutando de uma saúde perfeita, mas que, não sei por que, começou a inquietar-se até ficar doente, pensando que, se Deus até agora lhe tinha dado tantos benefícios, em breve Ele permitiria — para compensar — que viesse a acontecer algo terrível ao marido ou a algum dos seus filhos. Eu lhe dizia: "Mas por que pensa isso? A senhora quer saber mais do que Deus? Quer indicar a Ele como deve proceder? Abandone-se nas Suas mãos: Ele sabe mais". E acrescentei ainda: "Quando Deus permite uma contrariedade, dá a graça necessária para sobrelevá-la com serenidade. Deus, porém, não dá graça para suportar as bobagens inventadas por nossa imaginação, 'a louca da casa' como a denominava Santa Teresa. A senhora está sofrendo à toa! Está carregando uma cruz falsa. Tenha um pouco mais de bom senso, de visão cristã da vida e coloque a imaginação, a louca da casa, dentro da camisa de força."

Não consegui, contudo, serenar aquela boa mãe de família. Continuava angustiada. Só depois de levar repetidas vezes, durante semanas, esse problema à oração, pedindo luzes ao Senhor, é que ela conseguiu superar a angústia e obter a paz.

A imaginação está destinada a visualizar os nossos objetivos, a forjar os nossos projetos, mas nós abusamos dessa maravilhosa potência, transformando-a num palco em que encenamos, às vezes, as mais terríveis atrocidades e acabamos por aterrorizar-nos a nós mesmos diante de desastres potenciais. Outro tanto se poderia dizer da memória, esse impressionante banco de dados que nos permite ter acesso às lições do passado e recordar os dias felizes que já se foram. Faculdade de que fazemos um mau uso, reapresentando aquelas antigas derrotas e velhas decepções, que deveríamos ter superado há muito tempo e que nos fazem cair na depressão.

Sempre que deslizamos de maneira errada para o futuro, usando mal a imaginação ou reincidindo num passado negativo, utilizando indevidamente a memória, estamos deteriorando a maravilhosa realidade do presente, deste "agora" que, em realidade, é o único tempo que possuímos.

A meditação diária nos ajuda a utilizar o passado como experiência, evitando que se torne fardo, remorso, depressão, ressentimento ou nostalgia. Contribui para que a imaginação nos coloque nas asas dos sonhos bons, daqueles que nos animam a lutar pela concretização de metas objetivas e evita que voemos no mundo das fantasias cor-de-rosa ou dos presságios dos contos de terror.

Basta a cada dia o seu cuidado

Ponderar a vida, como Maria, no fundo do coração, na presença de Deus, ajuda-nos a viver plenamente o "agora", convida-nos a experimentar a paz no presente, sem permitir que nos assaltem as angústias a respeito do futuro: "Basta a cada dia o seu cuidado" (Mt 6, 34). Cumpre viver o dia de hoje sem nos preocuparmos com o dia de amanhã, porque o dia de amanhã trará consigo os seus cuidados.

Saber olhar as realidades através da perspectiva divina nos faz compreender que é uma insensatez sobrecarregar o nosso espírito com a expectativa de problemas e dificuldades futuras. A realidade da vida concreta está feita de um ato depois do outro, de um dever que se cumpre, de uma cruz que se abraça, de uma tristeza que se aceita, de uma alegria que se agradece... a cada instante, em cada momento. Viver em plenitude cada minuto, colocar nele todo o nosso ânimo e toda a nossa a vibração, como se esse minuto fosse uma eternidade, é o que nos quer dizer o Senhor quando nos aconselha: "Basta a cada dia o seu cuidado" (Mt 6, 34).

Há pessoas que parecem padecer de uma doença endêmica: a "preocupação crônica". Andam constantemente apreensivas, geralmente sem causa nem necessidade. Podem até admitir que a sua inquietação é absurda, mas ainda assim acharão muito difícil desvencilhar-se dela.

Há milhares de pessoas que se desassossegam ao extremo, por exemplo, com o medo de alguma doença, ainda que, depois de examiná-las, o médico não tenha encontrado o menor indício dela. Não nos seria difícil encher páginas e páginas falando das preocupações e angústias mentais que provêm de outras fontes, como as originadas pela profissão. Desde o alto executivo de uma multinacional até o último operário da construção, todos sofrem inquietações, sentimentos de insegurança neste campo. O chefe vive ansioso com o possível fracasso advindo de uma eventual concorrência, ou das mudanças da conjuntura econômica. O empregado teme que o chefe não esteja satisfeito com ele e vive numa contínua apreensão e insegurança, temendo ser despedido. Alguma vez já pensei que nas grandes empresas deveria haver um departamento encarregado de dar "palmadinhas nas costas" e um funcionário que, de vez em quando, percorresse as instalações dizendo a cada empregado: "O seu trabalho está indo bem, o chefe está contente com você". Esses afagos psicológicos melhorariam muito o moral de qualquer empresa. Mas ao mesmo tempo, vem-me à mente a ideia de que esse departamento deveria estar funcionando dentro de cada um de nós. Quando alguém faz as coisas para a glória de Deus, quando alguém no meio do seu trabalho faz uma pausa, retifica a sua intenção e pensa: "Eu sou o que sou diante de Deus", o que me importa é a opinião de Deus e não a dos homens, experimentará uma grande paz e sentirá como uma "palmadinha" do seu anjo nas costas dizendo-lhe: "Ânimo, o Senhor está contente com você, continue assim, persevere".

Para viver desta maneira, sereno, desprovido de apreensões e de temores, é preciso ter o hábito da oração frequente.

O Dr. Walter Alvarez, com 25 anos de prática na clínica Mayo, uma das mais famosas dos Estados Unidos, escreve: "Não faz muito tempo que me dei ao trabalho de passar em revista o histórico de 410 pessoas altamente nervosas e apreensivas para ver qual a razão de seu temor. Trinta tiveram medo de perder o juízo; vinte e duas temiam ver-se levadas ao suicídio; dezenove disseram que tinham medo de tudo; doze tinham medo de ficar sozinhas; sete sofriam de claustrofobia (angústia em recintos fechados); nove temiam doenças cardíacas; seis tinham um medo terrível de câncer; cinco estavam sempre assustadas com a ideia de morrer; outras cinco tinham medo de desmaiar; muitas eram espantosamente apreensivas, sem que soubessem exatamente o que temiam; havia cinquenta que temiam um ou mais dentre cerca de trinta tipos de revezes. Era muito difícil prestar auxílio à maioria dessas pessoas, pois pareciam ter nascido para se inquietarem. De nada adiantava dizer a essa gente que os seus medos eram em grande parte injustificados, visto que já sabiam disso".[15]

Nenhuma destas pessoas provavelmente tinha ponderado alguma vez aquelas palavras do Senhor: "Basta a cada dia o seu cuidado" (Mt 6, 34).

Lembro-me de que faz pouco vim a encontrar-me com um profissional que trabalha numa empresa de peças de carro. Sempre o tinha visto calmo, sereno. Esta vez o vi pensativo. E lhe perguntei: "Está preocupado com alguma coisa?" "Oh! não, absolutamente. Estou simplesmente pensando na minha família. Faz anos que tive a graça de assimilar aquele pensamento do Senhor: 'Basta a cada dia o seu cuidado'. Tenho o hábito de pensar cada dia nas coisas de cada dia. Para mim a palavra fundamental é hoje, hoje; o amanhã está nas mãos de Deus". Foi então que compreendi por que ele estava sempre tranquilo: ele tinha assimilado aquela lição que nos dá São Paulo na Epístola aos Hebreus: o tempo, o verdadeiro tempo, é aquele que se chama "hoje" (cf. Hb 3, 13).

Viver plenamente o presente

"Viver plenamente o momento presente", diz Chiara Lubich, "é o pequeno segredo com o qual se constrói, tijolo a tijolo, a cidade de Deus em nós".[16]

---

15 Walter Alvarez, *Viva em paz com os seus nervos*, Rio de Janeiro, Civilização Brasileira, 1959, p. 64.
16 Chiara Lubich, *Meditações*, p. 61.

Viver o momento presente significa abraçá-lo decididamente para santificá-lo e afastar muitos pesos desnecessários e — tantas vezes! — muito mais difíceis de carregar nos ombros. Esta sabedoria é própria dos filhos de Deus que se sabem nas mãos d'Ele, e própria do bom senso, da experiência do cotidiano: "O que observa o vento não semeia; e quem repara nas nuvens nunca ceifará" (Ecl 11, 4).

O Senhor disse bem: "Fazei-vos como crianças" (cf. Mt 18, 3). A criança não se angustia com o futuro, confia tudo à sua mãe e ao seu pai, porque sabe que está sob os seus cuidados: deixa-se levar pela sua mão: "Tomaste-me, Senhor, pela mão direita e conduziste-me conforme a tua vontade" (Sl 72, 23-24).[17]

Esse "deixar-nos guiar" suavemente por Deus, como uma criança, dá muita paz.

Há pessoas — em sentido contrário — a quem as apreensões do futuro estragam as alegrias do presente. Sofrem antecipadamente. Sofrem desnecessariamente. O escritor norte-americano Mark Twain declarava, na sua velhice, que noventa por cento dos seus presságios agourentos, que tanto lhe tinham amargurado a vida, nunca se realizaram: "Sofri à toa", confessava, com um sorriso irônico.

Ao longo da nossa vida, já se terão aproximado de nós amigos, parentes, conhecidos, para nos confidenciarem os seus temores. Um deles, num momento de intimidade, comenta: "Quando me sinto feliz, parece que uma sombra se aproxima de mim com

---

[17] Cf. Joseph Schrijvers, *O dom de si*, São Paulo, Quadrante, 1993, pp. 32-35.

esta ameaça: isto vai terminar logo". Aquele colega de trabalho vem dizer-nos: "Você não reparou como o diretor anda olhando torto para mim? Cada vez fico mais convencido de que vou ser posto no olho da rua...". O padrão mental destas pessoas é a expectativa do pior; acrescentaram, às sublimes bem-aventuranças evangélicas, uma inventada pelo seu pessimismo: "Bem-aventurados os que não esperam porque não serão desesperados".

Não podemos imaginar os estragos que essa ótica pessimista provoca na personalidade. Por um lado, entristece o presente, torna inseguro o caminhar, diminui as forças, tira o ânimo e prejudica a saúde da alma e do corpo. Por outro lado — e este é um aspecto relevante — as apreensões do presente barram a feliz realização do futuro. O pensador alemão Wassermann expressou esta ideia com uma frase incisiva: "O temor cria aquilo que se teme".[18]

Podemos dizer que a expectativa do fracasso já é um fracasso. É que o pessimismo, o temor de ser malsucedido provoca uma natural inibição da nossa capacidade: torna-nos apoquentados, tímidos, covardes. Bloqueia, por assim dizer, todas as nossas potencialidades de vitória, embota a visão e impede que enxerguemos todos os elementos necessários à realização do empreendimento. E é isto o que provoca o fracasso.

Pelo contrário, a *expectativa da vitória* é já metade da vitória, porque essa disposição otimista estimula, abre

---
18   Jakob Wassermann, *El caso Maurizius*, Barcelona, 1974, p. 324.

campos de visão mais largos, aptos para captar todos os recursos que propiciam o êxito. Incentiva a nossa energia, catalisa a capacidade para nos empenharmos a fundo, outorga resistência e vitalidade ao nosso espírito de luta e termina, assim, criando condições favoráveis ao bom resultado do projeto.

Esta expectativa de vitória, este otimismo cristão é fruto da nossa fé, do nosso abandono em Deus, e não consequência de uma filosofia de vida que se baseia em algo tão inconsistente e ingênuo como o tão difundido "pensamento positivo".

"Há um único caminho para a felicidade", diz Epicteto, traduzindo para nós a sabedoria clássica, "e esse caminho é deixar de nos preocupar com as coisas que estão além do poder da nossa vontade". Este princípio pagão é muito sábio, mas muito frio, além de ser insuficiente. Pois, se as coisas estão fora do nosso poder, em poder de quem estarão? Do acaso? Do azar?

A felicidade que Epicteto nos propõe não encontra resposta para além dessas perguntas. É uma felicidade estoica, que se consegue com uma forte educação da vontade, mas que não chega a intuir a suavidade e a paz do pensamento cristão. Um pensamento que nós vamos repetir como um estribilho ao longo destas páginas: "Não vos preocupeis com a vossa vida [...]. Olhai as aves do céu, que não semeiam nem colhem [...], e Deus as alimenta; quanto mais valeis vós do que as aves! Quem de vós, à força de vossos cuidados, pode acrescentar um minuto à duração da vossa vida? [...] Olhai os lírios do campo, como crescem [...]. Se Deus veste assim a erva, que hoje está no campo e amanhã é lançada ao forno, quanto mais a vós, homens de pouca fé?" (Lc 12, 22-28).

Se somos homem de fé, somos homens que abandonam em Deus as suas preocupações.

E se confiamos em Deus... confiemos de verdade! Ele não nos faltará. "Segura na mão de Deus e vai... Segura na mão de Deus e ela te sustentará. Não temas, segue adiante, e não olhes para trás... Segura na mão de Deus e vai." Assim rezamos ao cantar aquela velha música religiosa.[19]

A essência dessa música deveria ser o motivo constante da nossa vida de oração: "Senhor, cuida de mim, como cuidas dos passarinhos do céu, como revestes os lírios do campo... Senhor, eu me sinto seguro nas tuas mãos, porque sei que nunca me largarás..."

A serenidade de viver plenamente no presente

A confiança em Deus faz brotar o fruto da paz. O Senhor nos diz: "Deixo-vos a paz. Dou-vos a minha paz" (Jo 14, 27). "No mundo haveis de ter aflições, mas confiai, eu venci o mundo" (Jo 16, 33). Essa paz de Deus, que ultrapassa todo o entendimento (Fl 4, 7), deriva de saber, como já dissemos tantas

---

19 Cf. Rafael Llano Cifuentes, *Otimismo*, São Paulo, Quadrante, 1990, pp. 15-16.

vezes, que estamos nas mãos de um Deus que nos ama com ternura. Por esta razão, estamos continuamente evocando aquelas palavras: "Não vos preocupeis. O nosso Pai cuida de nós muito mais do que de um pardalzinho; ama-nos com mais ternura do que todas as mães e pais do mundo juntos podem amar os seus filhos. Por isso o nosso otimismo, a nossa confiança, a nossa paz e serenidade são uma consequência necessária da nossa fé. Não sabemos, por acaso, que 'tudo concorre para o bem dos que amam a Deus' (Rm 8,28); que Deus faz com que tudo contribua para a nossa felicidade? Sim, nós o sabemos, mas essa fé que está no cérebro não passou talvez ao mundo dos sentimentos, não penetrou nas nossas vísceras, não se instalou nas glândulas que provocam a ansiedade ou destilam a adrenalina, não se infiltrou nos centros neurológicos que são caldo de cultura da depressão. É por isso que nos preocupamos. É por isso que, apesar de todas essas razões, perdemos a paz".

Há presságios de doença... O médico pede uma bateria completa de exames... E o temor já começa a permear o mais íntimo do nosso ser. Perdemos o sossego! A imaginação dispara. Como vai ser? Tenho uma enfermidade grave? Terei que ser operado? A sensação de desassossego, a preocupação insistente e pegajosa se arraiga cada vez mais em nós; não nos soltam.

E isso que nos afeta por causa de um assunto qualquer como a doença, estende-se, também, a muitos outros casos similares: a uma situação sentimental, econômica e profissional, a um conflito conjugal, a um problema com os filhos... E abrange o universo das pessoas que nos são caras: os familiares, os amigos, todas as pessoas que amamos... O que atinge a elas, atinge também a nós. E por esse motivo, com tanta frequência, nos vemos submetidos a processos de depressão, de ansiedade, de preocupação, de medo...

Que fazer? Aumentar a nossa fé, a nossa confiança? É claro! É evidente! Nós queremos aumentá-la, mas geralmente não conseguimos... Como nós gostaríamos de alegrar-nos como os santos se alegram ao vislumbrar, na morte, esse encontro eterno com o Pai! Como gostaríamos de poder exclamar, ao aproximar-se o momento desse abraço definitivo com Ele: "Alegrei-me quando me disseram: Vamos à casa do Pai!" (cf. Sl 122, 1). Gostaríamos, sim — e muito! — mas não conseguimos! Que fazer?

Devemos ficar tranquilos.

Talvez durante anos mantivemos uma fé, uma confiança de "manutenção", uma vida espiritual que "dava para o gasto", para solucionar os problemas corriqueiros do dia a dia, e, de repente, aparece um problema maior, um baque mais forte... E nos afundamos. Deveríamos aprender a lição que o Senhor nos quer dar através dessa circunstância dolorosa e conflitiva. Deveríamos escutar uma voz interior que porventura nos diz: "Parece que só queres ter fé e confiança para solucionar os problemas imediatos e não para viver como um bom filho, diariamente, nessa atitude afetuosa, confiante, filial, que se cultiva na oração habitual, na confissão e na comunhão frequentes... na direção espiritual... Parece que só procuras a Deus na hora do 'aperto', para que se acalmem as tuas mágoas... como o filho que só trata com carinho o pai quando quer conseguir dele um favor, um 'dinheirinho' ..."

Sim, deveríamos parar, ponderar, meditar, tentar utilizar essa oportunidade para iniciar um processo de aprofundamento na filiação divina... "Bem, isso é verdade", poderíamos alegar, "mas agora neste 'aperto' eu preciso de uma ajuda especial, imediata!"

Fiquemos ainda tranquilos. Não nos inquietemos. Nosso Pai entende muito bem tudo isso que alegamos e, além de querer que nós aprendamos essa lição tão importante, deseja também ajudar-nos nessa hora de "aperto". Dirijamo-nos a Ele como filhos pequenos; façamos repetidas vezes a oração de uma criança: "*Abba*, Pai, Papai... Paizinho... Sei que a minha atitude é interesseira, mas estou sofrendo... Sei que só Te procurei para conseguir a Tua ajuda... Sei que não a mereço, mas sou fraco e sou Teu filho! Não o esqueças!... Sou Teu filho! Não o esqueças!... Sou Teu filho! Ajuda-me! Já que a minha fé é menor que um grão de mostarda, aumenta-me essa fé; dá-me a esperança de que preciso. Arranca de mim esta ansiedade, este pessimismo que me atormentam!"

Os apóstolos, quando o Senhor lhes dizia: "Tudo é possível para quem crê" (Mc 9, 23), ao sentirem-se — coitados! — tão fracos na fé, gritavam: "Aumenta-nos a fé" (Lc 17, 5).

Façamos nós o mesmo. Digamo-lo muitas vezes: "Aumenta-me a fé, a esperança, a confiança, a serenidade! Estou inquieto, preocupado... Permite-me ficar tranquilo, sossegado, como uma criança no colo do pai ou da mãe!"

E o Pai nos escuta, nos atende. Ele nunca nos esquece!

Poderia contar muitas experiências nesse sentido, inclusive pessoais. Deus não falha!

Lembro-me de um engenheiro extremamente apreensivo, com família numerosa, que, começando a sentir umas dores estranhas no peito, foi imediatamente ao cardiologista. Depois de uma prova de esforço, o médico recomendou fazer cateterismo. Ficou apavorado. Não conseguia trabalhar, nem dormir, nem comunicar-se... Imaginava coisas medonhas... Faltava uma semana para submeter-se a esse exame e não conseguia reagir... Até que, no terceiro dia, ao sair do trabalho entrou decidido numa igreja e começou a repetir: "Pai, meu Pai, Papai do Céu, dai-me a paz! Coração Sacratíssimo e Misericordioso de Jesus, dai-me a paz". Sentado num banco da igreja, a cabeça entre as mãos, recitou dezenas de vezes essa oração... E acrescentava: "Não posso sair daqui sem que me comuniques essa paz, essa confiança filial".

Ao cabo de quinze minutos, começou a serenar: "Parecia", assim me confidenciava, "como se uma paz desconhecida fosse penetrando no fundo do meu ser, empapando o coração como o faz uma chuva fina". A esposa comentou depois: "Quando

chegou em casa nesse dia ele era outro homem!'".
E o cateterismo não deu em nada!
É a imensa paz que brota da oração.
Com frequência, julgamos que nós somos os donos do nosso próprio destino. No ambiente que nos rodeia nesta sociedade onde se cultua o perfil "executivo" e a eficácia da "produção" — faturar, faturar, faturar! —, parece que tudo deve ser conseguido à força de braços. Impera uma atividade febril, a necessidade de ser bem-sucedido, de "realizar-se". E essa mentalidade invade os campos da vida espiritual: "Não estou sentindo progressos na minha vida interior, não consigo progredir nas virtudes", lamentam-se, esquecendo-se de que sem Ele nada podemos fazer (Jo 15, 5), de que dependemos de Deus em tudo. A cultura moderna desconhece a paz que vem do abandono e da confiança filial. Leva-nos a prestar culto à independência e à autonomia de quem não precisa de ninguém, nem sequer do Pai. Há uma aversão a tudo o que lembre o *paternalismo*. Esta corrida pelo êxito, pela promoção, pelo dinheiro, rouba a paz e gera ansiedade.

Ridículo! Inútil perfurar o horizonte do futuro com as nossas prospecções, quando ninguém tem assegurado o dia de amanhã. Inútil pagar um altíssimo seguro de vida porque este será em realidade um seguro de morte: o prêmio econômico que se resgatará só acontecerá depois do falecimento; inútil confiar exclusivamente na paz e na segurança físicas, num *check-up* anual... Inútil é tudo isso para conseguir a serenidade, quando falta a oração de abandono nas mãos de Deus, que é o único que conhece o nosso futuro e o número dos nossos dias.

Então, perguntamos, teremos que abdicar da nossa determinação, da própria vontade e do esforço pessoal? Sim e não. Não, porque Deus nos deu uma liberdade e uma capacidade suficientes para construir a nossa vida e o nosso futuro. Sim, porque a nossa existência, o nosso alento, as nossas faculdades, o nosso futuro dependem de Deus. Há uma passividade fatalista e preguiçosa — "deixa como está para ver como é que fica" — que devemos rejeitar. Mas há também uma tensão e uma ansiedade desgastante insana e às vezes mortal — que se deveria transformar, pela oração, em sereno abandono na vontade de Deus. Santo Agostinho oferece-nos um princípio muito humano e muito divino: "Fazer tudo como se tudo dependesse de nós e esperar tudo como se tudo dependesse de Deus". Este equilíbrio nos convida ao trabalho esforçado e ao abandono sereno. E essa harmonia só conseguimos conciliar na oração.

O homem tem que abrir-se com todas as suas forças, na oração, à graça de Deus: "Estar pronto". Nisto consiste tudo, diz Shakespeare em *Hamlet*:[20] saber dizer a Deus *"ecce ego quia vocasti me"* (1Sm 3, 8): "Aqui estou, pronto porque me chamaste; pronto para o que der e vier, porque ao chamar-me me darás as forças para cumprir o que envolve esse chamado".

---

20 Cf. Ricardo Graef, *Ita Pater, Sim Pai*, Taubaté, SCJ Publicações, 1938, p. 45.

Estou pronto, Senhor, com toda a minha capacidade para fazer o que Tu desejas. Com a Tua ajuda, estou pronto a seguir o rumo que Tu me venhas a indicar — o êxito e o fracasso, a doença e a saúde — porque sei que Tu só queres a minha felicidade: o Pai está no leme e eu estou em paz. Este abandono, que exige iniciativa e energia sem conta — porque a natureza se rebela — só se consegue na oração.

Paz! Que filho pode sentir inquietação, quando está nos braços de sua mãe? Não nos cansemos de ponderar, na oração, aquelas palavras do Senhor tão repetidas por nós: "Pode por acaso uma mulher esquecer o seu próprio filhinho, não se enternecer pelo fruto das suas entranhas? Pois bem, ainda que ela o esquecesse, Eu não me esqueceria de ti nunca" (Is 49, 15).

Sem pretender mudar as definições teológicas de Deus como Pai ou distorcer as expressões da Sagrada Escritura que nunca utiliza o termo "mãe" para falar de Deus, poderíamos, no entanto, dizer que em Deus não há nenhuma limitação, que n'Ele se encontram, elevados à infinita potência, a ternura feminina de uma mãe e a firmeza masculina de um pai. As expressões de alguns profetas, como Oseias e Isaías, podem surpreender-nos, ao descreverem o agir de Deus enfatizando a grande ternura materna que o caracteriza (cf. Os 11, 1-9; Is 49, 14-15; 66, 13).

Assim o expressou, com extraordinária simpatia, numa das catequeses de quarta-feira, João Paulo I, o Papa do sorriso: "Deus é Pai e Mãe". E, do mesmo modo, o expressou de forma plástica Rembrandt no seu famoso quadro sobre o filho pródigo: a mão esquerda do Pai tem traços masculinos, vigorosos e fortes, enquanto na direita prevalecem os contornos delicados e femininos. O gênio do artista soube expressar isso que todo filho de Deus intui no fundo do seu coração.

A paz e a serenidade que experimenta um filho, no regaço seguro da sua mãe, é consequência da confiança que deposita ao abandonar-se tranquilamente em seus braços. Recordemos aquelas palavras da Virgem de Guadalupe ao índio Juan Diego: "Não se perturbe o teu rosto e o teu coração. Não estou eu aqui, que sou a tua mãe? Não estás sob a minha sombra e resguardo? Não estás embaixo do meu manto e em meus braços? Por acaso tens necessidade de alguma outra coisa? Nada te aflija ou te perturbe."[21]

A ternura de Maria é como a expressão maternal da amorosíssima paternidade de Deus. E essa ternura nos chega sempre através da oração.[22]

Viver em paz com o nosso passado

Se os pressentimentos do futuro nos fazem sofrer inutilmente, a herança do passado — como já dissemos — também gera problemas.

---

21 Cf. Francisco Ansón, *O Mistério de Guadalupe,* São Paulo, Quadrante, 1990, p. 21.
22 Cf. Rafael Llano Cifuentes, *Não temais. Não vos preocupeis. Deus é vosso Pai,* pp. 134-139.

Há dois conceitos que expressam dois sentimentos negativos que de alguma maneira nos tornam velhos, porque nos roubam as esperanças: as *lamentações* e os *ressentimentos*.

As lamentações representam para alguns um longo capítulo da sua biografia: "Ah!.. Se eu tivesse feito isto ou aquilo! Se não me tivesse casado com essa pessoa! Se tivesse sido em tal ocasião mais decidido e naquela outra mais prudente. Se não tivesse feito aquele negócio... Ah! Se não tivesse empreendido esse caminho. Se não tivesse nascido nessa condição... Ah! Se não tivesse tido tão má sorte... Se não tivesse deixado a minha filha namorar aquele sujeito! Se não me tivessem tratado tão injustamente."

As pessoas que assim se lamentam sofrem do que os alemães chamam de "complexo de Droselbat" e do qual já falamos em algum outro lugar.

O nome provém de uma lenda familiar ao mundo germânico, referida por um especialista em psicologia aplicada, Helmut Sopp: "A princesa tinha rejeitado altivamente a proposta de casamento do bom Rei Droselbat. Mas sofreu, depois, um revés da fortuna. Quando abandonava o país, reduzida à mais absoluta pobreza, ao cruzar caminhos e campos ia perguntando: 'De quem é essa magnífica mansão?' 'Pertence ao Rei Droselbat', respondiam-lhe. E uma voz muito profunda dentro dela se lamentava: 'Ah! Se eu me tivesse casado com Droselbat, este castelo seria meu. E aquelas videiras magníficas, de quem são?' 'Do rei Droselbat...' 'Ah! Se eu tivesse aceitado a sua proposta, possuiria esses campos tão férteis... E aquelas florestas intermináveis?' 'Do Rei Droselbat'. 'Ah! Se eu tivesse pensado melhor'"...

"Existe por acaso" — pergunta o autor — "alguma vida humana livre do complexo de Droselbat? Por acaso não nos traz cada novo dia alguma esperança falida, algum conflito insolúvel, alguma recordação penosa, acompanhada sempre pela sensação de que, se nós tivéssemos nos comportado de outra forma, a nossa vida seria melhor?"[23]

O mesmo poderia acontecer com qualquer um de nós. Por exemplo, com uma mãe de família que dedicou toda a sua vida ao lar, ao marido e aos filhos, movida por um ideal humano e cristão, e que de repente fica perturbada, porque uma amiga "psicóloga" ou "feminista" lhe vem dizer ao ouvido: "Tantos anos perdidos... Olhe para o seu corpo gasto pelo trabalho e pelos filhos... Não será hora de pensar em si própria? Não se esqueça de que existe o mundo da arte, da cultura, dos divertimentos..." E a pobre mãe de família, psicológica e espiritualmente desguarnecida, começa a girar perplexa, como um parafuso, dominada pelo deprimente complexo de Droselbat.

É frequente que essas lamentações venham acompanhadas do ceticismo próprio do "velho lobo do mar que já viu de tudo", que em nada confia, sarcástico, reticente, sempre duro com os outros — intransigente e crítico — e frouxo consigo mesmo, auto compassivo,

---

[23] Helmut Sopp, *Tratado de Psicologia Cotidiana*, Barcelona, 1965, pp. 106-107.

porque já não tem ímpeto para abrir novos caminhos... E sua situação termina cristalizando-se num estado mental negativo e derrotista.

Cada contrariedade que lhe sai ao encalço, em vez de representar um desafio — como a um atleta — parece que lhe confirma a sua sina funesta, a sua má sorte, ou se converte numa constatação a mais de que "já não há remédio", de que "nessas condições ambientais, familiares, profissionais, sociais e tisicas... não se pode fazer nada", de que "hoje em dia só triunfam os ladrões e os corruptos", de que "o melhor é cuidar da própria vida e deixar que os outros se arrumem como puderem", e vários outros aforismos e expedientes que imperam no reino da senilidade... Cada dificuldade não superada é como um quilo a mais no já oneroso fardo do passado, como um centímetro a mais na sua "corcunda" de velho. Não permitamos que as experiências nos roubem as esperanças!

Não podemos olhar para trás de forma negativa. "Quem põe a mão no arado e volta o olhar para trás, não é digno do Reino dos Céus" (Lc 9, 62), nos diz o Senhor. Temos que olhar para frente. Na nossa meditação, temos que saber construir o futuro com os escombros do passado. Conheço uma belíssima casa de campo em São Paulo, na "Estrada dos Romeiros", rumo a Pirapora, "Sítio da Aroeira", que foi construída toda ela com material de demolição aproveitado de antigas residências da Avenida Paulista e da Avenida Angélica, que dão à casa um sabor de nobreza muito especial.

Assim podemos fazer na nossa meditação: ir integrando as vivências do passado — inclusive os desacertos e fracassos — na arquitetura do nosso futuro. Não nos lamentar nunca, pois é estéril, mas converter toda experiência em esperança, pois é construtivo.[24]

O veneno do ressentimento

E, ao lado das lamentações, estão os *ressentimentos*. A palavra "ressentimento" significa "voltar a sentir". Trata-se de uma espécie de fita de vídeo que guardamos no nosso cérebro e que passamos e voltamos a passar até sabermos de cor e salteado cada diálogo e cada cena. Quando o vídeo registra os felizes dias de um passado luminoso, ele nos alegra e incentiva, mas, quando tem um fundo musical melancólico, ele nos deprime e entristece.

Não é infrequente que essa trilha sonora esteja pautada pelos ressentimentos: humilhações, tratamentos injustos, fracassos e frustrações, que suscitam sentimentos de inconformismo, irritação, mágoa ou, talvez, desejos de vingança...

Entre os obstáculos que dificultam a realização do universal desejo de sermos felizes, o ressentimento costuma ser o principal para muitas pessoas. Não é difícil encontrar pessoas que aparentemente reúnem todas as condições para serem felizes e que não o são, porque estão dominadas pelos ressentimentos.

---

24 Rafael Llano Cifuentes, *Otimismo*, São Paulo, Quadrante, 1990, pp. 7-8.

Para o filósofo alemão Max Scheler, "o ressentimento é uma intoxicação psíquica",[25] isto é, um envenenamento do nosso interior, provocado por nós mesmos. E Marañon complementa: "A agressão fica presa no fundo da consciência, talvez inadvertida; ali dentro, incuba e fermenta a sua amargura; infiltra-se em todo o nosso ser, e acaba sendo a reitora de nossa conduta e de nossas menores reações. Este sentimento, que não se eliminou, e que ficou incorporado à nossa alma, é o ressentimento".[26]

O que fazer para evitar esta intoxicação ou eliminar o veneno já ingerido? Primeiro é preciso entender a sua natureza: o que são, de onde procedem e como atuam em nosso interior.

O ressentimento costuma originar-se a partir de uma ofensa ou agressão que fere o próprio eu. Evidentemente, nem toda ofensa ou agressão produz um ressentimento, mas todo ressentimento vai sempre precedido de uma ofensa.

A ofensa pode apresentar-se em forma de ação: quando me agridem fisicamente ou me insultam ou caluniam; ou em forma de *omissão*: quando não recebo o que esperava, como um convite, um agradecimento pelo serviço prestado ou o reconhecimento pelo esforço realizado etc... Também pode ser originada por uma *circunstância*: a situação socioeconômica pessoal, algum defeito físico, uma doença de que se padece e que não se aceita etc.

---

[25] Max Scheler, El resentimiento en la moral, Madri, Caparrós, 1993, p. 23.
[26] Gregorio Marañon, Tibério — História de un resentimiento, Madri, Espasa-Calpe. 1981, p. 26.

SERENIDADE e paz pela oração

Em todo caso, o estímulo que provoca a reação de ressentimento pode ser real ou objetivo ou pode ter sido aumentado por uma hipersensibilidade doentia: como a de quem se sente ofendido por um simples sorriso aparentemente irônico ou a de quem pensa que não lhe agradecem os seus serviços ou não lhe retribuem os favores prestados... A imaginação atua com frequência como ingrediente significativo: interpreta, por exemplo, uma frase desagradável como uma tentativa de difamação, ou um silêncio como um desprezo. Isto explica por que muitos ressentimentos são completamente gratuitos: dependem de uma apreciação subjetiva que se distancia da realidade, ao exagerar ou imaginar situações que, de fato, não se produziram ou não estavam na intenção de ninguém.

Muitas vezes o ressentimento não está radicado na ofensa objetiva enquanto tal, mas sim na repercussão pessoal que provoca ou na resposta que lhe damos. E esta resposta depende de cada um de nós. Covey adverte: "Não é o que os outros fazem ou dizem o que mais nos prejudica; é a nossa resposta. Se perseguirmos a cobra venenosa que nos mordeu, a única coisa que conseguiremos será provocar que o veneno se espalhe por todo o nosso corpo. É muito melhor tomar imediatamente o antídoto salvador".[27]

Esta alternativa se apresenta em cada agressão: ou nos concentramos no agravo e em quem nos ofendeu, e então surgirá o veneno do ressentimento,

---
27 Stephen Covey, *Los 7 hábitos de la gente eficaz*, México, Paidós, 1994, p. 105.

ou eliminamos os seus efeitos com uma atitude adequada.

Isto explica que o mesmo fracasso ou uma idêntica afronta sofrida por várias pessoas ao mesmo tempo com a mesma intensidade, tenha um resultado diverso: em algumas, causa apenas um sentimento fugaz de dor, e em outras, causa um ressentimento inesquecível.

A dificuldade para configurar a resposta conveniente radica-se em que o ressentimento se situa no nível emocional da personalidade, porque essencialmente é um sentimento, uma paixão, um movimento que se experimenta sensivelmente. E é bem sabido que administrar os próprios sentimentos não é tarefa fácil.

Mas essa dificuldade não é insuperável, se temos o hábito de levar todas as coisas da nossa vida, especialmente as mais desagradáveis, à nossa meditação pessoal feita na presença de Deus. O conhecimento próprio, mediante a meditação periódica, nos permite encontrar as ligações que existem entre os nossos ressentimentos e as causas que os originam. Se ao ponderar na oração os agravos recebidos, fazemos um esforço por compreender os motivos da ação do ofensor e descobrir as circunstâncias atenuantes do seu modo de proceder, a nossa reação negativa, em muitos casos, provavelmente desaparecerá ou ao menos se debilitará. Quando, por exemplo, um filho recebe uma repreensão de seu pai porque se portou mal, se é capaz de entender a intenção do pai (que só busca ajudá-lo mediante essa chamada de atenção), poderá inclusive ficar agradecido. Se a esposa ponderasse a situação anímica do seu marido naquele dia em que teve um percalço no trabalho e, em consequência, uma atitude grosseira para com ela, talvez estivesse mais inclinada à desculpa que ao ressentimento. Essa tarefa interior de reflexão encontra o seu clima mais adequado na oração, em que ponderamos todas as coisas na presença de Deus, especialmente quando sabemos confrontar a ofensa recebida com as afrontas sofridas por Nosso Senhor na sua ignominiosa Paixão, e assimilamos a lição de um Deus infinitamente poderoso que, em vez de castigar os seus carrascos, perdoa-lhes com o mais benigno perdão.

Na oração, solicitamos também do Senhor algo que nos custa muito conseguir com as próprias forças: a determinação firme de, pelo menos, esquecer a agressão — se não conseguimos perdoá-la — para que não se transforme em ressentimento.

Eleanor Roosevelt costumava dizer: "Ninguém pode ferir-te sem o teu consentimento".[28] Isto significa que depende da nossa decisão que a ofensa produza ressentimento ou não. Gandhi, no mesmo sentido, afirmava ante as agressões e o mau trato dos inimigos: "Eles não podem tirar o nosso autorrespeito se este não depende da opinião que eles fazem de nós".[29] E, em sentido mais elevado,

---

[28] Cit. por Francisco Ugarte, "El veneno del resentimiento", Revista *Istmo*, maio-junho de 2000, pp. 58 ss. Neste autor encontramos a orientação básica para este capítulo.

[29] Ibid.

A ORAÇÃO COMO ATITUDE VITAL

São Francisco de Assis conservava sempre a calma perante as ofensas pensando: "Eu sou o que sou diante de Deus e mais nada".[30] Certamente isso não é coisa fácil: dependerá da fortaleza de caráter de cada pessoa para orientar suas reações nessa direção e, também, da indispensável ajuda que recebermos de Deus na oração.

Marañon advertia: "O homem forte reage com energia diante da agressão e automaticamente expulsa o agravo de sua consciência, como um corpo estranho. Esta elasticidade salvadora não existe no ressentido".[31] Esta elasticidade e esta força, contudo, não são virtudes comuns. Poucas pessoas as possuem. Por esta razão, cumpre esforçar-se valentemente para consegui-las e, ao mesmo tempo, invocar na oração a ajuda do Senhor. Ele nos disse: "Sem mim nada podeis fazer" (Jo 15, 5), mas com Ele poderemos tudo, quando não faltar o nosso necessário contributo.

Para concluir esta referência feita tanto às lamentações como aos ressentimentos, voltamos novamente a insistir, apesar de correr o perigo de entediar o leitor, na necessidade de ir ao fundo da alma, de entrar por caminhos de oração. Colocar-nos uma e outra vez ao pé da Cruz. Sentir no coração as humilhações e injustiças que Cristo padeceu e escutar aquelas palavras tão sublimes quanto difíceis de formular: "Pai, perdoa-lhes porque não sabem o que

---

30 K. Esser, *Exortações de São Francisco* em *Opuscula, 20: Leyenda mayor de São Francisco*, São Boaventura, VI, 1.

31 Gregorio Marañon, *Tibério — História de un resentimiento*, Madri, Espasa-Calpe, 1981, p. 26.

fazem" (Lc 23, 34). Situar a pessoa que nos feriu entre a figura chagada de Jesus e o nosso ressentimento, e tentar dizer: "Senhor, ajuda-me a esquecer, ajuda-me a perdoar; Senhor, que eu aprenda essa lei de proporcionalidade que há entre o perdoar aos outros e o ser perdoado por Deus..." E talvez terminemos rezando aquela oração que tantas vezes repetimos sem chegar ao seu último significado: "Pai, perdoa as nossas ofensas assim como nós perdoamos a quem nos tem ofendido..." E pouco a pouco irão permeando o coração e a cabeça os mesmos sentimentos de Cristo...

Ao lado dessa oração em profundidade, não deverá faltar uma conversa com o diretor espiritual, que é indispensável para levar com equilíbrio e segurança a nossa vida cristã. Abramos o coração, peçamos ajuda, escutemos os conselhos que nos venham a dar. Temos que saber falar com sinceridade das humilhações, vergonhas e raivas que nos dominaram... Ele com certeza nos ajudará a eliminar de nós todo o veneno que nos amargura... E a própria humildade que representa esta sinceridade será premiada por Deus com a serenidade e a paz.

Temos que libertar-nos dos nossos ressentimentos e lamentações do passado; se não for assim, eles tomarão conta do nosso presente e terminarão escurecendo as perspectivas do nosso futuro.

Aceitar a vida como ela é

Acabamos de ver como é comum que o ser humano não consiga viver plena e serenamente o seu

A ORAÇÃO COMO ATITUDE VITAL

presente — que é o único tempo que realmente possui — e viva, talvez, dominado por um futuro povoado de incertezas e preocupações ou por um passado carregado de lembranças negativas, lamentações ou ressentimentos doentios. Cumpre por isso insistir em que é preciso *aceitar a vida como ela é*, com as suas limitações e grandezas, penas e alegrias. "É frequente", escreve Salvatore Canals,

> que experimentemos o que experimenta a criança que, tendo semeado ao anoitecer, num ângulo do jardim da casa, uma semente de trigo ou um caroço de pêssego, corre no dia seguinte de manhã cedo, com a esperança de encontrar uma espiga dourada ou de poder saborear os frutos maduros do pessegueiro.
> E, ao observar que a fecundidade da terra não pôde satisfazer nem as suas esperanças, nem a urgência do seu capricho infantil, lança-se, desiludida e magoada, nos braços da mãe, para lhe revelar, com os olhos cheios de lágrimas, a tragédia da sua alma provocada pela crueldade da terra que lhe nega o fruto de seus suores. A mãe sorri com ternura.[32]

Às vezes, apesar da nossa idade e experiência, nos assemelhamos a esta criança. Inquietamo-nos e desesperamo-nos, porque as coisas não acontecem como queríamos. E parece que Deus, como uma boa mãe, sorri para nós como que dizendo: "Espera, as coisas não acontecem como você imagina, tudo tem o seu tempo e a sua cadência".

---
32 Salvatore Canals, *Reflexões espirituais*, São Paulo, Quadrante, 1988, pp. 76 ss..

SERENIDADE e paz pela oração

O que está nos nossos sonhos e na nossa imaginação talvez não esteja nos desígnios de Deus. É por isso que, com frequência, não nos conformamos com os acontecimentos do passado — e os remoemos talvez em forma de ressentimentos e lamentações — ou nos inquietamos ansiosamente com o que nos espera no futuro. A vida é como ela é, não como a imaginamos ou como a programamos.

O ritmo dos acontecimentos tem as suas próprias leis: para conseguir a virtude sólida, o êxito profissional, a concretização das metas projetadas, é preciso habitualmente esperar, envidar esforços e lutar com perseverança durante um longo tempo. Toda virtude, todo sucesso reclamam tempo. O tempo é o grande aliado de Deus e das almas perseverantes.

E nesta longa espera que é a vida humana, existem dois fatores que devem atuar no nosso crescimento e na nossa realização: a confiança em Deus e o esforço pessoal. Já lembramos como equacionava Santo Agostinho o jogo destas duas coordenadas: "Esforça-te em tudo como se tudo dependesse de ti e espera em tudo como se tudo dependesse de Deus".

Desta maneira, devemos encontrar o equilíbrio entre estes três pares de proposições:

A confiança em Deus (esse "deixar acontecer") e o esforço estafante e neurótico;

O empenhar-se na luta de forma decidida e o exagerar até o ponto de esgotar-se;

A criatividade de ter iniciativas próprias e o deixar que Deus providentemente guie os nossos passos.

Para conseguir esse equilíbrio não são poucos os que fazem o uso habitual da *oração da serenidade*:

> "Senhor, dá-me serenidade para aceitar aquelas coisas que não posso mudar, coragem para mudar aquelas que posso, e sabedoria para distinguir a diferença entre as primeiras e as segundas".

O ponto nevrálgico da questão está precisamente nessa "sabedoria para conhecer a diferença". E é isto o que instantemente devemos solicitar de Deus na oração para conseguir a serenidade que tanto almejamos. Essa *sabedoria* não é algo que deriva do nosso raciocínio. Temos a tendência a racionalizar tudo, a intelectualizar tudo. E esta é a razão pela qual "complicamos" as coisas, nos tornamos obsessivos e talvez caiamos na depressão. A vida não é uma equação matemática. As questões mais delicadas não se solucionam apenas pensando, simplesmente pensando. Há pessoas simples, sem estudo, que chegam a soluções extraordinariamente felizes porque têm a sabedoria do coração, diferente da "sabedoria da cabeça". Há mães que conhecem melhor as soluções para a saúde e a vida do seu filho do que o médico depois de fazer todo tipo de exames clínicos. Um camponês pode ser mais sábio, mais prudente, numa decisão importante para a sua família, do que um cientista ou um professor universitário. E essa "sabedoria do coração" é também um dom de Deus.

SERENIDADE e paz pela oração

Ao lado do nosso raciocínio está um conhecimento de *empatia* que deriva da vivência, da vida experimentada; existe também o conhecimento por *intuição* e ainda, num plano superior, o conhecimento por *inspiração* que nos vem de Deus.

Temos que esforçar-nos, sim, puxando pela nossa inteligência para encontrar soluções racionais, mas também temos que confiar na natureza, nas molas ocultas do nosso psiquismo, na intuição, na empatia e na inspiração divina. Enfim, em tudo isso que denominamos a sabedoria do coração.

Devemos empregar todos os meios para que "tudo dê certo", para armar adequadamente todas as peças do mecanismo da vida. Devemos cuidar de que não faltem os requisitos necessários para que funcionem as leis que levam naturalmente à felicidade. Mas depois temos que confiar, sem angústia nem sofreguidão, que essas leis vão chegar, pelo seu próprio e natural dinamismo, aos resultados para as quais foram criadas.

John Nugent aplica nesse sentido um exemplo muito expressivo:

> Os aviões decolam e saem voando porque o respectivo piloto acelera o motor, deixa o avião ganhar velocidade na pista e depois imprime um determinado ângulo aos "ailerons". Ao alcançar a velocidade de decolagem, a aeronave levanta voo naturalmente. Voa porque se tomaram determinadas medidas e porque obedece às leis inflexíveis da aerodinâmica. Pouco importa o que o piloto pense a respeito do assunto, se tem ou deixa de ter fé na aerodinâmica, se compreende

os princípios físicos envolvidos, se encara a decolagem com normalidade ou está muitíssimo preocupado com ela... na verdade, uma vez que tenha feito o que devia fazer, o avião decolará [...]. Simplesmente, não há outro resultado possível.[33]

O mesmo acontece conosco. Temos em primeiro lugar que pôr todos os meios que estão em nossas mãos, contribuir na medida das nossas forças para que se opere a "decolagem" das nossas vidas, e depois confiar que as próprias "leis da vida natural e sobrenatural" nos levarão normalmente à felicidade e à proteção providencial de Deus, alcançando assim os resultados que habitualmente conseguem. Significa simplesmente que temos que fazer o melhor que podemos e parar de nos preocupar a respeito dos resultados, confiando que Deus conduzirá a nossa vida pelos caminhos que Ele julgar mais convenientes para conseguir a nossa felicidade. Temos que estar convencidos de que Deus quer a nossa felicidade mais do que nós mesmos. Mas Ele a quer de acordo com a sua infinita sabedoria e não de acordo com a nossa visão egocêntrica e mesquinha.

Esta maneira de proceder nos dará uma grande paz.

John Nugent, que já citamos, advogado em Midlands, no interior da Inglaterra, que sofreu durante muito tempo depressões clínicas, mas conseguiu superá-las à força de enfrentar ativamente os seus problemas, nos surpreende com esta afirmação:

---

[33] John Nugent, *Nervos, preocupações e depressão*, São Paulo, Quadrante, 1992, pp. 105-106.

"É apenas uma opinião pessoal, e nada mais, mas tenho para mim que quem sabe o Pai-Nosso e a oração da serenidade já sabe tudo o que é necessário para viver em paz".[34]

É preciso ter coragem para mudar aquilo que pudermos mudar, e depois confiar, deixar que as coisas aconteçam, que as leis da "aerodinâmica da vida" cumpram as suas funções: Deus não deixará de entrar como personagem decisivo na aventura da vida com a sua sapientíssima Providência.

Fritz Péris expressou esta ideia de uma forma muito simples: "Não apresse o rio; ele flui por si mesmo".[35] Não puxe o caule da planta, para que cresça mais depressa. Se o fizer, ela não só não crescerá, mas secará. Trabalhe com serenidade e afinco, deixe acontecer e confie plenamente em Deus. Assim a vida correrá serenamente, como o rio, até dilatar-se no grande oceano de Deus.

Nesta linha de comportamento, anotaria aqui, telegraficamente, alguns conselhos:

- Não *compliquemos* as coisas, não intelectualizemos tudo. Pensemos, mas deixemo-nos conduzir também pela "sabedoria do coração".

- Não *forcemos a barra*; não apressemos o rio; não puxemos a planta para que ela cresça mais depressa. Saibamos esperar.

---
34 Ibidem, p. 109.
35 Cit. por John Nugent, op. cit.

- Não sejamos *perfeccionistas*. O perfeccionista tende a exagerar o esforço. Trabalha nos fins de semana. Necessita compulsivamente estar "quite" com Deus, com a sua consciência e com o cumprimento do dever. Ele tem que "dar conta" de tudo. Tudo tem que estar "resolvido". É preciso saber, contudo, que, às vezes, o "melhor é inimigo do bom". É bom viver em paz com os nossos nervos, ainda que todas as coisas não tenham "ficado em ordem", o que seria melhor. Mas seria péssimo ficarmos largados na cama sofrendo de stress ou passarmos uma temporada fazendo tratamento, por nos termos convertido em "trabalhadores neuróticos". Temos, às vezes, que aceitar uma certa desordem nas coisas acidentais, para que possa haver ordem nas coisas essenciais. O perfeccionismo se paga caro.

- Não *depositemos em nós excessivas expectativas*. Temos limitações. O nosso orgulho nos empurra até esticar as nossas possibilidades, como se estas tivessem um coeficiente ilimitado de elasticidade. Mas não é assim. A borracha arrebenta.

- Tenhamos *senso de humor*. Saibamos rir das nossas faltas e fracassos. Não levemos tão a sério a nossa "reputação" e a nossa "dignidade". Alguns aspectos da vida são demasiado "sérios" para serem levados a sério.

- Abramo-nos para a *humildade de levantar-nos* sem desanimar quando cairmos. Os verdadeiros lutadores não são os que nunca são postos a nocaute, mas aqueles que continuam a levantar-se mesmo que a intensidade da sua dor lhes esteja gritando: "jogue a toalha".[36]

- Tenhamos *bom senso*: Saibamos descansar, conceder-nos semanalmente umas horas de relaxamento.

- *Vivamos cada minuto, cada hora, cada dia, um depois do outro, sem precipitar ações.* Para explicar o que queremos dizer com isto trago aqui o sábio conselho que um médico deu ao seu paciente angustiado: "Quero que você pense na sua vida como se fosse uma ampulheta. Você sabe que há milhares de grãos de areia no alto da ampulheta e que esses grãos passam lenta e regularmente pelo estreito canal que há no meio. Nada que você ou eu pudéssemos tentar, conseguiria fazer com que mais um grão de areia viesse a passar por esse estreito canal sem estragar a ampulheta. Quando começamos, pela manhã, há centenas de afazeres que sentimos ser nosso dever realizar naquele dia, mas, se não tomarmos um de cada vez e não os deixarmos passar lenta e regularmente, através do dia, como fazem os grãos de areia, então estamos destinados a romper a nossa própria estrutura física e mental".

---

36 Cf Ibidem. pp. 9-11.

- Saber *fechar o dia*. Temos que saber terminar cada dia em paz. Fechar o dia, como se fecha a porta do escritório para dizer-lhe "Tchau, amanhã te voltarei a ver; fica em paz com os teus papéis que eu ficarei em paz com a minha consciência".

Um amigo meu, muito tranquilo e muito eficiente, explicava o que fazia todos os dias: pegava a folha de agenda daquele dia, riscava o que tinha feito, passava para o dia seguinte o que faltava por fazer, arrancava a folha, fazia uma bolinha e com ar de ritual, lentamente, a jogava no lixo como a bola na cesta do jogo de basquete, enquanto dizia sorrindo: "Amanhã será outro dia". Ele comentava: Isto me dá muita paz e me lembra o que está escrito no Evangelho: "Basta a cada dia o seu cuidado".

Confiemos em Deus. Saibamos dizer, como São Paulo: "Tudo posso naquele que me dá forças" (Fl 4, 13).

Para pautar a vida por estes conselhos, é necessário que saibamos todos os dias recolher-nos, fazer um pouco de meditação e um breve exame de consciência. Como já dizíamos em outro momento, é muito recomendável olhar para a bússola interior e verificar a rota. Assim saberemos *aceitar a vida como ela é* e conseguiremos uma paz e uma serenidade imensas.

CAPÍTULO II
A PAZ NA ORAÇÃO E AS DIFERENTES SITUAÇÕES DA VIDA

No capítulo anterior, refletimos sobre a necessidade de entrar na posse de nós mesmos, de não nos deixamos dominar pelo frenesi do trabalho, das preocupações do futuro, nem dos condicionalismos dos traumas e ressentimentos do passado que, com frequência, se traduzem em lamentações, ansiedades ou estados de depressão. Reafirmamos também, uma e outra vez, a necessidade de *aceitar a vida como ela é*, assumindo o presente com jubilosa serenidade. Em cada desdobramento destas nossas comuns reflexões, sublinhamos o papel que o silêncio, a pausa, a meditação e o diálogo com Deus desempenham para conseguir essa paz tão desejada.

Agora procuraremos confrontar essas ideias e outras paralelas em face das diferentes situações, vivências e estados de ânimo que a vida apresenta. Procuraremos chegar assim a descobrir e a tentar curar essas doenças que se escondem, às vezes, nos recantos mais escondidos do nosso organismo espiritual.

É impressionante verificar no Evangelho como Jesus Cristo lia nos corações humanos — como no dos fariseus; como decifrava os seus sentimentos —

como aconteceu com Natanael; como penetrava num passado escuro — como o da Samaritana, e depois, com uma palavra ou um toque, transformava a alma ou curava o corpo. O texto evangélico é, nesse sentido, bem expressivo: "Todos queriam tocá-lo porque d'Ele saía uma força capaz de curar" (Lc 6, 19). Os cegos, os paralíticos, os leprosos, os doentes de qualquer enfermidade ficavam sãos apenas com um leve contato, como a hemorroíssa ao tocar a extremidade do manto de Jesus, ou como o servo do centurião, pela força de um desejo que atingia o mal a longa distância.

Estas nossas considerações desejariam também tornar-se como um toque de Deus na nossa alma para libertar-nos, para curar-nos das nossas inquietações, angústias e depressões. Se, ao mesmo tempo que lemos o que aqui vai ser estampado, vamos orando, solicitando de Deus a sua ajuda, a própria leitura impregnada de oração pode representar como esse toque de Deus, como o começo de uma cura redentora.

Se estamos com dificuldade para enxergar o significado de um acontecimento doloroso, ou para aceitá-lo, gritemos ao Senhor com as palavras do cego de Jericó: *Domine, ut videam!* "Senhor, que eu veja!" (Mc 10,51). Se não conseguimos superar qualquer tentação pegajosa, determinada situação aflitiva — a impaciência, o ódio, a irritação, a sensualidade... — clamemos a Jesus, como o leproso: "Se queres, podes curar-me" (Mt 8, 2); podes fazer com que eu supere esta realidade doentia de que agora padeço. Se nos sentimos inquietos, carentes de sentido, dominados pela saudade ou a solidão, sequiosos de amor, digamos-lhe como a Samaritana: "Senhor, dá-me dessa água que tira toda a sede" (cf. Jo 4, 15). Se parece que somos trazidos e levados daqui para lá pelas preocupações e angústias, arrastados pelo temor, afundados pela depressão, peçamos ao Senhor que aquiete a tempestade da nossa alma gritando, como lá no mar de Tiberíades: "Acalma-te, fica sereno" (cf. Jo 6, 16-21).

É esta uma forma de oração que cura, que salva. Mas, para chegar a formulá-la, temos que descobrir o nosso mal, humildemente reconhecê-lo, e depois implorar que o Senhor nos conceda a saúde.

Vamos fazer assim, a partir de agora, como uma viagem ao interior de algumas situações da vida que habitualmente nos tiram a paz, ou que nos levam ao desânimo ou à depressão, a fim de conseguirmos, após o diagnóstico e a oração necessária e condizente, essa serenidade que tanto desejamos.

As rotinas da vida

Com muita frequência, encontramos pessoas que vivem a lamentar-se: "Esta vida que levo não tem para mim motivação alguma, vivo como que presa a este trabalho rotineiro, maquinal, que me desgasta, que tira de mim todo o entusiasmo. Meu Deus do céu! Terei sempre que viver presa a esta cozinha que é um forno, a este apartamento que é uma gaiola, a este escritório irritante, ao desempenho deste trabalho estúpido que não traz para mim nenhuma novidade, que não exige de mim qualquer tipo de criatividade, que não me enriquece, que me deprime e me mata... Meu Deus do céu! Será que vale a pena viver desta forma tão monótona e tão medíocre?"

Estas expressões são como que uma caixa de ressonância de outras mil e uma situações reveladoras que parecem condenar o homem a uma vida sem horizontes. É por esta razão que nos parece oportuno refletir agora, juntos, sobre as rotinas da vida.

Há uma rotina indispensável e benéfica que nos permite cumprir com regularidade, constância e pontualidade os nossos deveres espirituais, familiares e profissionais. Esta rotina constrói uma estrutura de vida sólida, cria um hábito de comportamento homogêneo que nos liberta dessa espontaneidade anárquica, desses caprichos emocionais tão dissolventes e perniciosos.

Mas existe outra *rotina mortífera* que deve ser afastada como a peste. É uma rotina que envenena pouco a pouco: como uma sanguessuga, vai sugando o nosso sangue. Todos os dias um pouco. Imperceptivelmente. É a rotina que nos endurece, que converte nossos atos em algo mecânico, que nos torna autômatos, robôs sem vida, que furta o calor e a alegria de viver.

Esta rotina provoca um desgaste progressivo, uma perda minguante de energia, uma espécie de anemia vital que torna a existência cinzenta, anódina, incolor.

É uma rotina que afoga, que mata.

Lembro-me daquela música dos anos 60, cantada por Ronnie Von: "A mesma praça, os mesmos bancos, as mesmas flores, o mesmo jardim... Tudo é igual, mas estou triste, porque não tenho você perto de mim". Alguns, de forma semelhante, poderiam dizer: "A mesma esposa, a mesma família, o mesmo trabalho, a mesma paisagem doméstica, a mesma droga de sempre..." E ainda alguns cristãos poderão acrescentar: "A mesma igreja, as mesmas missas, os mesmos pecados, as mesmas confissões, as mesmas rezas de sempre, os mesmos Pai-Nossos, as mesmas Ave-Marias..." É tudo tão triste e cansativo... Talvez, ainda assim, se consiga continuar caminhando: externamente vamos mantendo as aparências, como o objeto visitado pelo cupim, carcomido paulatinamente por dentro... Mas, de repente, tudo desmorona... Os cenários desabam, as fachadas caem e aparece um panorama desolador: "Meu Deus! toda a minha vida daqui para frente vai ser igual"... E entra numa espécie de letargia mortífera. Em grande parte muitas infelicidades, muitas crises, muitas deserções são provocadas por um fenômeno semelhante.

Alguns estudos de biologia verificaram, em várias espécies animais, a experiência repetida em alguns batráquios. Um exemplo: um sapo colocado num recipiente com a mesma água do seu *habitat*, ao ser aquecido de grau a grau, fica estático, não reage e morre pouco a pouco, enquanto a água ferve. Porém, outro sapo que seja jogado nesse mesmo recipiente, com a água já fervendo, pula imediatamente para fora. Meio machucado, porém vivo.[1]

---

1   Cf. Jornal *O Globo*, 10 de fevereiro de 2000, p. 26.

Há pessoas que se parecem a esse sapo fervido. Vão morrendo pouco a pouco. Insensivelmente. Vão sendo assassinadas com doses homeopáticas por esse veneno que é a rotina mortífera. Josemaria Escrivá[2], referindo-se à vida espiritual, dizia: "Cair na rotina é assinar o atestado de óbito da alma contemplativa".[3]

É muito significativa esta expressão "alma contemplativa" — alma contemplativa do amor — que não é só algo próprio e exclusivo daqueles que se retiram do mundo em um convento, mas também de todos aqueles que querem santificar-se no meio do mundo, nos seus afazeres ordinários e comuns.

Quando, na nossa vida diária, não se "contempla o amor", não se renova o amor, caímos nessa rotina mortífera. Lembremos que naquela canção de Ronnie Von, quando se alude aos mesmos bancos, ao mesmo jardim, à monotonia do que é sempre igual, acrescenta-se: "Tudo é tão triste porque não tenho você perto de mim". Falta o amor.

Talvez você já tenha passado por uma experiência semelhante: estava trabalhando numa tarefa extremamente enfadonha, repetitiva, rotineira... E pensava: "Tomara que termine logo..." De repente, alguém que você ama mais do que tudo na vida, colocou-se a seu lado e disse-lhe: "Vou ficar perto de você, ajudando-o, até que termine o trabalho..." E naquele

---

2   Doravante, nesta edição grafaremos "São Josemaria", em vez de "Bem-aventurado Josemaria", como constava no original, pois que a obra foi escrita antes da canonização do Fundador do Opus Dei — NE.
3   Josemaria Escrivá, *É Cristo que passa*, São Paulo, Quadrante, 1975, p. 231.

momento você murmurou para si mesmo: "Tomara que não termine nunca!"

A *mesma* circunstância muda substancialmente quando se tem a presença do amor. Os mesmos bancos, o mesmo jardim, a mesma família, a mesma esposa, o mesmo trabalho... Mas tudo é diferente, porque se soube renovar o amor, torná-lo novo, remoçado: as pupilas, dilatadas pelo amor de Deus, conseguem enxergar uma nova família, uma nova esposa, um novo trabalho.

A alma contemplativa, que dialoga com Deus, sabe descobrir fulgores novos nas paisagens de sempre.

O poeta francês Lamartine passava horas a fio olhando sempre para o mesmo mar. Alguém lhe perguntou: "Não se cansa?" "Não", respondeu. "Por que será que todos veem o que eu vejo e ninguém enxerga o que eu enxergo?"

A alma de poeta lhe fazia ver realidades diferentes nas paisagens de sempre. A alma contemplativa nos dá também essa acuidade espiritual que nos permite ver mundos novos por detrás das aparências sempre iguais do monótono viver diário.

Podemos imaginar o lar de Nazaré dominado por essa rotina mortífera?

Casa pequena. Pobres paredes caiadas. Trabalho monótono. E, contudo, alegria, muita alegria. Por quê? Porque Jesus, José e Maria trabalhavam por amor. O amor tornava o mais prosaico em luminoso e alegre.

Alguém me contou a experiência de Armando Valadares, o famoso poeta cubano, que conseguiu sair das prisões comunistas depois de duas décadas de encerramento. A experiência contada por ele, pessoalmente, nos Estados Unidos, a uma pessoa minha conhecida, é bem superior àquela que escreveu no seu famoso livro *Contra toda esperança*.

O terrível, dizia, não eram só as humilhações e as torturas, mas também, de forma especial, uma rotina sem esperança. O pequeno calabouço não estava formado apenas por quatro estreitas paredes, mas singularmente pelos asfixiantes muros dessa rotina sem esperança. De repente, alguém conseguiu passar-lhe um pequeno livro que foi a sua salvação: *Caminho*. Dizia que cada ponto de *Caminho* era uma janela que rasgava esses muros, aberta para o mundo, para a eternidade, para Deus. Conta que a sua vida mudou completamente. Cada dia, depois de cada ponto — são 999 — contemplava um panorama diferente. Em papéis diminutos ia escrevendo — utilizando como tinta uma pasta preta feita com moscas, porque não tinha outra — cada um dos pontos do livro, e depois os passava aos seus companheiros de prisão. Eram lidos avidamente. Assimilavam-nos com a mesma fome com que deglutiam o escasso alimento diário.

Houve, contudo, um ponto que foi para ele como uma fenda de luz na muralha opaca daquela opressiva rotina. Este ponto indicava: "Eu te vou dizer quais são os tesouros do homem na Terra, para que não os desperdices: fome, sede, calor, frio, dor, desonra, pobreza, solidão, traição, calúnia, cárcere".[4]

---
4   Josemaria Escrivá, *Caminho*, 7ª ed., São Paulo, Quadrante, 1989, n. 194.

Cárcere! A prisão não podia ser desprezada... E a sua oração diária conseguiu que a cadeia se convertesse num tesouro! Soube unir-se, através dela, à cruz redentora de Cristo. A sua vida se transformou por completo.

Pensemos naquilo que nos parece o "calabouço" do nosso trabalho, os "grilhões" da nossa família e compreenderemos que a rotina sufocante, que parece aprisionar-nos, pode ser quebrada por essa visão contemplativa da vida: saber descobrir por trás da monotonia diária o rosto amável de Jesus; saber converter, como gostava de dizer Josemaria Escrivá, a *prosa diária* — o caráter pesado do trabalho cotidiano — em *verso heroico*, numa tarefa de amor que se sobreleva com gosto, que sabe tornar realidade aquele pensamento de Santo Agostinho: "Quem ama não se cansa, e se se cansa, converte em júbilo o seu cansaço". E tudo isso que parece opressivo e mortificante, transforma-se diante dos nossos olhos contemplativos num verdadeiro tesouro.

Ouvi contar uma história que faz pensar. Dois doentes ocupavam o mesmo quarto de um hospital. Aquele que se encontrava mais grave estava deitado numa cama que dava para uma janela. Estava sempre contente. O outro se queixava continuamente das suas dores e da triste sina de não poder olhar pela janela. Julgava que a alegria do seu companheiro de quarto provinha da paisagem que conseguia enxergar. Desejava inconscientemente que o seu vizinho morresse para ocupar o seu lugar. E assim aconteceu. Quando foi colocado na outra cama olhou ansiosamente pela janela. O que viu? Que surpresa! Apenas um muro que barrava toda a visão!

O que alegrava ao pobre moribundo não era o que observava externamente, mas a sua paisagem interior: a alegria e a paz que vem chegando desse outro mundo que a alma contemplativa consegue enxergar.

Faz uns dias, dizia-me um professor da Universidade Federal do Rio de Janeiro: "Estou farto da minha esposa neurótica, dos meus filhos que me enchem a paciência e da monotonia do meu trabalho. Se não fosse por Deus, teria dado um pontapé no balde. Se não fosse porque é precisamente nesse trabalho ordinário, nessa droga de rotina, que eu me tenho que santificar, mandava tudo para o inferno". Ele tinha aprendido, ao longo dos anos, na sua meditação diária, que o ordinário, o comum, o trivial, o prosaico, o rotineiro, o de sempre pode se converter em algo prodigioso, extraordinário: num verdadeiro tesouro.

Compreendemos que, com as mesmas teclas de um piano, pode-se repetir a cansativa lenga-lenga de uma música monótona ou interpretar a maravilhosa melodia de uma empolgante composição. Com as mesmas teclas, com o mesmo trabalho, com a mesma esposa, com os mesmos filhos, pode-se compor uma sinfonia de amor.

"O segredo para dar relevo às coisas mais humildes, mesmo às mais humilhantes, é amar."[5] "Tudo o que

---

5 Ibidem, n. 418.

se faz por amor adquire formosura e se engrandece."[6] Para viver nesse clima de amor, para viver essa vida contemplativa, é necessário manter habitualmente a presença de um Deus que chega a converter-se para nós no *amor dos amores*. É assim que a rotina mortífera — prosa asfixiante e monótona — se transforma em diálogo divino, em verso heroico.

A impaciência, a irritabilidade e a oração

A impaciência e a irritabilidade parecem formar também parte do quadro patológico da cultura do novo milênio, especialmente nas grandes concentrações urbanas. O meio e a tecitura cultural favorecem uma vida confortável, sem sacrifícios e renúncias. Nesta "civilização dos desejos", neste imperialismo do prazer em que vivemos, as contrariedades e demoras tendem a perturbar-nos mais do que em outras épocas, nas quais qualquer conforto era fruto de muitos esforços. Há uma hipersensibilidade em face das dores e exigências naturais da vida. Parece que não fomos preparados para sofrer e esperar. Dá a impressão de que se quer que tudo aconteça já! Sem dilações. Que tudo seja para nós serventia, oferecido *à la carte*, ao nosso gosto. Mas há tantas coisas que protelam inevitavelmente os nossos desejos, que põem à prova a nossa paciência! Há tantas coisas que acontecem contrariando os nossos projetos, que excitam a nossa irritabilidade!

---

6   Ibidem, n. 429.

SERENIDADE e paz pela oração

Basta entrar no trânsito de uma cidade como Rio de Janeiro ou São Paulo... Talvez voltemos do trabalho cansados, esperando chegar em casa e repousar um pouco... e inesperadamente o trânsito para, o engarrafamento torna-se monumental, os motoristas impacientes começam a buzinar, e os nervos também começam a ficar em frangalhos... Ajuda muito, nesses momentos, estimular a calma, considerar que a nossa impaciência em nada melhora a situação, guardar a presença de Deus, ou talvez rezar serenamente um mistério do Santo Rosário, pedir ajuda ao anjo da guarda e começar a dialogar com Aquele que traz bonança a toda tempestade.

Basta introduzir-se num lar qualquer, num desses momentos em que parece que todo mundo fica inquieto: os filhos estão brigando, o caçulinha acaba de quebrar um pote de geleia ao abrir a geladeira, o marido e a mulher começam a discutir... Ele levanta a voz; ela reclama: "Você hoje está nervoso!" "Nervoso, coisa nenhuma", retruca: "Você é que me deixa irritado com tantas picuinhas..." E vai crescendo a turbulência... Se nesses momentos, antes que comece qualquer litígio, houvesse a presença de espírito que leva a retirar-se, a esperar, a deixar passar um tempo, a implorar a Deus ajuda... Como mudariam as relações conjugais...! Lembremo-nos das nossas atitudes precipitadas, das nossas irritações destemperadas, das palavras que não deveriam ter sido proferidas num momento em que nos sentíamos feridos nas nossas fibras mais íntimas, da voz que se eleva e se torna cada vez mais estridente, das palavras que, sem sabermos como, vão-se inflamando até o ponto de dizermos coisas que mais tarde nos enchem de vergonha... Lembremo-nos de todas essas coisas para compreender que a calma, a paciência, nestes casos é um sinal de maturidade e de fortaleza, e uma verdadeira conquista.

É então que adquire um valor excepcional a capacidade de esperar, de retirar-se, de manter a serenidade, de recolher-se um pouco em oração...

São Francisco de Sales foi modelo de mansidão. Em certa ocasião, um indivíduo desaforadamente o destratou da pior maneira. O santo não abriu a boca, manteve-se sereno. O irmão que o estava acompanhando, surpreendido, disse-lhe depois: "Como foi capaz de suportar tudo isso em silêncio?". E São Francisco respondeu: "Fiz um trato com a minha língua para não falar enquanto estiver irritado. Procuro nesses momentos pedir ajuda ao Senhor para cumprir este trato". Isto é admirável considerando que o bispo de Genebra tinha um gênio vivíssimo, e que na sua juventude tinha sido um destemido espadachim. Depois de falecido, encontrou-se a gaveta de sua escrivaninha, pela parte de baixo, toda estraçalhada. O seu secretário esclareceu: quando ficava irritado, encravava as unhas na madeira para desabafar dessa maneira e manter uma atitude serena. Exemplo que nos ajuda a dominarmos a nós mesmos. Às vezes se pensa que a irritação é sinal de fortaleza de caráter, e a paciência, de fraqueza ou timidez. Geralmente não é assim: a agressividade é sintoma de insegurança e a paciência, de domínio de si próprio.

Para conseguir viver a paciência é preciso dominar as causas que motivam a impaciência. Estas são principalmente três.

A primeira delas é o nosso *egoísmo*: pensamos que somos os donos do nosso destino. Fazemos com a nossa imaginação um estojo aveludado em que tudo se adapta às nossas pretensões: uma saúde de ferro, uma inteligência brilhante, um lar que seja como uma prolongação da nossa personalidade, um cônjuge amável, devotado e solícito, uns filhos bem-comportados que nos adorem, uma vida profissional bem-sucedida, um próspero e seguro sustentáculo econômico e ainda os sonhos vão desenhando um apartamento e um carro de luxo, uma casa de campo com piscina... E tantas coisas mais. E quando as decorrências da vida não se adequam a esses nossos desejos, começamos a ficar inquietos, irritados. Há em tudo isso muito egoísmo e, também, sem dúvida, falta de maturidade humana e de profundidade espiritual.

A oração nos ajuda a evitar que sumariamente coloquemos Deus, os outros, as coisas e os acontecimentos dentro dos nossos planos, geralmente egoístas, como peças integrantes da nossa felicidade, e consegue que, em sentido inverso, nos situemos nós mesmos dentro dos planos de Deus e dos outros com absoluta disponibilidade, com abnegada paciência e mansidão, com o desejo sincero de conseguir, de forma solidária, a felicidade de todos. A oração faz-nos ver que nós não somos o centro do mundo, que formamos parte de um universo onde cada ser tem a sua função. Faz-nos enxergar que a nossa grandiosidade consiste precisamente em interpretar a melodia que — dentro de um conjunto humano polifônico — nos corresponde na inigualável sinfonia da criação. Como é bom, na nossa oração, situar-nos dentro do ambiente de algumas situações evangélicas, em que os planos humanos eram modificados pelos planos divinos... Poderiam Maria e José imaginar que o Filho viria a nascer num estábulo? Passaria pela mente deles que quem era infinitamente poderoso deveria fugir apressadamente para o Egito? A reação serena e paciente de Maria e de José diante desses dolorosos percalços, levados à nossa meditação, poderiam fazer-nos ver que o importante não é situar Deus dentro dos nossos projetos para que estes venham a realizar-nos pessoalmente; o fundamental é entrarmos nós mesmos nos projetos de Deus com irrestrita docilidade. E para isso é necessário que o nosso egoísmo dê lugar ao cumprimento da vontade de Deus. Esse giro de 180 graus, essa "revolução copernicana" da nossa atitude, só se pode operar com a ajuda de Deus num clima de oração. Ali chegamos a compreender que, para obter a realização solidária dos que nos rodeiam, é preciso sacrificar o nosso egoísmo. Nesse clima, encontramos o verdadeiro laboratório da paciência.

A segunda fonte da impaciência e da irritabilidade é o *orgulho*: o objetivo proposto tem que ser conseguido só pelo fato de constituir um propósito pessoal. A obstinação e a prepotência própria do orgulho tornam insuportáveis qualquer adiamento ou demora. Nós queremos que as coisas aconteçam no momento em que as desejamos: queremos que as pessoas e os acontecimentos se curvem diante das nossas pretensões, que tudo se cumpra imediatamente por decreto, como se fôssemos reis de uma monarquia absoluta, ou os lendários imperadores da China medieval.

Não compreendemos que o único ser capaz de realizar as coisas quando e como deseja é Deus. Deus disse: "Faça-se o sol. E o sol se fez... Faça-se o mar... E o mar se fez... Faça-se a terra...E a terra se fez..." (cf. Gn 1, 9-10). Nós, pobres humanos, temos que aprender a esperar. Temos que saber intermediar entre os nossos desejos e as nossas realizações uma longa engrenagem de esforços que vão se concatenando com a passagem do tempo até alcançar a meta desejada. Mas para isso é preciso paciência. Quando diziam ao famoso escritor alemão Goethe que era um gênio, ele respondia: "Ora, gênio é uma longa paciência!" E nós acrescentaríamos: prestígio profissional, tranquilidade econômica, família bem constituída, virtudes consolidadas são uma longa paciência!...

Quando nós nos impacientamos é porque não reconhecemos a nossa condição de criaturas. E isso se chama orgulho.

O cristão amadurecido, antes de impacientar-se, consegue falar com Deus. Com um Deus que sabe "dialogar" com um universo que demorou milhões de séculos para que as massas basálticas pudessem esfriar-se a fim de possibilitar a aparição da vida; que sabe "dialogar" com essa prolongada sequência evolutiva que permitiu o nascimento das diferentes espécies vivas; que sabe "dialogar" com o carvalho que demanda um século até chegar ao seu pleno desenvolvimento... Esse "diálogo" com o Senhor da História ajuda-nos a tomar consciência de que realmente somos criaturas, seres dependentes de Deus, em cujas mãos descansam as nossas fadigas, trabalhos e realizações. Esse "diálogo" ajuda-nos a murmurar quietamente: "Senhor, nas vossas mãos repousam os meus dias" (Sl 30 ,16); ajuda-nos a compreender que o Dono do tempo fixou a cada acontecimento a sua hora e também o intervalo que está de permeio entre a concepção do projeto e a sua realização: "Todas as coisas têm o seu tempo, todas as coisas passam debaixo do céu na hora oportuna" (Ecl 3, 1). Esse "diálogo" nos ensina a caminhar "ao passo de Deus": com urgência ou com calma, mas ao "ritmo" de Deus. Às vezes somos demasiadamente calmos, quando Deus nos pede urgência — "o amor de Cristo nos urge" (2Cor 5, 14) — e demasiado impacientes, quando Deus nos pede calma: "Tende paciência, meus irmãos [...], vede o lavrador: ele aguarda o precioso fruto da terra com paciência até receber a chuva do outono e a da primavera. Tende também vós paciência e fortalecei os vossos corações" (Tg 5, 7-8).

Esse modo de orar, esse "diálogo" nos ensinam a entrar na cadência de Deus. Nós temos que saber dizer, como o salmista: "Mantenho em calma e sossego a minha alma: tal como a criança no regaço de sua mãe, assim está minha alma no Senhor" (cf. Sl 131, 2-3). "Só em Deus repousa minha alma, e é dele que me vem toda a paciência" (cf. Sl 62, 6).

Na oração, ao compasso da paciência, vamos ganhando em humildade. E ao crescer em humildade vamos consolidando a nossa paciência.

A terceira fonte da impaciência e da irritabilidade é a *incapacidade de sofrer*.

A este ponto refere-se o autor italiano Beria de Argentine de uma maneira muito expressiva na sua obra *A síndrome da subjetividade*.[7] Ele sublinha que muitos problemas atuais derivam da falta da virtude da paciência ou da incapacidade de sofrer.

> A sociedade moderna ficou aprisionada por uma opção sem saída: o bem-estar pleno ou morte. Não estamos mais habituados ao esforço, ao sofrimento [...]: ou conseguimos uma plenitude inatingível, ou mergulhamos na depressão e na ruína.
> Mas, como todos sabem, paciência vem de *patior*, um verbo que indica sofrimento. Se quisermos dar frutos devemos aceitar um pouco de tribulação, de paciência, de sofrimento.

Precisamente porque a paciência provém dessa raiz latina, viver a virtude da paciência identifica-se com "capacidade de padecer dignamente", com a "arte de sofrer serenamente". É a virtude que nos dá, com a

---

[7] Beria de Argentine, *A síndrome da subjetividade*, in: L. J. Lauand, *Ética: questões fundamentais*, São Paulo, Edix, 1994, p. 23.

graça divina, o poder de suportar as contrariedades e a dor com o mesmo amor com que Jesus Cristo sofreu ao longo de sua vida.

Toda a vida de Jesus é testemunho de um amor paciente que chega até ao extremo de sofrer por nós uma morte de inigualável sofrimento. Depois da oração no Horto das Oliveiras, o Senhor submete-se pacientemente a um julgamento iníquo, escuta com serenidade os falsos testemunhos levantados contra ele, recebe em silêncio os insultos e as chicotadas, cala perante o desprezo de Herodes, carrega a cruz e levanta-se novamente, quando cai esmagado pelo seu peso... Perdoa os seus carrascos e morre dizendo: "Pai, nas tuas mãos entrego o meu espírito" (Lc 23, 46). Mas reparemos em algo extremamente significativo: a força lhe veio da oração prolongada, feita no Horto das Oliveiras.

A Paixão é a sumidade da paciência. Por isso, para consegui-la temos que saber orar ao lado de Jesus no Horto de Getsêmani: "Tu, que soubeste padecer com tanto amor, concede-me, Senhor, que eu saiba levar com paciência esta contrariedade, o caráter desta pessoa que convive comigo, este fracasso profissional, a dor que representa para mim esta doença, a perda desta pessoa querida..."

É necessário insistir na importância da oração para adquirir a paciência. Muitas pessoas nos ensinaram já esta lição. Uma delas foi para mim Montserrat Grases, uma moça jovem, bonita e inteligente que pertencia ao Opus Dei. Com 17 anos começou a sofrer o seu calvário a partir do diagnóstico de um câncer incurável — um sarcoma de Ewing — localizado na perna esquerda. Sofria muito, mas estava sempre alegre. Tinha aprendido do Fundador do Opus Dei que a alegria do cristão tem as raízes em forma de cruz.

Montse — assim a chamavam carinhosamente — fazia todos os dias a sua oração. Costumava repetir uma jaculatória aprendida em *Caminho*: "Jesus, o que Tu quiserdes, eu o amo!" Daí vinha a serena paciência e a paz e o seu constante sorriso que chamavam a atenção de quem a visitava.

Montse teve uma longa e dura agonia. Morreu pacientemente, consumida pela doença, mas morreu feliz. Quando chegou a sua última hora, quis fazer um brinde com champanhe ao lado dos seus pais — que mal continham as lágrimas — para comemorar a sua entrada no Céu. Passou a sua agonia apertando estreitamente o seu crucifixo, dizendo com voz quase inaudível a Nossa Senhora: "Mãezinha, quanto te amo! Quando virás me buscar?"

Enrique, o seu irmão mais velho, que agora é sacerdote, escreveu sobre ela nos seguintes termos: "Sofreu tremendamente, mas era uma luta enamorada, no meio da dor, para encontrar a Cristo Crucificado. Em meio a essa dor, junto de Cristo, nunca esteve só. Se Deus está ao meu lado — pensava — e me pede isto, será porque é possível; e se Ele o quer, Ele me ajudará... Montse, graças à dor, deu-nos o melhor de si mesma."[8]

---

8   Todos estes fatos e depoimentos foram recolhidos de José Miguel Cejas, *Montse Grases. La alegria de la entrega*, Madri, Rialp, 1993, pp. 162 ss.

Se uma moça como Montse — cujo processo de canonização está bem adiantado — soube levar com tanta serenidade essa sua paixão dolorosíssima, como não vamos nós carregar com paciência a pequena cruz de cada dia? São Josemaria Escrivá nos ensinava a cada dia inumeráveis lições de amor paciente. Vivi de perto um incidente trivial, mas significativo. Estava trabalhando intensamente. A mesa cheia de fichas que iam sendo ordenadas para completar o que estava escrevendo. De repente, alguém abriu a porta e se estabeleceu uma corrente de ar que jogou algumas fichas no chão. Ele disse que experimentou certa impaciência. E, naquele momento, levantou-se, jogou decididamente todos os papéis no chão e foi recolhendo-os, enquanto dizia calmamente: "Josemaria, pelos teus filhos; Josemaria, pelos teus filhos..." Depois continuou a trabalhar como se nada tivesse acontecido. Ele sabia dominar o seu temperamento, naturalmente vivaz, com estes exercícios e outros semelhantes. Mas neles a presença de Deus e a oração sempre desempenhavam um papel fundamental.

Poderia citar outros muitos testemunhos. Escolho apenas um citado por Francisco Faus, no seu livro *A paciência*, precisamente pelo seu caráter simpático e corriqueiro: o testemunho de uma mãe que se tornou "rezadora" por causa da sua impaciência: "Esta mulher de nervos frágeis tinha-se proposto rezar a Nossa Senhora a jaculatória: 'Mãe de misericórdia, rogai por nós (por mim e por esse moleque danado)', a cada grito das crianças. Quando começava a ferver uma crise conjugal, tinha igualmente 'preparada' uma oração própria que dizia: 'Meu Deus, que eu veja aí a cruz e saiba oferecer-Vos essa contrariedade! Rainha da paz, rogai por nós!' E quando ia ficando enervada e ríspida, rezava: 'Maria, vida, doçura e esperança nossa, rogai por mim!' Depois comentava com certo espanto: 'Sabe que dá certo? Fico mais calma!' E ficava mesmo."[9]

São numerosos os frutos que dimanam da paciência e que só poderemos conseguir através de uma oração humilde e constante. Alguns desses frutos são mencionados por São Cipriano: "A paciência mantém na humildade aqueles que prosperam, torna-os fortes na adversidade e mansos perante a injustiça e as afrontas. Ensina a perdoar sem demora os que nos ofendem. Faz-nos vencer as tentações, tolerar as perseguições, consumar o martírio."[10] Mas é o Senhor Jesus quem identifica o fruto mais importante: *in patientia vestra possidebitis animas vestras* (Lc 21, 19): na paciência possuireis as vossas almas. "Nós possuímos a alma com a paciência", comenta a respeito São Gregório Magno, "porque, aprendendo a dominar-nos a nós mesmos, começamos a possuir aquilo que somos":[11] a igualdade de ânimo — a equanimidade —, a paz de espírito é acima de tudo o grande fruto da paciência.

---

9 Francisco Faus, *A Paciência*, 2ª ed., São Paulo, Quadrante, 1998, p. 28.
10 São Cipriano. *De bono patientia*, 20.
11 São Gregório Magno, *Homiliae in Evangelia*, 2, 35. 4.

Que a nossa oração seja constante — "Orai sempre sem desfalecer" (Lc 18, 1) — para que constantemente vivamos a paciência, essa virtude que nos torna serenos, amáveis, sorridentes, equânimes... Saibamos pedir a Maria o que lhe rogamos na sequência da missa de Nossa Senhora das Dores: *fac me tecum semper stare justa crucem Iesu*:[12] "Alcançai-me, oh! minha Mãe, que eu esteja sempre contigo junto à cruz de Jesus! Concedei-me que saiba viver a serenidade no meio do tumulto, a tranquilidade nas tribulações, o sossego na contrariedade, na dor e na doença; outorgai-me a graça de ser possuidor e semeador da paz e da alegria que dimanam da paciência".

A falsa paz: o homem "light"

O homem "light": a ansiedade e a depressão

Às vezes, ouvimos dizer: "É melhor não aprofundar, não fazer uma meditação mais íntima, não fazer esse retiro, irá me trazer problemas... Tenho medo de ficar neurótico". Dá vontade de responder: "Não, o retiro, a meditação não vão criar problemas. No retiro e na meditação, você descobrirá os problemas já existentes. Você não vai ficar neurótico por aprofundar. A neurose virá, cedo ou tarde, precisamente por não aprofundar".

Podem-se esconder os problemas detrás do biombo da superficialidade que evita todo aprofundamento, todo questionamento, como se esconde o lixo

---
12 Cf. Missal Romano, Sequência *Stabat Mater*.

debaixo do tapete, para que ele não apareça. Mas um dia, fermentado pelo tempo, ele vai-se tornar evidente pela sua pestilência.

Há quem diga também que esses homens que vivem superficialmente, que por nada se preocupam — que são, na gíria, "cuca fresca" — vivem melhor: parece que, encastelados na sua trivialidade, nada os atinge. Evidentemente, seria insensato procurar problemas à toa e nesse sentido daríamos razão a uma atitude despreocupada que evita questionamentos inúteis. Mas há outra postura leviana que encobre os problemas, esconde a cabeça no chão como o avestruz para não ver a realidade: é a postura da pessoa banal e irresponsável, que se recusa a tomar consciência das questões fundamentais do ser humano para não complicar a sua vida. É este o tipo humano que nós denominaríamos homem *light*. É aquele que se recusa a aprofundar-se em temas fundamentais como o sentido da vida, a existência de Deus, a divindade de Jesus Cristo, o caráter transitório da vida terrena, a inexorável chegada da morte, e a necessidade de uma felicidade eterna. Ele não repara que a própria vida o obrigará dolorosamente — queira ou não queira — a se aprofundar nesse sentido: uma doença, a morte de um ser querido, um descalabro profissional, social ou econômico, uma despedida dolorosa o obrigarão a parar, a pensar em profundidade, a rasgar a película epidérmica das aparências, para chegar até o fundo das questões vitais. Às vezes, por um desses fortes reveses da vida, as pessoas começam a pensar que estão entrando numa pavorosa turbulência; que — como já apontamos — estão desembocando num processo de crise existencial, quando, em realidade, essa íntima perturbação poderá representar para eles como que uma mão potente e salvadora que lhes possibilitará arrancar a máscara da mentira convencional e descobrir a sua frágil realidade, a sua personalidade esquelética escondida por trás das aparências brilhantes do homem *light*.

Nos momentos de "baixo astral", como se diz coloquialmente, parece que emergem problemas que antes não existiam... Falam: "Tudo corria tão bem, as coisas estavam dando tão certo e agora, ficou doente a minha mãe; não passei naquele concurso; não deu certo o meu noivado; estou ficando neurótico..." Mas, o que imaginavam essas pessoas? Que a saúde era eterna, que a vida era uma marcha triunfal, que eles seriam, por acaso, mimados pelo destino? Nunca tinham aprofundado. Recusavam-se a tomar consciência da realidade — de tantas misérias e dores que os circundam — e, de repente, aquilo que parecia o alicerce da sua vida — o êxito, a saúde, o conforto — afunda e desmorona, deixando-os suspensos no ar... E pensam: "Caí num poço sem fundo, acho que preciso de um tratamento psicológico; tenho que ir ao analista..."

A maré baixa descobre os arrecifes, não os cria. Eles já estavam lá, ocultos pela superfície do mar. Os problemas não aparecem quando se aprofunda na vida. Eles já existiam: o homem é um ser precário, vulnerável, passível de sofrimento, sujeito ao fracasso, à doença e à morte. Se não mergulharmos em nós mesmos para encontrar essas realidades, através da reflexão e da meditação habituais, quando vem a "maré baixa" da vida, os problemas emergirão implacavelmente, de modo inesperado e repetitivo, provocando um abalo estrutural talvez irremediável. Até tal ponto pode chegar essa depressão, que se venha a pensar com facilidade na urgência de ir ao analista.

É isto o que explica que a nossa geração, onde se multiplica o tipo da personalidade *light*, seja a geração em que proliferam a neurose, a ansiedade e a depressão. Aprofundar não cria a neurose, mas descobre-a e cura-a. A técnica psicanalítica está encaminhada precisamente a tornar patente o que se encontrava escondido no subconsciente. Por meio de perguntas, desenhos, imagens e interpretação de sonhos tentam desvendar o que está oculto. Assim como os psicanalistas utilizam todos esses recursos, não por curiosidade mórbida, mas por interesse terapêutico, da mesma maneira, no terreno religioso, a reflexão e a meditação em profundidade vêm a descobrir e a curar as doenças espirituais ou morais que talvez estejam trancafiadas nos porões da alma.

Quem, por exemplo, se recusa a ir a um retiro ou a manter uma conversa com um sacerdote para não criar problemas, assume a mesma atitude de quem não quer ir ao médico porque pensa que ele vai complicar-lhe a vida. E essa recusa pode impedir que se faça um oportuno diagnóstico antes que o mal se desenvolva. A medicina moderna recomenda um *check-up* anual, como a Igreja recomenda um retiro periódico ou uma orientação espiritual.

Os bons navegantes não olham apenas para a superfície do mar; tentam enxergar o seu fundo para navegar por águas tranquilas, evitando os arrecifes ocultos. Os homens sensatos procuram mergulhar no fundo da sua alma por meio da meditação, para mapear os contornos dos seus defeitos e pecados, dos seus traumas e condicionamentos, a fim de prever os possíveis perigos, tornando dessa forma mais segura a navegação da vida.

Assim como a meditação e a direção espiritual representam, para as pessoas normais, a melhor terapia, da mesma maneira a atitude superficial do homem *light* pode vir a tornar-se uma bomba-relógio que um dia explodirá, acionada pelo dispositivo de uma doença grave, de um fracasso profissional, de uma crise familiar ou do vazio provocado por uma vida sem sentido.

O homem "light" visto por um catedrático de psiquiatria

Enrique Rojas, catedrático de psiquiatria da Universidade de Madri e diretor do Instituto Español de Investigaciones Psiquiátricas, fala do homem *light* com muito acerto. Dedicou uma das suas numerosas obras a este tema. Faremos uma síntese do seu pensamento. A citação será longa, mas muito enriquecedora:

Numa sociedade, de certa forma doente, emerge o homem *Light*, porta-bandeira de uma tetralogia niilista: hedonismo — consumismo — permissividade — relativismo, alinhavados pelo materialismo. Um indivíduo assim parece-se muito com os denominados produtos *light* dos nossos dias: comidas sem calorias e sem gordura, cerveja sem álcool, açúcar sem sacarose, cigarros sem nicotina, Coca-cola sem cafeína e sem açúcar, manteiga sem gordura... igual a um homem sem substância, sem conteúdo, sem convicções, entregue ao dinheiro, ao poder, ao êxito e ao prazer ilimitado e sem restrições...

Qual é o perfil psicológico do homem *light*? Como poderia ser definido? Trata-se de um homem entregue, por um lado, ao pragmatismo e, por outro, a não poucos chavões e lugares-comuns. Tudo lhe interessa, mas em nível superficial; não é capaz de fazer a síntese essencial daquilo que percebe e, em consequência, vai-se convertendo num sujeito trivial, frívolo, leviano em que se aninham um grande *vazio moral, um pensamento débil*, sem convicções, sem firmeza, uma irresponsabilidade imatura nos seus compromissos, um indiferentismo ambíguo.

O homem *light* não tem pontos de referência: está desorientado perante as grandes interrogações da existência. Quando se perde a bússola da vida, navega-se à deriva, desconhecem-se os valores estáveis... Vive-se unicamente para si mesmo e para o prazer sem restrições. O homem *light* experimenta prazer sem alegria. Tudo se subordina ao sexo. O orgasmo foi entronizado como se fosse um monarca, no ponto culminante da sua vida.[13]

Como não é capaz de ascender ao transcendente, é necessário para ele *mergulhar no imediato*: o conforto converte-se em filosofia de vida e em meta máxima a ser conseguida. Tudo se reduz a ganhar dinheiro para conseguir um mais alto nível de conforto. Desse modo, no fim

---

13 Enrique de Rojas, *O homem "light"*, 13ª ed., Madri, Temas de hoy, 1997, pp. 11-14, 18, 39.

do século XX, a doença do ocidente poderia ser resumida numa palavra: a abundância: ter chegado ao máximo no material e ter diminuído ao mínimo no espiritual.[14] Repletos de tudo, mas sem bússola, sem sentido, gastam a existência consumindo, entretidos em banalidades. Entre eles, a televisão. A televisão cumpre a lei do mínimo esforço: basta deixar-se cair numa cômoda poltrona, apertar o botão de comando e mais nada. E a evasão no mundo da fantasia, a chupeta dos adultos no fim do milênio: é a socialização da trivialidade.[15]

Essa banalidade, contudo, torna o homem extremamente vulnerável: o homem *light* não é feliz.

É por isso que se apela para a droga: "a droga é uma reação perante o vazio espiritual do nosso tempo, perante a falta da razão vital" — em expressão de Ortega y Gasset — que dá sentido à vida. É também por isso que o homem *light* cria uma religião ao seu gosto, *à la carte*. Em realidade, o homem *light* não é nem religioso nem ateu. Ele construiu uma particular espiritualidade, segundo o seu ponto de vista. Ele é quem decide o que está certo e o que está errado. As suas aspirações espirituais começam desejando uma satisfação física (dinheiro, poder, prazeres, distinções e pedestais) e terminam fabricando uma ética materialista que desemboca na ansiedade e na depressão.[16]

A ansiedade é um termômetro que nos dá a imagem do homem deste final de século. O materialismo — para o qual só conta o que é tangível, o que se toca e se vê — e o hedonismo — cuja bandeira fundamental é o prazer e o bem-estar — terminam sempre deixando insatisfeito o coração humano. Daí brotará uma vivência do nada que está muito perto da ansiedade.

A *permissividade* (não há limites nem lugares proibidos para o prazer: é preciso provar tudo, vasculhar todos

---
14 Ibidem, p.51 e 56.
15 Ibidem, p. 57. 78 e 90.
16 Enrique de Rojas, op .cit., p. 133, 141, 154.

os recantos da intimidade humana), o *relativismo* (um marcante subjetivismo em que todos os juízos de valor são flutuantes e relativos), o *consumismo* (que cria seres humanos repletos de coisas, saturados, mas interiormente vazios), vão marcando a rota da ansiedade que acabará por cristalizar-se numa forma especial de melancolia e indiferentismo.

O autor continua a fazer o elenco das fontes da ansiedade: "A exaltação do *erotismo* e da *pornografia*, inflacionados e servidos também *à la carte* (o ser humano rebaixado e reduzido à categoria de objeto), o sexo-máquina (orgia repetitiva e sem mistério), o sexo-consumo (sexo trivializado, convertido em bem de consumo sofisticado que provoca vazio, fartura e cansaço) — tudo isso desemboca na ansiedade. Já não há lutas por causas nobres. Passamos da era das lutas à era da ansiedade".

Enrique Rojas acaba por concluir que o homem do final do século XX não sabe para onde se dirige, navega à deriva e

> é por essa razão que está incapacitado para o sofrimento (cada vez a dor é mais temida) e para a morte (cada vez há mais hipocondríacos). Daí brota a ansiedade em face da menor ameaça de doença, de incomodidade, de fracasso econômico, de perda de beleza, de sintoma de velhice... Mas, em última análise, o que se teme é o desmoronamento e dissolução do eu, que é o derradeiro motivo da ansiedade.[17]
> E a razão dessa lamentável situação reside em que o homem *light* foge de si mesmo, e da sua íntima realidade,

---

17 Idem.

afasta-se do que há de mais verdadeiro nele, numa caminhada em que não sabe quem é nem aonde vai; ele avança em tudo, menos no essencial.[18]

O autor termina fazendo um apelo veemente à interiorização e à meditação:

> O objetivo dos psiquiatras é estudar, analisar e se aprofundar na mente humana para ver o que há nela, mas de alguma maneira isto também deve ser feito pelo homem comum, através da sua própria reflexão, porque ninguém pode superar aquilo que não conhece.[19]
> Que pena dá ver essas vidas em que tudo se exterioriza. Vive-se para o exterior, para a aparência. Infelizmente o homem light não tem capacidade de meditação, nem de vida interior, nem de intimidade. Frustra-se nele a eterna vocação transcendente do homem.[20]

Impressiona constatar que, de um ângulo rigorosamente científico e experimental, este catedrático de psiquiatria chegue às mesmas conclusões a que nós chegamos pelo canal espiritual que nos oferece a revelação cristã.

Eu conheci um homem "light"

Eu conheci muito de perto a tipologia do homem light. No trato com inúmeras pessoas, pude verificá-la. Vou referir-me apenas a um exemplo significativo.

---
18 Ibidem. pp. 168-169.
19 Ibidem, p. 171.
20 Ibidem, p. 173.

SERENIDADE e paz pela oração

Tratava-se de um homem bem-sucedido, atrativo, bom esportista, herdeiro de uma grande fortuna, sucessor do seu pai na presidência de uma empresa importante. Os diretores dos diferentes departamentos da firma, extraordinariamente competentes, levavam os negócios para frente. Ele trabalhava pouco e "levava os louros". Casou-se com uma mulher rica, bonita e tão superficial como ele. Tiveram duas crianças simpáticas. Pouco se preocupava com as questões fundamentais. A religião era um dos componentes a mais nas tradições familiares. Predominavam as festas sociais. Tudo era moderado, banal, leviano, superficial e... *light*.

Sim, tudo ia caminhando da maneira mais agradável, mais *light*, até os quarenta e seis anos. Nesta altura, começou a sentir-se mal. Foi diagnosticado um câncer. "Mas, era possível que isso pudesse acontecer com ele? O câncer era uma doença que podia afetar aos outros, mas a ele não... Tudo corria tão bem... E de repente, o inesperado, o inacreditável..."

Teve que ser internado. Entrou num processo de ansiedade e depressão. Na clínica — uma clínica de luxo, diga-se de passagem — não lhe faltava nada. Ele, porém, sentia que lhe faltava tudo: de que lhe valiam agora a casa suntuosa, o carro importado, as bajulações recebidas nas festas sociais?

Ele confiava em mim. Pediu que fosse visitá-lo. O que me disse primeiro foi: "A quimioterapia está me deixando com um aspecto deplorável, o cabelo está caindo!" Continuava pensando como o homem superficial que tinha sido sempre... "Mas você não compreende — disse-lhe, com o maior carinho possível — que o problema não está no cabelo ou na calvície, mas na vida e na morte? No sentido da vida, no sentido da dor, no sentido da enfermidade?"

Ele olhava para mim com as pupilas abertas parecidas às de um grande peixe acabado de ser retirado da água, assustado, surpreendido com o seu novo *habitat*, tão diferente. Como se pela primeira vez tivesse saído do mar das banalidades, como se só então acabasse de descobrir que existia esse tipo de problemas. Nunca tinha pensado em profundidade, tinha resvalado superficialmente pela existência sem tomar consciência das questões mais fundamentais.

"Sim, o senhor tem razão: os problemas da vida são mais profundos do que eu pensava. Às vezes, dá-me a impressão de que a cama vai-se afundando, afundando... e eu com ela... como se aquilo que me parecia tão necessário outrora, agora não tivesse nenhuma importância, como se eu estivesse me aproximando de um mundo desconhecido que, parece, vai me engolir. A verdade é que estou abalado, com um medo danado, profundamente deprimido, apavorado."

Deu-me uma pena imensa... Comecei a falar-lhe de Deus. Escutava com muita atenção. E eu pensava: que lástima que um homem tão bom não se tivesse preparado ao longo da vida para esses momentos tão cruciais, como este que agora estava vivendo. Nunca tinha refletido a sério. Agora as circunstâncias da vida o obrigavam a fazê-lo. Pensei então que essa sua leveza, essa alegre frivolidade que tudo encarava com um *fair-play* um tanto cínico e banal, essas gargalhadas vazias, esses risos de champanhe estavam terminando agora em lágrimas, estavam acabando na tristeza, na depressão e no pavor da morte... Pensei também que esse derradeiro destino se realizava não apenas na existência do meu amigo, mas na de tantos e tantos que se empenham em não pensar, em viver superficialmente, em levar uma vida *light*...

Nós não podemos, como o meu amigo, resvalar pela superfície da vida, dominados pelos *slogans* da sociedade consumista e pelos contravalores apresentados pelos meios de comunicação. Temos que mergulhar fundo no conhecimento próprio e chegar até as últimas consequências das questões fundamentais.

Não tenhamos receio de aprofundar, com medo de ficar "neuróticos". A sabedoria clássica, e especialmente a escola socrática, considerava a divisa *Nosce te ipsum* — "conhece-te a ti mesmo" — como o ponto de partida de qualquer filosofia humana.

Os pagãos, que consideravam o conhecimento próprio como princípio fundamental de toda a sabedoria, tinham uma grande dificuldade em realizá-lo eficazmente: faltava-lhes um referencial absoluto, um modelo perfeito. Nós, pelo contrário, temos esse modelo perfeito com o qual podemos comparar a nossa personalidade: Cristo. À luz desse Modelo, temos a capacidade de conhecer-nos em profundidade. Cristo, que é para nós tanto o caminho, a verdade e a vida como a luz verdadeira que ilumina todo homem que vem a este mundo (cf. Jo 14, 6; Jo 1, 9), representa essa claridade infinita capaz de fazer-nos enxergar a nossa realidade para além de todas as nossas racionalizações, justificativas e máscaras. Por isso, Santo Agostinho sintetizava numa frase lapidar o princípio básico da vida cristã: *Noverim me, noverim Te*, "conhecer-me e conhecer-Te". Quanto mais nos aproximarmos d'Aquele que disse: "Eu sou a luz do mundo" (Jo 8, 12), melhor veremos a realidade do nosso ser.

A sinceridade começa por aí, por esse mergulho na luz infinita de Deus a fim de conhecermos as nossas limitações e defeitos. Não deveríamos nunca encerrar o nosso dia sem fazer um exame de consciência, sem repassar as palavras e os atos que realizamos, a fim de detectarmos as nossas doenças morais, a origem oculta das nossas faltas, do nosso egoísmo, da nossa preguiça e sensualidade, a raiz íntima do desânimo ou da tristeza. E assim observaremos também o estado em que se encontram as nossas virtudes, aplicando com maior facilidade os remédios necessários para desenvolvê-las e aperfeiçoá-las.[21]

Os homens *light*, que vivem sempre exteriorizados, na janela da dissipação, que fogem — para não se aborrecer ou se preocupar — da realidade da vida e dos seus questionamentos, do conhecimento pessoal e dos seus erros, limitações e pecados, terminam sumindo na depressão e no pavor, como tristemente aconteceu com aquele meu amigo que,

---

[21] Para um desenvolvimento mais amplo do tema do conhecimento próprio e do exame de consciência, ver J. Malvar Fonseca, *Conhecer-se*, São Paulo, Quadrante, 1988.

graças a um câncer, reencontrou no fim o sentido da dor e da vida.

Insistimos: não sejamos como eles, não tenhamos medo de nos aprofundar no conhecimento próprio, de fazer o nosso exame de consciência.

O *espírito de exame* tem que estar acompanhado pelo *espírito de oração*. O nosso orgulho tende a mascarar e justificar os nossos defeitos e pecados, porque não tem a humildade de reconhecê-los. Por isso é necessário orar com aquelas palavras de Bartimeu, o cego de Jericó: *Domine, ut videam.* "Senhor, que eu veja" (Lc 18, 41). E repeti-las muitas vezes: "Senhor, que eu Te veja e que me veja a mim mesmo como sou, para tomar-me como Tu queres que eu seja".

E, quando Deus nos fizer ver o fundo da nossa alma, então com humildade continuaremos rezando:

"Compadecei-vos de mim, ó Deus, pela vossa bondade, pela vossa grande misericórdia, apagai os meus pecados. Lavai-me de toda a iniquidade, e purificai-me de todas as faltas." (Sl 50)

"Vinde ó Santo Espírito, enchei de gozo os nossos corações. Lavai nossas manchas, a aridez regai, sarai os enfermos e a todos salvai, abrandai durezas para os caminhantes, animai os tristes, guiai os errantes. Virtude na vida, amparo na morte, no Céu alegria." (Sequência da Missa de Pentecostes).

Com esta atitude humilde e profunda, as máscaras superficiais do homem *light* se dissolverão e encontraremos uma paz e uma alegria que ultrapassarão toda ansiedade e depressão. Uma alegria e uma paz tão profundas que nem a contrariedade, nem a doença, nem a morte conseguirão arrebatar.

A situação inversa: o homem ponderado

Podemos fazer, certamente, uma comparação entre os homens *light*, os homens levianos, e os *homens de peso*. Comparação justa, porque — como já dissemos — *pondus*, em latim, significa peso e o homem sério, o homem profundo, o homem de peso, equivale ao *homem ponderado*.

Cumpre dizer com o Salmo: "Se colocássemos todos os homens superficiais [os homens *light*] em cima da balança, pesariam menos do que o vento" (Sl 61(62), 10): diante do homem *light*, frívolo, imponderado e vistoso como a pluma de um pavão, devemos levantar a figura do homem consciente, do homem ponderado que equivale ao homem profundo, que tem o seu centro de gravitação no espaço mais íntimo do seu ser, onde Deus tem o seu templo sagrado.

Para que assumamos esse perfil, o Senhor nos fala do recolhimento necessário para encontrá-lo nesse santuário interior. E Ele próprio, para dar testemunho do que fala, retira-se ao deserto, separa-se da multidão, sobe à montanha, ou fica sozinho no Horto das Oliveiras. E ainda, sublinhando com a palavra o exemplo que nos dá, recomenda: "Vigiai e orai sem cessar" (Lc 21, 36). "E quando orares, entra no teu quarto, e, fechada a porta, ora a teu Pai em segredo; e teu Pai que vê no segredo te dará a recompensa" (Mt 6, 6).

SERENIDADE e paz pela oração

O recolhimento e o silêncio — no ensinamento evangélico — criam um clima propício para orar. É preciso recolher-se e interiorizar-se para encontrar Deus dentro de nós: "O Reino de Deus está dentro de nós" (Lc 17, 21), porque "somos templos do Espírito Santo" (1Cor 3, 16). E o templo reclama silêncio, intimidade, quietude.

Entende-se, assim, por que Cristo, movido de ira santa, pegou um chicote e lançou os comerciantes fora do templo: "Fizestes da casa do meu pai um covil de ladrões" (Mt 21, 13).

Às vezes, convertemos o nosso templo interior numa casa de comércio, numa rua de camelôs, num armazém de bagulhos, numa exposição de quinquilharias, num *shopping center* de novidades onde imperam a balbúrdia e a gritaria. Aí não se consegue orar.

De onde procede a gritaria? Ela vem de todos os lados. Do passado, em forma de recordações negativas, de afrontas não perdoadas, de lamentações e ressentimentos, de traumas, frustrações e fracassos; elas correm até nós procedentes de um futuro inexistente sob a forma de inquietações, pressentimentos, premonições, fantasias e apreensões... e continuamente nos assaltam, no presente, os gritos da imaginação à curiosidade irreprimível, os atrativos que se apresentam aos sentidos, as pegajosas sensações, as pequenas invejas, as exigências da competitividade, a sensualidade desenfreada, o amor-próprio dolorosamente ferido, as inúmeras tarefas que reclamam a nossa atenção, os muitos trabalhos e prementes problemas que solicitam uma solução inadiável, esse corre-corre próprio de uma cidade grande que tanto nos inquieta, esses perigos todos do trânsito e dos assaltos, os apertos da rua, do ônibus e do metrô, as cenas da televisão e da propaganda, a pressa dos trabalhos familiares, a insolvência das dívidas, o pagamento das contas... Essa agitação e esse tumulto todo vão invadindo a nossa intimidade sagrada e a perturbam com os seus gritos e solicitações.

Precisamos, como o Senhor, pegar o chicote e mandar embora do templo esses comerciantes e camelôs, e expulsar com eles a balbúrdia e a gritaria que sempre trazem consigo. Necessitamos do silêncio, da tranquilidade no nosso recinto interior.

"Os monges da Idade Média" — como escreveu Anselm Grün — "cantaram repetidamente o elogio da cela. É desta época a sentença que diz: *Cela est coelum*, a cela é o Céu. O Céu em que o monge intimamente conversa com Deus. O Céu em que a presença de Deus o envolve. É também desta experiência a seguinte sentença: *Cela est valetudinarium*: a cela é uma enfermaria onde se pode recuperar a saúde; é um lugar de cura, um lugar em que a cura nos é concedida."[22]

Nós, que não vivemos nem no deserto nem dentro de uma cela, mas no meio do mundo, o que podemos fazer? Converter o nosso centro interior, o nosso coração, numa cela: "O nosso Céu está dentro de nós": *Regnum Dei intra vos est* (Lc 17, 21).

---

22 Anselm Grun, *O céu começa em você*, 7ª ed., Petrópolis, Vozes, 2000, pp. 39-40.

SERENIDADE e paz pela oração

Também podemos converter em cela o nosso lugar de trabalho, o nosso lar, a rua e a praça pública, porque — com a maior naturalidade, sem fazermos coisas esquisitas, sem assumir um "ar monástico" — nela podemos dialogar com Deus, fazendo silêncio na alma, expulsando os invasores da nossa tranquilidade com o chicote da nossa determinação. Assim o fariam Jesus e Maria, que não eram "monges", que não viviam no deserto e que, contudo, eram *contemplativos* no meio do seu exigente trabalho.

Preservar o nosso domínio interior, proteger a nossa serenidade íntima, guardar a vista, guardar o coração, evitar que as imagens e as sensações exteriores nos invadam, têm que ser em nós uma operação tão natural como a função que exercem as pálpebras que se fecham para evitar que entre a poeira ou a luz que deslumbra. Esta operação equivale a uma necessidade de sobrevivência. Não podemos permitir que as nossas decisões mais profundas, a nossa autonomia, fiquem condicionadas pelas demandas e exigências exteriores. Não podemos ser comandados por essa ambição que nos condena a uma frenética atividade; por esse orgulho que, por qualquer falha ou afronta, se irrita ou deprime; por essa sensualidade que nos torna escravos das solicitações carnais, ou por essas apreensões e preocupações que nos tornam ansiosos e deprimidos...

Os *icebergs* têm a maior parte do seu volume escondido nas profundezas do mar. Não se deixam arrastar pelas marés superficiais. São conduzidos

A PAZ NA ORAÇÃO E AS DIFERENTES SITUAÇÕES DA VIDA

por correntezas profundas. Também o núcleo central e decisório da nossa personalidade deve ficar no recôndito do nosso ser, resguardado das influências periféricas, dos impulsos emocionais, das correntes de opinião, das manipulações dos meios de comunicação, do imperialismo da sociedade de consumo, das pressões sociais, dos caprichos da imaginação, dos recalques e ressentimentos. Temos que agir de forma coerente: ser conduzidos por arraigadas convicções, por esse fortíssimo fluxo interior que deriva da nossa intimidade com Deus, e não por chamarizes externos ou miragens enganosas.

É no nosso interior que ouvimos a voz de Deus. Santa Teresa escutava, às vezes, palavras do Senhor. Essas palavras, dizia ela, transformavam a sua vida, comunicavam-lhe um ardor, uma paz e uma alegria inefáveis. E um dia ela disse ao Senhor: "Por que não falas a todos como me falas a mim? Assim todos Te seguiriam". E Jesus respondeu: "Teresa, eu falo, mas o mundo faz neles tanto barulho que não me escutam."

O silêncio. Quando o silêncio dilata a nossa capacidade de atenção, torna-se sonoro, eloquente. Nós ouviríamos tantas palavras do Espírito Santo, se soubéssemos guardar silêncio! A nossa consciência nos sussurraria tantas coisas, se soubéssemos calar a imaginação! A nossa memória nos transmitiria tantas benéficas experiências do passado, se nós soubéssemos acalmar o tumulto dos ressentimentos!

Silêncio, calma! Quantas energias perdemos inutilmente com a agitação! Como é expressivo esse pensamento de *Caminho* dirigido a mulheres e homens que vivem no meio do mundo:

> Galopar, galopar! Fazer, fazer! Febre, loucura de mexer-se... Maravilhosos edifícios materiais...
> Espiritualmente: tábuas de caixote, percalinas, cartões pintalgados... Galopar! fazer! — E muita gente correndo; ir e vir.
> É que trabalham com vistas àquele momento; estão sempre "no presente". — Tu... hás de ver as coisas com olhos de eternidade, 'tendo presente' o final e o passado... Quietude. — Paz. — Vida intensa dentro de ti. Sem galopar, sem a loucura de mudar de lugar, no posto que na vida te corresponde, como um poderoso gerador de eletricidade espiritual, a quantos não darás luz e energia! Sem perderes o teu vigor e a tua luz.[23]

Assim seremos homens ponderados, homens de peso, diametralmente opostos aos homens *light*, levianos, brilhantes e frágeis como bolhas de sabão.

Encontrar no silêncio o nosso rosto e o rosto do Senhor

O silêncio e a calma nos ajudam a ouvir a voz de Deus e a gerar energia espiritual. O silêncio não é algo estagnador, mas extremamente fecundo. É também o pressuposto para encontrar em nós a verdade. Todo homem amadurecido tem a coragem de encontrar-se com a sua própria verdade, ainda que seja dura. O homem imaturo procura mais as opiniões que

---

23 Josemaria Escrivá, *Caminho*, n. 837.

bajulem a sua imagem, as que facilmente encontra nas rodas superficiais da vida social, onde todos se autopromovem mutuamente, ou na tagarelice dos grupinhos, onde crepita a "fogueira das vaidades". É só no silêncio e no recolhimento que o homem maduro vislumbra o verdadeiro rosto da verdade.

Nos famosos *Apotegmas dos padres do deserto* encontramos uma narrativa que descreve a procura da verdade desejada ansiosamente por três jovens estudantes. Foram em busca de um padre do deserto e expuseram o seu desejo. Ele calou-se por alguns instantes, colocou água numa jarra e disse que olhassem para dentro dela. Não viram imagem nenhuma. É porque a água ainda se encontrava em movimento. Depois de um tempo mandou que reparassem novamente no interior do vaso e disse: "Agora que a água se aquietou, olhem outra vez para dentro do vaso". Então eles puderam ver os seus próprios semblantes refletidos na água, como se estivessem diante de um espelho. O monge continuou: "O mesmo acontece àquele que se encontra no meio da agitação: por causa da sua inquietação e balbúrdia não consegue enxergar a verdade. Entretanto, aquele que se mantém no silêncio e no recolhimento não demorará a ver o seu verdadeiro rosto interior, as suas limitações e pecados. E é ali que também enxergará o rosto de Deus."[24]

O homem amadurecido, o homem honesto, procura sempre a verdade, não o elogio. E esta verdade se encontra no espelho da consciência iluminada pela

---

24   Cf. *Apotegmas dos padres do deserto*, n. 987 (*Sprüche der Väter,: Apophthegmata Patrum*), tradução de P. Bonifatius, cit. por Anselm Grün, op .cit., p. 36.

graça, cuja superfície só reflete a realidade quando está livre da agitação e do vozerio mundano. Como já dissemos, São Francisco de Assis gostava de repetir: "Eu sou o que sou diante de Deus e mais nada",[25] e não o que sou na representação cênica do "grande teatro do mundo".

Blaise Pascal percebeu que a causa da miséria humana residia principalmente na resistência que o homem tinha a suportar a imagem do seu próprio ser no silêncio do seu quarto. Hoje em dia as pessoas ficam surpresas quando veem alguém sozinho e em silêncio. Pensam que está acabrunhado ou que está deprimido. O comum é ver as pessoas tagarelando com um copo de cerveja na mão, em torno da mesa de um bar, ou concentradas num jogo esportivo, num programa de televisão, ou pulando numa balada. Há uma necessidade doentia de diversão, de distração, porque há um receio muito grande de, se esta vier a faltar, cair na depressão.

Desta forma, está se confirmando a profunda consideração de Pascal: as pessoas têm medo de encontrar-se com elas mesmas, na fecunda solidão do seu recinto interior. É por esta razão que os americanos detectaram um tipo novo de doença: "a neurose dominical", aquela que aparece quando as pessoas "devoradas" pela atividade se encontram sozinhas no silêncio e na quietude de um domingo que convida à meditação. Mas como não são capazes de entregar-se a ela, ficam, ao contrário, entregues à

---

25 São Francisco de Assim, loc. cit.

depressão: a depressão provocada pelo seu profundo vazio interior.

São Gregório Magno refere-se a esse indispensável recolhimento e ao abençoado silêncio que traz consigo:

> A mente humana é como água: quando se represa se conserva [...]. Mas se se derrama, perde-se, porque se filtra inutilmente na terra. Cada palavra inútil, que rompe a vigilância do silêncio, é como uma fenda pela qual a alma se esvazia para fora. E assim não consegue recolher-se na sua interioridade, para conhecer-se a si mesma. Dispersada para o exterior à força de muito falar, vazia no seu interior, não tem já forças para refletir sobre si. Expõe-se toda ela às insídias e feridas do inimigo, porque não se rodeia de nenhuma defesa. Está escrito: "como uma cidade derruída e sem muralhas é o homem que não sabe dominar-se" (Pr 25, 28). A alma é como uma cidade exposta aos golpes do inimigo, quando não está protegida pelo muro do silêncio,[26]

e quando está exposta àquele vazio interior que desemboca na depressão.

O fato de que alguém consiga passar consigo mesmo e com Deus alguns dias de silêncio e de recolhimento é um verdadeiro teste de autenticidade e uma proteção amuralhada que salvaguarda o equilíbrio da sua personalidade e o liberta desse mortífero vácuo existencial.

A vida interior, fruto do recolhimento, não é misantropia — atitude fechada —, mas condição

---

26 São Gregório Magno. In expositione Beati Job Moralia, pp. 7, 57-61.

indispensável para enriquecer-se e enriquecer aos outros. A necessidade compulsória de distração é um sintoma claro de pobreza interior. É por isso que faz sentido aquele outro ponto de *Caminho*:

> Distrair-te. — Precisas distrair-te..., abrindo muito os olhos, para que entrem bem as imagens das coisas, ou fechando-os quase, por exigência da tua miopia...
> Fecha-os de todo! Tem vida interior, e verás, com cor e relevo imprevistos, as maravilhas de um mundo melhor, de um mundo novo: e terás intimidade com Deus, e conhecerás a tua miséria, e te endeusarás, com um endeusamento que, aproximando-te de teu Pai, te fará mais irmão de teus irmãos, os homens.[27]

Procurar no nosso rosto interior o próprio rosto do Senhor — a sua intimidade — é o grande desejo dos homens de Deus. A vida interior não nos leva a uma introspecção doentia, a esse "intimismo" hoje tão criticado em alguns ambientes eclesiásticos; leva-nos, pelo contrário, a encontrar o rosto do amor nessa procura ardente e enamorada do salmista que exclama: *Vultum tuum, Domine, requiram* (Sl 26(27), 8): "Busco ansiosamente a tua face, Senhor". Santo Anselmo manifesta de forma expressiva essa necessidade de recolhimento para encontrar o semblante de Deus:

> Vamos, homúnculo, homem medíocre e superficial, foge um pouco das tuas ocupações, esconde-te um pouco dos teus tumultuosos pensamentos. Rejeita

---

[27] Josemaria Escrivá, *Caminho*, n. 283.

agora as onerosas preocupações e adia as tuas laboriosas ocupações. Procura um pouco o teu lazer em Deus, e descansa um pouco n'Ele. Entra no aposento da tua mente; exclui dele tudo o que não seja de Deus e tudo o que te impede de procurá-Lo e, fechada a porta, busca-O com todo o coração; repita então: *Vultum tuum, Domine, requeiram.* Eu procuro, Senhor, o teu rosto, o teu rosto eu procuro, Senhor. Agora tu, Senhor, meu Deus, mostra ao meu coração onde e como te buscar, onde e como te encontrar. Porque não posso te procurar se não me ensinas, nem te encontrar se não te mostras.[28]

Parece que estou ouvindo alguém me perguntando com um sorriso um tanto quanto irônico: mas tudo isso não nos converterá em mulheres ou homens com atitudes solenes, afetadas, demasiado religiosas? Responderíamos que a ponderação, o espírito de reflexão e de oração, pertencem ao homem enquanto tal e não apenas ao frade, à freira ou ao padre. O homem leviano não é homem no sentido mais profundo da palavra. A sua alegria habitualmente é uma alegria superficial, intermitente: uma alegria pela metade. Em sentido contrário, já observamos frequentemente que centenas de profissionais, donas de casa, esportistas, estudantes e artistas que mantinham a presença de Deus nos ambientes mais dispersivos e aparentemente frívolos, sem assumirem ares esquisitos, destacavam-se não por atitudes taciturnas, reservadas, introspectivas ou tristonhas, mas por uma descontração alegre e bem-humorada.

---

28   Santo Anselmo, *Proslógion*, cit. pela Liturgia das Horas, 1ª semana do Advento, 2ª leitura.

SERENIDADE e paz pela oração

Um exemplo: uma renomada cantora de ópera, Teresa Tourné, que pertence ao Opus Dei, costumava guardar a presença de Deus enquanto atuava no meio do palco. Um dia, depois de interpretar o papel de uma escrava na peça *Turandot* de Puccini, entrou no seu camarim como que transportada de alegria e foi surpreendida por uma colega que veio felicitá-la e perguntou-lhe: "Por que você hoje cantou tão maravilhosamente? Porque a sua voz parecia que brotava do mais íntimo do coração. Qual a razão de tanta vibração?" Ela calou-se. Não queria falar. Mas, diante da insistência da sua amiga, ela teve que confessar o seu segredo:

> Você não reparou no que dizia a letra que eu cantava? *perche un dí nella regia mi hai sorriso*. Porque um dia, no aposento real, ele me sorriu. Ele, para mim, era Jesus. Eu cantava isso para Nosso Senhor, na certeza de que Ele naquele momento estava sorrindo para mim. Eu cantava como canta uma pessoa apaixonada: a voz então saía vibrante, do mais fundo do coração.[29]

O mesmo que experimentou esta cantora pode experimentá-lo o operário na fábrica, a mãe nos afazeres domésticos, a estudante na sua escola, o esportista no meio de uma competição, a enfermeira atendendo um doente ou o profissional no corre-corre diário enfrentando mil e um problemas, telefonemas e *e-mails*. A alegria é normalmente o que acompanha

---
[29] Cf. Pilar Urbano, *O Homem de Vila Tevere*, São Paulo, Quadrante, 1996, p. 168.

um homem ou uma mulher que vivem ao lado de Deus. Porque Deus é o Deus da alegria.

Crescer para dentro é crescer para o alto

O silêncio é requisito indispensável para procurar e encontrar Deus, que é a alegria que renova a nossa juventude (cf. Sl 102, 5). E, se não o encontramos, não poderemos dialogar com Ele. E sem dialogar não poderemos fazer oração. Mas, perguntaríamos: dialogar, como? Há duas maneiras de dialogar: falando mais do que escutando e escutando mais do que falando. Ou, dito com outras palavras: dialogar a partir de nós ou dialogar a partir de nosso interlocutor. Quando dialogamos com uma pessoa importante, com um grande pensador ou um cientista, com o Presidente da República, ou um grande artista, quando dialogamos com um homem de Deus, como o Santo Padre, o sensato é escutar mais do que falar. Em grau eminente, isto é especialmente válido quando dialogamos na oração com o Deus infinitamente poderoso e amável. O mais importante neste caso é calar as palavras humanas para escutar as divinas.

Há palavras importantes. Há palavras escutadas com atenção no silêncio da oração que podem mudar uma vida. Palavras determinantes, a partir das quais se pode viver uma vida inteira. Palavras fortes como aquelas do Senhor a São Pedro: "Vem, segue-me!" (Mt 14, 29), que representaram uma virada definitiva no rumo da sua existência. Há também respostas humanas definitivas, criadoras de destinos, como aquela de Maria: *Fiat mihi secundum verbum tuum* (Lc 1, 38): "Faça-se em mim segundo a tua palavra".

O silêncio permite ouvir a palavra, responder à palavra, aninhar a palavra, conceber a palavra, encarnar a palavra: depois do *Fiat*, o Verbo, a Palavra, se fez carne (Jo 1, 14).

Para escutar a Palavra, que está mais próxima do que imaginamos, é preciso prestar atenção.

Há uma encantadora lenda árabe que fala do enamorado que procura o seu amor. O enamorado pergunta: "Onde estás, amor? Se estiveres no mar, eu me converterei em peixe para te encontrar; se estiveres no ar, eu me tomarei pássaro para voar até onde tu te encontrares; se estiveres na montanha, me transformarei em lebre para poder perseguir-te..." "Não, não continues falando, para, para", respondeu o amor. "Queres saber onde eu estou? Eu estou dentro de ti".

Esta lenda é como um eco daquela procura ardente de Deus que Santo Agostinho relata nas suas *Confissões*: "Onde está Deus? perguntei à terra. Ela me respondeu: Não, não está aqui... e perguntei a todas as outras coisas visíveis, e disseram-me o mesmo: perguntei ao mar, como ao ar, como à brisa; perguntei ao universo inteiro e também ele me respondeu que não estava ali! Então compreendi que Tu estavas, Senhor, dentro de mim e eu te buscava fora de mim. [...] Tarde te amei, beleza tão antiga e tão nova, tarde te amei!"[30]

Deus está dentro de nós. "Se alguém me amar, eu irei a ele e nele farei a minha morada" (cf. Jo 14, 23). Deus está mais dentro de nós do que nós mesmos, porque n'Ele vivemos, nos movemos e somos (At 17, 28).

O silêncio e o recolhimento nos permitem mergulhar até o centro de gravitação de nós mesmos, que é Deus, nosso amor. *Amor meus, pondus meus*: o meu amor é o meu peso, o meu centro, dizia igualmente Santo Agostinho; e também a minha alegria, o meu encantamento, o meu entusiasmo.

Quando um objeto tem o seu centro de gravitação, o seu peso, na sua base, ele nunca perde a estabilidade. Os golpes não o desequilibram, como acontece com a figura simpática do boneco joão-teimoso. Quando nós temos o amor como peso, como centro de gravitação na base do nosso ser, as pancadas da vida, as contrariedades, os problemas, as doenças, os descalabros não nos fazem perder a estabilidade, nem a paz e a alegria: é a atitude do homem equilibrado, do *homem ponderado*.

O homem ponderado, repetimos, não é equiparável ao homem introvertido, taciturno ou talvez pacato que vive escondido na redoma protetora de uma vida interior alienadora, ou que não sabe ter nobres e altas ambições. Muito pelo contrário, a ponderação está muito unida à profundidade e

---

30   Cf. Santo Agostinho, *Confissões*, 2ª ed., São Paulo, Quadrante, 1989, p. 191.

esta à altura, de acordo com aquele pensamento de Kafka: "A verdadeira profundidade do homem é a sua altura".[31]

Ter uma personalidade de altura significa precisamente ter uma personalidade profunda, uma personalidade de peso, superar a atitude do homem leviano que se derrama nas coisas, que desliza pela superfície dos valores sem lhes captar toda a sua riqueza, que se arredonda na vida apoltronada do *bon vivant*, que vive rastejando atrás de futilidades e de prazeres, do desejo de aparecer, de ganhar tanto fama como dinheiro, que estende a mão mendigando as migalhas de uma promoção social ou econômica, de um elogio, é um homúnculo atarracado, achatado. Parece que fica debruçado sobre a terra como um quadrúpede, que tem apenas as duas dimensões da horizontalidade, que lhe falta o volume e a altura da *verticalidade*. A verticalidade — que é profundidade — não significa autossuficiência presunçosa, empertigamento, intelectualismo teórico, misticismo, mas dignidade humana. Significa sentir o nobre e santo orgulho de ser filho de Deus, de encarar a vida com a cabeça erguida, de rasgar expectativas altas, de poder fitar as estrelas...

Saint-Exupéry descreve de forma surpreendente os traços desse homem sem verticalidade. De repente, numa situação concreta, no meio de um grupo humano — todos eram iguais — encontra o rosto do homem horizontal, do velho "burocrata da vida", a quem dirige estas palavras:

---

[31] Cit. por Viktor Frankl, *La idea Psicologica del Hombre*, Madri, Rialp, 1979, p. 139.

Construíste a tua paz tapando com barro, como fazem os cupins, todas as saídas para a luz. Ficaste enroscado na tua segurança burguesa, nas tuas rotinas, nos ritos sufocantes da tua vida provinciana; ergueste essa humilde proteção contra os ventos e as marés e as estrelas. Não queres inquietar-te com os problemas profundos e fizeste um medonho esforço para esquecer a tua grandiosa condição de homem. És um pequeno-burguês [...]. Ninguém te sacudiu pelos ombros quando ainda era tempo. Agora, a argila de que estás feito já secou, e endureceu, e nada mais poderá despertar em ti o músico adormecido, ou o poeta, ou o astrônomo — ou o santo, acrescentaríamos nós — que talvez te habitassem.[32]

O medíocre é esse burocrata da vida aprisionado na estreiteza do seu cotidiano. Fez-se cego para as alvoradas da vida. No seu coração, nunca fervilhou o anseio da ciência, da criatividade original, da justiça redentora, do amor ardente. E por isso não compreenderá nunca o estremecimento do artista, a intensidade do pesquisador, a angústia reivindicadora de justiça social, a paixão do apóstolo, o ardor do santo. Entenderá muito bem, isso sim, a calma dos dias moderadamente agradáveis, sem preocupações singulares, dias pacatos, submissos, sem grandes dores nem grandes alegrias. Está maravilhosamente feliz com esse resvalar levemente pela existência, com esse viver à margem de qualquer entrega pessoal. Diz assim: "Eu vivo bem, alimento-me bem, divirto-me. Isto é que é vida!" Nós pensamos dele: "Isso é felicidade vegetativa, subdesenvolvimento mental: que

---

32 Saint-Exupéry, *A Terra dos homens*, Rio de Janeiro, José Olímpio, 16ª ed., 1972, pp. 12-13.

lástima ver as possibilidades dessa vida, as imensas potencialidades dessa energia, domesticadas pelos atrativos da vida horizontal!"[33]

Não esqueçamos nunca: crescer para dentro é crescer para o alto. Se no mundo em que vivemos, tão materialista, tão mutável e inconsistente, tão superficial e leviano, tão rasteiro e ansioso, quiséssemos encontrar um homem confiável, equilibrado, estável, uma personalidade de alta categoria — um homem com verticalidade, com capacidade de olhar para as estrelas — não hesitaríamos em procurar, em primeira instância, um homem de vida interior, um homem de oração.

As preocupações, as tensões, os temores e a oração

Voltamos agora novamente ao tema das preocupações, ponto importante das nossas reflexões. Não nos importa incidir reiteradamente nele, porque é assunto que está na ordem do dia, que aflora continuamente no olhar das pessoas que conosco convivem. O problema será melhor dilucidado, se o examinarmos de diferentes pontos de vista.

Temos uma propensão muito grande para preocupar-nos. Preocupamo-nos com tudo e com nada. Atemorizamo-nos por algo que nos pode vir a acontecer, temos o presságio de uma doença, de ficarmos desempregados, de fracassar no trabalho

---

[33] Cf. Rafael Llano Cifuentes, *Grandeza de coração*, São Paulo, Quadrante, 1996, pp. 24-25.

ou nos estudos, de perder um amor ou de não o encontrar, de ficar parados no caminho da vida, de ser abandonados, de sofrer desamparo e solidão, de envelhecer, de morrer...

Às vezes, esse temor não se prende a uma situação concreta. É uma ansiedade difusa, como se nos assustassem os fantasmas do nosso cérebro.

Cada um de nós poderia apresentar mil exemplos evidenciando como a tendência à preocupação é, hoje, uma doença endêmica. A maior parte dos sofrimentos de certo tipo de pessoas consiste nas suas inquietações e temores. Uma não pequena porcentagem preocupa-se *com alguma coisa*, todos os dias. Não faltam as que estão tão habituadas com isso, que estranham quando não estão preocupadas. Por isso, quando não têm um motivo real para preocupar-se, inventam-no: sempre encontram na memória ou na imaginação algo que venha a ser motivo de aflição.

Conheço pessoas que, de repente, cismam que "alguma coisa vai acontecer". "Este ano foi tão bom, mas no fim vai começar a fase ruim." "Não sei, não, tenho como a 'premonição' de que alguma fatalidade está a caminho..." Quando estas "premonições" pairam na mente, qualquer circunstância pode ser motivo de pensamentos fúnebres. Por exemplo, quando toca o telefone durante a noite: "É hoje!", pensam, "já estou vendo o meu filho na estrada espatifado... acaba de sofrer um acidente". E quando recebem uma mensagem, antes de abri-la já suspeitam: "O meu pai sofreu um enfarte...".

SERENIDADE e paz pela oração

Já falamos em algum momento daquele tipo humano que poderia definir-se como "preocupado crônico". Anda constantemente apreensivo, geralmente sem motivos plausíveis. Faz do negativo o seu "cardápio" matutino: a possibilidade de que, por descuido ou negligência, tenha contribuído para a desgraça, a doença ou a morte de um ser querido o deprime; martelam na sua cabeça, e surgem pensamentos como estes: "Se eu tivesse chamado outro médico, ou se me recusasse a consentir na operação, não teria acontecido aquela desgraça... Se não tivesse mudado de emprego, se não tivesse feito aquele negócio, não estaria na situação lamentável em que me encontro... Se naquele dia não tivesse deixado a minha filha, tão pouco habituada a dirigir, fazer aquele passeio de automóvel, não teria ocorrido aquele desastre." Estes pensamentos, e outros mil, passam pela sua cabeça. Julgam que é preciso pensar, pensar muito. Encarar a vida com extrema cautela. "A desgraça está espreitando em qualquer lugar, em qualquer momento." Tornam-se, assim, pessoas extremamente inseguras, que contagiam os que as rodeiam de temores e apreensões.

O Dr. Walter Alvarez, da clínica Mayo dos Estados Unidos, com uma grande experiência médica, dá um conselho muito oportuno:

> Vejo-me obrigado a dizer a muitas pessoas que Deus não espera que tenhamos a faculdade de prever o futuro. Creio que tudo o que Ele pede é que façamos o que a nós for possível no momento da decisão. Em certas

ocasiões tenho que lembrar a algumas mães que o fato de chorarem tanto a morte de um filho pode prejudicar o sistema nervoso dos outros filhos, pois dão a impressão de que os rejeitam e de que eles não são tão amados como o irmãozinho falecido.[34]

Podemos acrescentar aqui todas as inquietações derivadas dos escrúpulos e das superstições. Um advogado amigo dizia-me que na hora de comungar se lembrava sempre de um pecado que não tinha confessado. Uma senhora lamentava-se que tinha que fazer necessariamente o sinal da cruz ao sair de casa, caso contrário poderia acontecer-lhe uma desgraça. Outra comentava que se não jejuasse nas sextas-feiras a sua família poderia ficar desprotegida do amparo de Deus. Um rapagão conhecido nunca entrara no mar sem o escapulário. Um universitário de consciência muito delicada sempre me confidenciava que, depois de ver uma moça atraente, julgava ter consentido num desejo inconveniente. E assim por diante. Alguém poderia dizer que tudo isto é ridículo, doentio, supersticioso ou puramente imaginário. Concordo. Porém, são fatos. Fatos mais frequentes do que se imagina. É por isto que se tornam de certa forma traumáticos, porque, apesar de serem fantasiosos, estes presságios provocam uma perturbação *real*.

A essas pessoas sempre digo que o seu problema não é nem religioso, nem moral, mas psicológico: padecem de uma insegurança mórbida, enfermiça.

---

34   Walter Alvarez. *Viva em paz com seus nervos*, Rio de Janeiro, Civilização Brasileira, 1959, p. 65.

SERENIDADE e paz pela oração

E que diríamos das esposas e mães que comunicam aos outros suas preocupações em forma de conselhos? "Não tome este iogurte, já passaram três dias depois da data de vencimento; não coma este bife gordo, essa linguiça... cuidado com o colesterol! Não beba água gelada agora que está transpirando... Não tome banho depois das refeições... Alguém me dizia que estava sofrendo dessa forma de perseguição que se chama amor." O amor possessivo, os cuidados da "Super-mãe", os temores da esposa ou filha extremosa e apreensiva... Tudo isso cria no lar um clima de desassossego que às vezes se torna pesado, para não dizer insustentável.

O que fazer diante dessa emaranhada rede de "complicações" que tiram a limpidez e o frescor da nossa vida? Temos que saber cortar essa "escalada de pessimismos", essa crescente "espiral de inquietações", colocando-nos habitualmente na presença de Deus, de tal maneira que isso acabe criando em nós — para contrabalançar essa fixação no negativo — uma "disposição crônica" de abandono e de confiança. Como um estribilho musical benfazejo, deveriam ressoar na nossa mente aquelas palavras do Senhor, continuamente lembradas por nós: "Eu vos digo, não fiqueis preocupados com a vida, com o que comer; nem com o corpo, com o que vestir. Afinal, a vida não vale mais do que a roupa? Olhai os pássaros do céu: eles não semeiam, não colhem, nem ajuntam em celeiros. No entanto, o Pai que está no céu os alimenta. Não valeis vós mais do que os pássaros? Quem de vós pode crescer um só centímetro, à custa de se preocupar com isso?

E por que ficais preocupados com a roupa? Olhai como crescem os lírios do campo: eles não trabalham, nem fiam. Porém, eu vos digo: nem o rei Salomão, em toda a sua glória, jamais se vestiu como um deles. Ora, se Deus veste assim a erva do campo que hoje existe e amanhã é queimada no forno, muito mais ele fará por vós, gente de pouca fé!" (cf. Mt 6, 25-30).

Mas, para conseguir que essa música de fundo impregne e domine nossas apreensões negativas, é preciso cultivar na oração o abandono em Deus. Ele tem que constituir-se numa estrutura fundamental da nossa personalidade, como uma segunda natureza. Algo que continuamente nos reafirme: "Deus, meu pai, está no leme; Ele sabe melhor do que eu conduzir o barco da minha vida: O Senhor é meu pastor, nada me pode faltar" (Sl 23, 1).

Concentraremos todas as energias para fazer o melhor, mas sem desassossegar-nos. Não fiquemos tensos com medo de errar, de não progredir na vida, de não ser estimados ou promovidos, de não conseguir um grande amor, de ficar doente... Temos que estar dispostos a aceitar os fracassos, as enfermidades, as desgraças e as humilhações e também as carências, porque elas fazem parte dos planos de Deus e integram a biografia da maioria dos homens, inclusive dos que conseguiram gravar os seus nomes no livro de ouro da história.

Oferecer tudo para a glória de Deus — o que é bom e o que parece ruim, os êxitos e os fracassos, as decisões acertadas e os malogros — nos dá uma grande paz interior e nos permite estar sempre em serena posse de nós mesmos. Mas, para tanto, é preciso cultivar na oração o abandono nas mãos de Deus.

Quantas vezes já insistimos que temos que viver como que agasalhados pela proteção do nosso Pai: O Papa do sorriso, João Paulo I, diz que "somos objeto por parte de Deus de um amor que não se esgota jamais. Sabemos que Ele tem sempre os olhos abertos sobre nós, ainda quando parece que a noite nos oprime".[35] Quando caminhamos sob o olhar do nosso Pai nos sentimos seguros como uma criança acalentada pelos cuidados maternos. E, também, saberemos sorrir sempre como João Paulo I. Se isto se toma em nós como se fosse um "reflexo condicionado" ao aparecer qualquer tipo de preocupação, toda a vida se toma mais simples, tudo se "descomplica" e compreendemos que quanto mais nos abandonamos nos braços de nosso Pai-Deus, mais os problemas ficam desmontados de suas engrenagens de inquietação.

Daí nasce uma transparência encantadora, uma simplicidade que atrai, um otimismo que conquista. E tudo o que antes preocupava termina cabendo num sorriso filial esboçado diante dos olhos abertos de um Pai que sempre nos protege[36]

As tensões

Das preocupações podemos passar às *tensões*. Há tensões extraordinariamente estimulantes e tensões que estressam e esgotam. Um médico, já faz anos,

---

35 João Paulo I, no *Angelus* de 10 de setembro de 1978.
36 Cf. Josemaria Escrivá, *Sulco*, São Paulo, Quadrante, 1987, n. 89.

dizia-me que diante de algumas pessoas de tônus vital baixo, lerdas e ineficazes, "devagar quase parando", que vinham a ele queixando-se de nervosismo, sentia vontade de dar-lhes, não um tranquilizante, mas uma injeção de adrenalina que as tornasse mais vivazes, tensas e vibrantes. Existe, porém, outra tensão desgastante que faz com que alguns vivam habitualmente afobados, agitados, em disparada: sempre há coisas urgentes para fazer, nunca há tempo suficiente para acabar, constantemente há assuntos que se deveriam ter resolvido "ontem". Isso desgasta e irrita tremendamente.

Li num livro de administração de empresas algo que parecia uma brincadeira, mas que o autor encarava com toda seriedade: o que ele denominava "a lei do salame". O salame inteiro é desencorajador, pouco apetecível, mas, quando partido em finas fatias colocadas em pãezinhos crocantes, torna-se extremamente apetitoso. Assim é o trabalho. Quando se entra no escritório, depois de uma semana de ausência, a mesa poderá estar porventura tão repleta de correspondência que venha a desanimar ao mais otimista. Não é para ficar tenso. É para nos dizermos com muita calma: "Não se preocupe, abra as cartas, uma a uma, até a última. E leia cada uma com o mesmo interesse com que você gostaria que o seu correspondente lesse uma carta sua". Eu lhe asseguro: a "lei do salame" bem aplicada dá certo.

Lembro que nas férias, quando rapaz, fazia alguns trabalhos de carpintaria: construía pequenas casinhas para coelhos e galinhas. Mas queria fazer tudo de uma vez. Queria que o serrote cortasse tábuas grossas com quatro serradas. E ele emperrava. Um velho camponês, observando esta minha atitude, disse-me sorrindo: "Você, como toda a gente da cidade, não tem paciência para ir ao ritmo do serrote. Quando eu serro, vou devagar, mas até o fim. Pouco a pouco. Cada vez que o serrote passa, faz o seu trabalho. O serviço fica melhor. Não adianta correr. Não fique tenso". Foi este um conselho que me ajudou bastante para outros muitos trabalhos.

Não nos "engasguemos" com o trabalho. Façamo-lo aos "pedacinhos", pondo esmero em cada um deles, tentando alegrar ao nosso Pai que está ao lado com "os olhos abertos" para ver com quanto amor o fazemos. E assim a vida toda adquire ressonâncias belíssimas como as que sente um coração apaixonado.

Quando se faz um trabalho na presença de Deus, o tempo ganha outra dimensão: o que conta não é a pressa; é o amor com que se faz.

Estávamos em Roma, preparando um grande painel com relíquias. Centenas de compartimentos onde deveríamos colocar um pedacinho de veludo, a relíquia e o nome do mártir respectivo. Quando terminamos, Mons. Escrivá, que nos tinha encomendado este serviço, quis ver como estava ficando. Ao observar cuidadosamente nossa tarefa, deu uma forte risada e disse: "Tudo errado; está tudo errado!" Tudo errado? Depois de ter trabalhado o dia inteiro com todo cuidado, procurando ajustar cada peça no seu lugar, com esmero? "Tudo errado!" repetiu ele: tínhamos trabalhado com o painel de cabeça para baixo. Ficamos desolados. Mas ele com muita calma acrescentou, também sorrindo: "Vocês não fizeram o trabalho por amor de Deus? Pois bem, agora virem o painel e comecem novamente a recolocar as relíquias no lugar certo, também por amor de Deus: assim vocês terão duplo mérito".

O abandono nas mãos de Deus, depois de termos posto em ação todos os meios humanos, é um dos requisitos mais importantes para obter a paz tão desejada. Não foi por acaso que este homem de Deus, que nos deu essa lição magistral, havia escrito: "Copio este texto, porque pode trazer serenidade à sua alma: Encontro-me numa situação econômica tão apertada como nunca. Não perco a paz. Tenho absoluta certeza de que Deus, meu pai, resolverá todo esse assunto de uma vez. Quero, Senhor, abandonar o cuidado de todas as minhas coisas em Tuas mãos generosas".[37] Quantas vezes nós deveríamos rezar da mesma maneira: "Senhor, eu abandono nas Tuas mãos todas as minhas aflições; toma conta delas. Tu sabes melhor do que eu como resolvê-las!". Trabalhar assim impede essa tensão nervosa que desgasta e deixa a todos inquietos. Destas experiências deduzem-se algumas regras que poderíamos utilizar no nosso proveito: fazer uma tarefa de cada vez; não estabelecer nos trabalhos prazos demasiadamente curtos; fazer as coisas com retidão de intenção, não para ficar bem diante dos homens, mas para a glória de Deus; abandonar os

---

[37] Josemaria Escrivá, *Forja*, São Paulo, Quadrante, 1987, n. 807.

resultados nos braços de nosso Pai celestial. Agindo assim não perderemos a paz.

Sim, quanta paz nos dá repetir: "Quero, Senhor, abandonar o cuidado de todas as minhas coisas em Tuas mãos generosas".

O temor, o medo e a solidão

Ao lado do capítulo das preocupações e tensões está o dos temores e dos medos. Este capítulo também não tem limites. Temos medo de tudo: medo de bala perdida, de sequestro, de doença, de morte súbita, medo do escuro, medo de almas defuntas, de aparições... Há medos patológicos de altura, de espaços abertos, de recintos fechados, de relâmpagos, de baratas, de cachorros... Por vezes, crianças perfeitamente normais têm medos ou fobias que nelas surgiram por ouvirem certas estórias de fantasmas, de bruxas e demônios... Outras, pelo que veem no cinema e na televisão: filmes de terror ou novelas macabras...

Quando morreu repentinamente, à noite, um professor amigo, encontraram na mesinha de cabeceira um papel escrito com letras garrafais: "Antes de enterrar-me, por favor verifiquem se estou realmente morto. Não me enterrem vivo!". Tinha sido escrito muitos anos antes: ele vivia sofrendo, obcecado com esse perigo. Que coisa espantosa! Passar a metade da vida com uma ideia fixa tão lúgubre! Será que, às vezes, nós não cismamos também com algo "terrível" que nos pode acontecer em qualquer momento e vivemos, por isso, desnecessariamente apavorados?

Talvez por falta de um sentido de vida cristã, por um indiferentismo "globalizado", está crescendo enormemente o número dos hipocondríacos. Muitos não sabem que entre os que fazem "religiosamente" o seu *cooper* diário, que entre os que se irritam quando alguém fuma ao seu lado — apavoram-se pelo que chamam "tabagismo passivo" —, que entre os que só escolhem alimentos *light* ou *diet*, há muitos hipocondríacos. Contaram-me faz pouco a conversa, evidentemente espirituosa, de dois hipocondríacos. Um dizia ao outro: "Está com um aspecto muito ruim, acho que deve ir ao médico". O outro, evidentemente agradecido, respondeu: "Bondade sua".

Não poucos médicos falam da experiência que tiveram com alguns dos seus pacientes: não ficam tranquilos, quando se lhes diz com um sorriso condescendente: "Não tem nada, está perfeitamente são...". "Mas esse sintoma e aquele outro", retruca o paciente. "Não, não se preocupe, é um problema de imaginação". "Um problema de imaginação! Como se eu fosse um maluco!..." Ficam indignados com o médico. Eu já encontrei casos semelhantes. Um deles dizia-me: "Esse médico é muito autossuficiente. Ele pensa que eu estou inventando doenças...".

Faz uns dias contaram-me, em tom humorístico, que um hipocondríaco se encontrou com outro que lhe disse: "Faz tempo que não vejo você no consultório, onde sempre nos encontrávamos". O outro respondeu:

"Aquele médico é um irresponsável: diz que não tenho nada, e comecei a frequentar outro".

Poderíamos acrescentar um repertório de piadas do mesmo estilo, mas a vida diária continuamente nos está falando que a hipocondria não é uma piada, mas uma realidade. Só um exemplo: Um homem de negócios, já quinquagenário, falava-me assustado que, sempre que sentia uma coceira numa mancha escura que tinha no pescoço, confirmava a sua convicção de que a mancha estava-se convertendo em câncer: pura apreensão, como se verificou depois pelo exame médico.

Outros vários capítulos são fonte de ansiedade. Nunca pensei que a *solidão*, o medo de ficar sozinho, pudesse configurar um estado de ânimo tão aflitivo. Por isso chamou-me a atenção, em certa circunstância, o pavor que tinha uma moça de ficar solteira e sozinha, quando a sua mãe, viúva, viesse a falecer. Por esta mesma razão e recordando o que acontecia com aquela moça, pareceu-me nesse sentido extremamente significativa a declaração que a atriz Judy Garland deu a um repórter: "Não há nada pior do que ficar sozinha em casa, à noite — e tenho ficado muito. Há uma distância enorme entre os aplausos e o amor dos espectadores no teatro e o silêncio do meu quarto. Não suporto o silêncio. Sinto como se não tivesse nascido. E não sei o que fazer com essas noites vazias". E acrescentou: "Conheci Marilyn Monroe e gostei imensamente dela. Ela me pediu ajuda. A mim, imagine! Não soube o que lhe dizer. Numa festa na casa de Clifton Weeb, Marilyn me seguiu de um cômodo para outro: 'Não quero ficar longe de você. Estou apavorada', disse-me ela. Respondi: 'Todos nós estamos apavorados. Eu também estou.' Marilyn acrescentou: 'Se ao menos pudéssemos conversar, tenho certeza de que você me entenderia.' Aquela belíssima garota estava com medo da solidão — a mesma coisa que acontecia comigo".[38]

Triste verificar que Marilyn Monroe — repleta de exuberância, beleza, fama e dinheiro — foi encontrada morta no seu quarto, com evidentes sinais de suicídio. Será que o medo, ou a solidão chegou a um tal grau de depressão que a levou ao suicídio?

Estas e outras situações de depressão e ansiedade estão sendo consideradas como características peculiares deste início de milênio.[39] O homem, que pretende dominar as forças do universo, parece que não conseguiu dominar a inquietação, o medo, a solidão e a angústia.

Não é por isso puramente casual que, de vez em quando, me lembre do medo que senti num dia em que, com cinco ou seis anos, me perdi na rua. No fluxo dos transeuntes, não conseguia encontrar a minha mãe. Fiquei em pânico. E, quando a encontrei, me abracei a ela de forma patética.

Uma criança órfã, perdida na vida, sente medo de tudo e de todos. O homem dos nossos dias, mergulhado num ambiente cultural que vive de costas para Deus, parece sofrer do desamparo da orfandade.

---

38   Cit. por João Mohana, *Paz pela Oração*, Rio de Janeiro, Agir, 1977, p. 53.
39   Sobre isso, ver Enrique Rojas, *La ansiedad*, Madri, Temas de Hoy. 1995, pp. 26 ss.

Individualista e autossuficiente em aparência, é no fundo uma criatura vulnerável e carente. Parece submetido à arbitrariedade de um destino cego. E isso o torna extremamente inseguro, como uma criança perdida. Parece que não conhece ou não leva em consideração aquelas palavras do Senhor: "Sem mim nada podeis fazer" (Jo 15, 5).

Karen Homey, a eminente psiquiatra norte-americana, como resultado do estudo feito em milhares de pacientes, chegou a determinar que, neste fim de milênio, a tendência fundamental do ser humano é buscar segurança. Quando não se encontra esse alicerce seguro, o homem entra nesse quadro que a própria Karen Horney denominou "angústia básica".[40]

Essa "angústia básica", provocada pela falta de segurança, coincide com o conceito de "vácuo existencial" formulado por Viktor Frankl, sucessor de Sigmund Freud na cátedra de psicopatologia da Universidade de Viena. Entre os efeitos do "vácuo existencial" está o que ele denominava a tríade neurótica de massa que está constituída de depressão, dependência de drogas e agressividade.[41] Uma depressão que leva ao suicídio como levou Marilyn Monroe, uma dependência de drogas, que é um substitutivo da verdadeira felicidade e do autêntico amor, e uma agressividade que torna a delinquência juvenil um fenômeno novo e assustador. Cumpre ressaltar que o vácuo existencial

---

40 Cf. João Mohana, op. cit., p. 40.
41 Cf. Viktor Frankl, *Presença Ignorada de Deus*, Rio de Janeiro, Sinodal, 1985, p. 86.

é causado — de acordo com a investigação de Viktor Frankl — pela ausência de Deus na vida pessoal.[42]

Se Marilyn Monroe — paradigma da beleza *sexy* dos anos 60 — estivesse convencida disso, não teria esvaziado o vidro de barbitúricos no horrível momento da depressão. Teria caído de joelhos para rezar: "Pai nosso que estais nos Céus... não nos deixeis cair em tentação, mas livrai-nos do mal". E o Pai a teria sustentado com o seu amparo. Teria recebido a força que recebeu, em momentos mais trágicos, Edith Stein na hora do martírio.

Um significativo documento da Igreja nos diz: "O dia em que nos atrevemos a chamar de verdade a Deus de Pai, nesse dia o medo terá acabado para nós; teremos deixado de ser crianças temerosas para viver como filhos de Deus".[43]

Não duvidemos: aqueles que oram sempre nunca sentirão a solidão, nunca cairão no desespero. Nos momentos críticos, ouvirão de algum modo aquelas palavras de Jesus: "Eu estarei convosco todos os dias" (cf. Mt 28, 20).

Necessidade de amparo afetivo

Torelló, de um ponto de vista científico-psicológico, nos diz que a investigação fenomenológica atual indica precisamente a origem da ansiedade, como doença da psique humana, na ausência daquilo que os alemães

---

42 Ibidem.
43 Catecismo da Comissão Episcopal da Espanha, *Con vosotros está*, Madri, 1976, p. 166.

chamavam *Geborgenheit* e que pode traduzir-se por "amparo afetivo", cuja expressão mais característica é a do amor paterno e materno.[44]

O pai e a mãe, que nos deram a vida e nos protegem no ambiente familiar, não têm, contudo, o poder de libertar-nos dos perigos que nos rodeiam num universo frequentemente agressivo e egoísta. Para que esse amparo afetivo nos cubra como uma grande cúpula protetora, tem que ser tão amplo que abranja as circunstâncias aleatórias e os eventos cósmicos. E isso, só Deus pode proporcionar.

Deus é Pai. É a origem e o sustentador da nossa existência: "Nele vivemos, nos movemos e somos!" (At 17, 28). Um verdadeiro cristão vive no regaço de Deus — que é para ele "papai" e "mamãe" — e sente-se carinhosamente protegido, seguro, como um bebê no colo da mãe. Entende muito bem aquelas palavras do Senhor: "Pode a mulher esquecer-se daquele que amamenta, não ter ternura pelo filho das suas entranhas? Contudo, mesmo que ela se esquecesse, Eu não me esquecerei de ti" (Is 49, 15). E a realidade que estas palavras encerram comunica-lhe uma segurança que dissipa todos os medos e ansiedades.

Deus, sem dúvida, tem uma realidade objetiva, mas tem também uma ressonância subjetiva muito profunda. Quando se acredita que Ele é Pai, um Pai amoroso que nos ama muito mais do que nos podem amar todos os pais e todas as mães do mundo juntos,

---

44   Cf. Johannes B. Torelló, *Psicologia aberta*, Madri, Rialp, 1972, p. 146.

experimentamos realmente um sentimento íntimo de "amparo materno e paterno" de dimensões universais. Quando a fé passa da cabeça para o coração, da psique para o soma, o corpo e a alma experimentam uma paz que ultrapassa todo o entendimento humano. Quando a palavra do Senhor, que nos diz: "No mundo haveis de ter tribulações, mas confiai: eu venci o mundo" (Jo 16, 33) penetra fundo em nossa vida, invade-nos como que uma segurança inabalável, mudam as perspectivas da alma e também — por que não? — a química do corpo: sentimos uma serenidade que não se consegue alcançar nem com filosofias de "pensamento positivo", nem com os "fármacos" da última geração.

A ansiedade, indubitavelmente, pode ter um fundo biológico — e nesse caso é necessário ir ao médico —, mas a maior parte das vezes é consequência de uma falta de fé profunda. Há muitos cristãos angustiados, porque há muitos cristãos mornos, tíbios. Na realidade, há uma relação inversamente proporcional entre a fé e a ansiedade: mais ansiedade, menos fé; mais fé, menos ansiedade. "Que confiança, que descanso e que otimismo vos dará, no meio das dificuldades, sentir-vos filhos de um Pai que tudo sabe e que tudo pode!"[45]

A esse pai, que tudo sabe, que tudo pode, levantamos o nosso clamor como Pedro, quando se afundava no mar: "Senhor, salva-me!" (Mt 14, 31); "Senhor,

---

45   Josemaria Escrivá, Carta de 19.01.1959, citado em François Gondrand, *Al paso de Dios*, Madri, 1984, p. 67. Cf. Rafael Llano Cifuentes, *Insegurança, medo e coragem*, São Paulo, Quadrante, 1997, pp. 35-37. Cf. Rafael Llano Cifuentes, *Não temais, não vos preocupeis*, pp. 10-12.

escuta minha súplica, não deixes de escutar este grito que lanço para ti, oh! Deus altíssimo!" (Cf. Sl 53).

E o Senhor nos sustentará: "Não há nem desespero nem tristeza amarga para quem reza muito",[46] dizia o convertido intelectual Léon Bloy.

Lembro-me de que, quando era criança, o meu pai, para ensinar-me a nadar, queria que eu começasse a boiar. Dizia-me: "Fica de costas; põe a cabeça para trás; estende as mãos como se abraçasse o mar; estica bem as pernas. Agora relaxa, meu filho, o mar o sustentará".

Eu fazia isso e me afundava, engolia água e ficava assustado. "Mas, pai, que brincadeira é esta? Você quer que eu me afogue" "Não, meu filho, não; o que eu quero é que você aprenda a nadar." "Mas então, por que eu afundo?" "Você afunda porque está tenso." E meu pai acrescentou: "Vamos fazer uma nova tentativa: eu fico amparando você com as minhas mãos." E assim o fez: "Relaxa, relaxa, relaxa", dizia-me. "Confia, confia, confia. Eu vou tirar uma das mãos. Está vendo como não afunda? Eu vou tirar a outra. Reparou que agora é o mar que o sustenta? Estou aqui por perto. Confia..." E assim aprendi a boiar. Boiava suavemente, repousando, olhando para o céu por longo tempo. Mais ainda, foi assim que pouco a pouco tornei-me um bom nadador, como meu pai me assegurava.

Nós afundamos porque não confiamos, porque estamos tensos. Você já experimentou "boiar" em

---

[46] Cit. por Raissa Maritain, *As grandes amizades*, Rio de Janeiro, Agir, 1970, p. 75.

Deus? Abandonar-se em Deus? Confiar em Deus ilimitadamente? "Relaxa, relaxa, relaxa... Confia, confia, confia..." É o que agora nos diz o nosso Pai do Céu.

A nossa segurança é proporcional à nossa confiança. Toda a força de Deus está, por assim dizer, na dependência do nosso abandono. O mar de Deus nos sustenta. O abandono "provoca" o poder e a misericórdia de Deus, move as entranhas do nosso Pai, como quando uma criança, aos prantos, se agarra ao pai, gritando: "Eu só confio em você! Eu só confio em você!" Será que um pai na terra não empregaria toda a sua força para não decepcionar o seu filho que clama dessa maneira? E que poderíamos dizer de Deus, infinitamente bom e todo poderoso, quando pedimos sua ajuda como se Ele fosse o único possível salvador?[47]

"Confiar" em Deus, "boiar" em Deus, "descansar" em Deus são palavras diferentes que se harmonizam na mesma música: "Descansa na filiação divina. Deus é um Pai — o teu Pai! — cheio de ternura, de infinito amor. Chama-O muitas vezes de Pai e diz-Lhe — a sós — que O amas, que O amas muitíssimo! Que sentes a força e o orgulho de ser seu filho".[48]

Os Salmos ajudam-nos a solicitar de Deus essa força, essa segurança fundamentada na confiança: "Sede, Senhor, uma rocha protetora para mim, um abrigo bem seguro que me salve! Em vossas mãos,

---

[47] Rafael Llano Cifuentes, *Não Temais, não vos preocupeis*, Rio de Janeiro, Marques Saraiva, 1999, pp. 15 ss.
[48] Josemaria Escrivá, *Forja*, São Paulo, Quadrante, 1987, n. 331.

Senhor, entrego o meu espírito, porque me salvareis, ó Senhor, Deus fiel!" (Sl 30, 3-6)

As nossas limitações, erros, pecados e a oração

Temos uma forte tendência a inquietar-nos diante dos nossos erros, limitações e pecados. Com uma certa frequência, a lembrança das nossas falhas leva-nos a recriminar-nos azedamente, pensando: como fui capaz de cair em semelhante erro? E essa atitude nos leva à tristeza e à depressão. Deus, contudo, é o Deus da paz: quer que recomecemos o nosso caminhar sem depressões e desânimos.

Vamos refletir sobre este ponto para saber qual deverá ser a nossa atitude. Há, certamente, uma tristeza filial e benéfica que parte da dor — uma dor de amor — que sente um filho depois de ofender um Pai tão bom como é Deus. Mas há uma outra tristeza, nefasta, que brota do orgulho ferido ao verificar a própria fraqueza: é a tristeza que gera amargura e desânimo. Quem vive a infância espiritual nunca se entristece dessa forma.

"A tristeza que é segundo Deus, afirma São Paulo, produz uma penitência estável para a salvação; a tristeza do mundo produz a morte" (2Cor 7, 10). São Francisco de Sales, que é nesta matéria um verdadeiro mestre, comenta a respeito:

> A tristeza pode, pois, ser boa ou má, conforme os efeitos que produza em nós. Mas, em geral, produz mais

efeitos maus do que bons, porque os bons são apenas dois: a misericórdia — o pesar pelo mal dos outros — e a penitência — a dor de ter ofendido a Deus — ao passo que os efeitos maus são seis: medo, preguiça, indignação, ciúme, inveja e impaciência. Por isso, diz o Sábio: "A tristeza mata a muitos e não há utilidade nela" (Ecl 30, 25), já que para dois regatos de águas límpidas que nascem do manancial da tristeza, nascem seis de águas poluídas.[49]

A "tristeza má", como dissemos, provém de um orgulho que, no nosso mundo cultural pós-modernista, está alimentado por um desejo impositivo de sucesso. Karen Homey o considera um "afã neurótico de autoafirmação"[50] que exacerba o espírito de competição. "No fundo há um temor de ter que reconhecer a própria limitação, a angústia de sentir-se diminuído, a necessidade doentia de restabelecer o "sentimento de autoestima".[51] A "tristeza maléfica" não procede da mágoa filial de ter ofendido a Deus, mas do sentimento de não poder aceitar-se, de não poder conviver com as próprias limitações, erros e pecados. A procura do êxito, o espírito de competição, é, no fundo, uma necessidade de sentir-se estimado. Daí partem, no terreno espiritual, as depressões e os desânimos.[52]

---

49 São Francisco de Sales, *Introdução à vida devota*, IV, n. 12.
50 Cf. Karen Horney, *La personalidad neurótica de nuestro tempo*, México, Paidós, 1992, p. 155.
51 São Francisco de Sales, op. cit., p. 143.
52 Cf. Rafael Llano Cifuentes, *Não temais, não vos preocupeis*, Rio de Janeiro, Marques Saraiva. 1999, pp. 112-114.

São Francisco de Sales vai ao encontro desta problemática, aconselhando-nos que

> em alguma circunstância, sem dúvida, devemos entristecer-nos, mas com um arrependimento verdadeiro, não com uma dor mal-humorada, cheia de despeito e indignação. O verdadeiro arrependimento é sempre calmo, como todo sentimento inspirado pelo bom Espírito: "o Senhor não está na perturbação" (1Re 19, 11). Onde principiam a inquietação e a perturbação, a tristeza má passa a ocupar o lugar da tristeza boa.[53]

São Francisco de Sales recomenda insistentemente a serenidade e a paciência, em primeiro lugar conosco:

> Livrai-vos das pressas e dos desassossegos, pois não há nada que mais nos estorve o passo no caminho da perfeição.[54] Por que os pássaros e outros animais permanecem presos nas redes? Porque, tendo caído nelas, se debatem desordenadamente no esforço por libertar-se e, assim, só conseguem embaraçar-se cada vez mais. Não é perdendo a serenidade de espírito que conseguiremos desfazer-nos dos laços de algumas imperfeições; ao contrário, mais nos embaraçaremos nelas.[55] É preciso sofrer com paciência a lentidão com que nos tornamos melhores, sem deixar de fazer o quanto pudermos para progredir, sempre com boa vontade. Aguardemos, pois, com paciência, o nosso progresso, e, em vez de nos inquietarmos por termos

---

53 Ibidem, XIV, n. 120.
54 São Francisco de Sales, op. cit., XII, n. 266.
55 Opúsculos Espirituais.

feito tão pouco no passado, procuremos com diligência fazer mais no futuro.[56]

A disposição básica, que considera o desalento e o pessimismo como os piores inimigos de nosso progresso espiritual, leva-nos a um posicionamento fundamental: saber começar e recomeçar muitas vezes, ao longo da vida.

E é isso o que nos continua ensinando São Francisco de Sales:

> Quando caíres, levanta-te com uma grande serenidade, humilhando-te profundamente diante de Deus e confessando-lhe a tua miséria, mas sem te admirares da tua queda. Pois que há de extraordinário em que a enfermidade seja enferma, e a fraqueza fraca, e a miséria miserável? Detesta, sim, com todas as tuas forças, a ofensa que fizeste a Deus, e, depois, com uma grande coragem e confiança na sua misericórdia, volta a empreender o caminho da virtude que havias abandonado.[57]

Um homem santo, ao completar os seus cinquenta anos de sacerdócio, confidenciava, com essa suave maturidade que dá a presença dos anos e o amor de Deus: "Passados cinquenta anos, sinto-me como uma criança que balbucia: estou começando, recomeçando, como na minha luta interior de cada jornada. E assim até o fim dos dias que me restem: sempre recomeçando. O Senhor assim o quer, para

---

[56] São Francisco de Sales. *Tratado do amor de Deus*, IX, n. 7.
[57] São Francisco de Sales, *Introdução à vida devota*, III, n. 9.

que em nenhum de nós haja motivos de soberba nem de néscia vaidade".[58]

Quantas lutas, quantas tentativas frustradas, quantos renovados esforços integram a vida dos amigos de Deus! Uma das coisas que veremos no céu será precisamente que a vida dos santos não se poderá representar por uma linha reta sempre em elevação, uniformemente acelerada, mas por uma curva sinuosa, ascendente e descendente, feita de urgências animosas e lentidões, subidas e descidas... e recomeços vigorosos.[59]

Esta atitude básica leva-nos naturalmente a algo fundamental: voltar-nos continuamente para o Senhor, através da oração.

Na oração, conseguimos enxergar o fundo do nosso pecado, e correr como o filho pródigo para a casa do Pai. Ele, esfarrapado, desfalecido, maltratado pela vida, mas arrependido e chorando, abraçou-se àquele que tanto amava e do qual se sentia separado. E então clamou, entre soluços, como nós deveríamos também clamar: "Pai, pequei contra o céu e contra ti, não sou digno de ser chamado teu filho". Também nós, no ambiente íntimo da oração, conseguiremos talvez ouvir o que respondeu o Pai para o filho: "Não fales assim, eu te perdoo de todo o coração! Vamos celebrar uma grande festa! Eu te recuperei! Tu estás agora ao meu lado! Que felicidade! O teu arrependimento e o meu

---

[58] Cit. por Salvador Bernal, *Perfil do Fundador do Opus Dei*, São Paulo, Quadrante, 1978, p. 416.
[59] Vide Rafael Llano Cifuentes, op. cit., pp. 116-117.

perdão são agora a nossa alegria e o nosso prêmio" (cf. Lc 15, 11-32).

Essa disposição aberta à oração, que nos conduz a pedir perdão, trará como fruto a paz: "Não vos aborreçais", continua dizendo São Francisco de Sales, "ou, pelo menos, não vos perturbeis por vos terdes perturbado, não vos abaleis por vos terdes abalado, não vos inquieteis por vos terdes inquietado por causa desses impulsos incômodos. Recuperai o domínio do vosso coração e colocai-o suavemente nas mãos do Senhor".[60] "Fazei, na medida do possível, que o vosso coração torne a estar em paz com vós mesmos, ainda que vos saibais miserável."[61]

A atitude que mais se identifica com os sentimentos do Pai — o Pai misericordioso que abraça o filho pródigo — é darmos ao seu Filho Unigênito a possibilidade de ser aquilo para o qual veio à Terra: isto é, ser o nosso Salvador. Cada vez que reconhecemos o nosso erro, damos-lhe na oração a oportunidade de exercer o seu título mais querido: o título de Salvador.

Que bonita oração a que podemos fazer, seguindo as palavras da liturgia da Santa Missa: "Salvador do mundo, salvai-nos!": Salvador do mundo, Tu que nos salvastes com tanta dor, dando a Tua vida por mim, não me desampares, permite que me levante depois desta minha queda, para que possa continuar lutando com mais amor daqui em diante!

---

60   São Francisco de Sales, op. cit., XIV, n. 64.
61   São Francisco de Sales, op. cit., XIV, n. 19-1.

Este modo de proceder é como uma consequência de algo que nunca podemos esquecer e que tantas vezes já repetimos: somos Filhos de Deus. Diante de um Deus infinito e eterno nós somos como crianças. Essa "infância espiritual" deve nos conduzir, pela oração, suavemente a uma atitude de confiança no meio das nossas debilidades: "Quando te afligirem as tuas misérias, não fiques triste. Gloria-te nas tuas fraquezas, como São Paulo, porque às crianças é permitido, sem temor do ridículo, imitar os grandes".[62] A consciência de que somos crianças nos inclinará a estabelecer um diálogo contínuo com nosso Pai, especialmente quando verificarmos as nossas limitações e misérias:

> Quando queres fazer as coisas bem, muito bem, é que as fazes pior. Humilha-te diante de Jesus, dizendo-lhe: Viste como faço tudo mal? Pois olha: se não me ajudas muito, ainda farei pior! Tem compaixão do teu menino, olha que quero escrever todo dia uma página grande no livro de minha vida... Mas sou tão rude! Se o Mestre não me pega na mão, em vez de letras esbeltas, saem de minha pena coisas tortas e borrões que não se podem mostrar a ninguém. De agora em diante, Jesus, escreveremos sempre juntos os dois.[63]

E esta petição de ajuda ao nosso Pai revolve as suas entranhas paternais e fomenta uma intimidade com Deus que de outra forma seria difícil conseguir: a intimidade que experimenta um filho pequeno,

---

[62] Josemaria Escrivá, *Caminho*, n. 879.
[63] Ibidem, n. 882.

quando estreita a sua debilidade no peito da sua mãe ou de seu pai. Assim o expressa novamente *Caminho*:

> Estás cheio de misérias. Cada dia as vês mais claramente. Mas não te assustes com elas. Ele bem sabe que não podes dar mais fruto. Tuas quedas involuntárias — quedas de criança — fazem com que teu Pai-Deus tenha mais cuidado, e que tua Mãe, Maria, não te largue de sua mão amorosa. Aproveita-te disso, e, quando diariamente o Senhor te levantar do chão, abraça-o com todas as tuas forças, para que acabem de te enlouquecer as pulsações de seu Coração amabilíssimo.[64]

Maria é como a expressão feminina e maternal do infinito amor paternal de Deus. Maria é, segundo a Ladainha Lauretana, "Mãe da divina graça", "Consoladora dos aflitos", "Refúgio dos pecadores". Muitos teólogos da Igreja confirmam o que já dizia, nos primeiros séculos do Cristianismo, Santo Inácio, mártir: "É impossível que um pecador se salve sem o auxílio de Maria. Não é a justiça de Deus que nos salva: é a misericórdia, movida pelas súplicas de Maria".[65]

É por esta razão que cada um de nós deveria seguir sempre a recomendação de São Bernardo:

> Se se levantarem os ventos das provações, se tropeçares com os escolhos da tentação, olha para a estrela, chama por Maria. Se te agitarem as ondas da soberba,

---

64 Ibidem, n. 884.
65 Santo Inácio de Antioquia, Apud Celada. de Judith figurata, X, 69.

da ambição ou da inveja, olha para a estrela, chama por Maria. Se a ira, a avareza ou a impureza arrastarem violentamente a nave da tua alma, olha para Maria. Se, perturbado com a memória dos teus pecados, confuso ante a fealdade da tua consciência, temeroso ante a ideia do juízo, começares a afundar-te no fosso da tristeza ou no abismo do desespero, pensa em Maria.

Nos perigos, nas angústias, nas dúvidas, pensa em Maria, invoca Maria. Não se afaste Maria da tua boca, não se afaste do teu coração; e, para conseguires a sua ajuda intercessora, não te afastes tu dos exemplos da sua virtude. Não te extraviarás se a segues, não te desesperarás se a invocas, não te perderás se nela pensas. Se Ela te sustiver entre as suas mãos, não cairás; se te proteger, nada terás a recear; não te fatigarás, se Ela for o teu guia; chegarás felizmente ao porto, se Ela te amparar.[66]

As nossas fragilidades, as tentações e até as quedas podem ser um motivo providencial, para conseguir um bem maior: acudir a Maria, invocar Maria, "agarrar-nos" a Maria como uma criança temerosa e fraca se agarra ao regaço da sua mãe.[67]

É desta forma simples, amorosa, filial, que conseguimos superar essa inquietação, essa depressão doentia diante das nossas falhas, limitações e pecados. Com a oração confiante ao Pai e à Mãe, lograremos canalizar, em benefício próprio, esse afã neurótico de autoafirmação e essa necessidade mórbida de restabelecer o sentimento de autoestima que tanto nos tira a paz.

---

66 São Bernardo, Hom. 2, *Supra Missus*.
67 Cf. Rafael Llano Cifuentes, *Não temais, não vos preocupeis*, op. cit., pp. 130-131.

A dor, a doença, a morte e a oração

O conhecido poema de Santa Teresa começa dizendo: "Nada te perturbe, nada te espante". Nós, porém, fazemos exatamente o contrário: com tudo nos perturbamos. Não é verdade que continuamente estamos perturbados com a contrariedade, com as decepções e fracassos, com a dor, com a doença e com a morte? Compreendemos que é muito difícil aceitar determinados acontecimentos dolorosos, mas também deveríamos compreender que a dor e o sofrimento nada mais são do que as sombras que fazem ressaltar as luzes no quadro da vida. Que contrastes teriam as formas luminosas sem o pano de fundo das cores escuras? As pinceladas foscas, pardacentas, têm também o seu significado no maravilhoso afresco do plano de Deus. Tudo o que nos acontece no tempo é, de certa forma, um incidente trivial em confronto com a eternidade de Deus: pouco importa sofrer oitenta anos aqui na terra se conseguirmos gozar depois, no Céu, de uma felicidade eterna.[68]

Para conseguir, no entanto, essa compreensão, precisamos da ajuda de Deus. E é na oração que conseguimos as luzes para enxergar que Deus, na sua infinita bondade e inteligência, sabe tudo, pode tudo e tudo ordena de acordo com um amor incomensurável: dentro do clima da oração logramos, assim, aceitar a sua vontade cheios de confiança.

---
68   Cf. Rafael Llano Cifuentes, *Não temais, não vos preocupeis*, op. cit., p. 62.

SERENIDADE e paz pela oração

Às vezes nos sentimos como que perdidos, desconcertados, abatidos, diante de acontecimentos para nós incompreensíveis. Nestas circunstâncias, um homem de Deus, que sofreu muito, nos transmite a sua própria experiência:

> Nesses momentos, em que nem sequer se sabe qual é a vontade de Deus, e se protesta: "Senhor, como podes querer isto que é mau?" — à semelhança de Cristo, que se queixava no Horto das Oliveiras — quando parece que a cabeça enlouquece e o coração se rompe. Se alguma vez sentires este cair no vazio, aconselho-vos aquela oração que eu repeti muitas vezes junto do túmulo de uma pessoa amada: "Faça-se, cumpra-se, seja louvada e eternamente glorificada a justíssima e amabilíssima vontade de Deus sobre todas as coisas — assim seja — assim seja".[69]

É nesse diálogo afetivo com Deus, no meio da dor não compreendida, do sofrimento à beira da revolta, que chegamos a aceitar o repousante abandono nas mãos de nosso Pai.

Quantas vezes batemos já na mesma tecla! Esse abandono nas mãos de Deus nos dará uma paz inquebrantável. Far-nos-á sentir o braço suave e poderoso de Deus-Pai, que nos socorre no nosso desamparo.

Também nós saberemos repetir então, bem devagar, saboreando-a docemente, essa oração confiante: Faça-se, cumpra-se, seja louvada... a amabilíssima vontade de Deus...

---

[69] Postulação da Causa de Beatificação e Canonização de Josemaria Escrivá, Artigos do Postulador, Roma, 1979, n. 452.

O sentido da dor e da morte

É muito difícil, para não dizer impossível, encarar a dor e a morte com coragem, quando não se lhes encontra um sentido. Mas, quando o encontramos, vemos crescer diante dos nossos olhos assombrados o esplêndido espetáculo dessas fracas criaturas que se agigantam diante do sofrimento, com uma coragem que nos parece sobre-humana. Lembremo-nos das mártires Perpétua, Felicidade e Inês, ou daquelas pequenas santas ainda não canonizadas como Jacinta, a pastorinha vidente de Fátima, ou a simpática Montserrat Grases e a frágil Aléxia.[70]

Quando essas criaturas fracas, naturalmente medrosas, encontraram, com a graça de Deus, os motivos para sofrer e a força para suportar a dor e a morte, converteram-se em figuras gigantescas, de uma valentia que não encontra paralelo em muitos dos grandes heróis da história.

Não pensemos, porém, que esses exemplos são para "os outros", porque são igualmente para nós. Nós também somos criaturas fracas que, com a graça de Deus, seremos capazes de enfrentar a dor com a coragem dos santos.

Não podemos fazer aqui uma exposição aprofundada do sentido cristão da dor, mas podemos ao menos lembrar os grandes motivos que a doutrina

---

[70] Cf. Luis Fernando Cintra, *Os primeiros cristãos*, 2ª ed., São Paulo, Quadrante, 1991. Henri Ghéon, *Teresa de Lisieux*, São Paulo, Quadrante, 1990. William Thomas Walsh, *Nossa Senhora de Fátima*, São Paulo, Quadrante, 1996. Miguel Ángel Monge, *Aléxia*, São Paulo, Quadrante, 1993. José Miguel Cejas, *Montserrat Grases*, Madri, Rialp, 1995 [Santa Jacinta Marto foi canonizada em 2017, e Montserrat Grases foi proclamada Venerável em 2016 — NE].

cristã apresenta para a aceitarmos com galhardia. O sofrimento purifica a nossa natureza caída; serve de penitência para limparmos os nossos pecados pessoais, como "soda cáustica" ou "água cândida" para tirar as impurezas encardidas nas dobras da alma; vem a ser como o cinzel com que o escultor divino arranca, do bloco informe que somos, aquilo que sobra para nos configurarmos segundo o perfil da personalidade perfeita de Cristo; serve de "megafone de Deus" para escutar a Sua voz e despertar em nós a natural dependência d'Ele tantas vezes adormecida pela autossuficiência ou anestesiada pelo bem-estar e pelo conforto; e, especialmente, é o grande instrumento para sermos corredentores com Cristo: sofrendo como Ele, co-redimiremos com Ele.

C. S. Lewis, o famoso professor da Universidade de Oxford, explica de forma muito expressiva, no seu livro *O problema da dor*, um dos sentidos do sofrimento ao qual acabamos de referir-nos:

> A dor, a contrariedade, é sem dúvida um instrumento terrível como megafone de Deus [...], mas pode ser a única oportunidade de que dispomos para retificar a nossa vida. A minha própria experiência é mais ou menos assim: avanço pelo caminho da vida sem modificar o meu modo natural de ser, satisfeito com a minha mediocridade, dominado pelas alegres reuniões com os meus amigos, pela satisfação do meu trabalho que promove a minha vaidade, por um dia de folga, pelo êxito de um novo livro... De repente, uma facada no corpo, provocada por uma dor abdominal que prenuncia uma doença grave, e todo o castelo de cartas desmorona. Estava entretido com

os meus brinquedos, e subitamente vejo-os todos diante de mim, despedaçados e imprestáveis. Esses brinquedos faziam-me esquecer que a minha verdadeira felicidade se encontra em outro mundo, que o meu único tesouro autêntico é Cristo.

Essa dor é, pois, uma grande graça. Torna-me capaz de tomar consciência da minha dependência de Deus; faz-me perceber onde está a fonte da minha verdadeira felicidade [...]. Mas, dois dias depois, passada a dor, desaparecida a ameaça, lanço-me novamente a brincar com as bugigangas de sempre e desejo — que Deus me perdoe — desterrar da minha mente a certeza de que preciso desesperadamente d'Ele, de que Ele é o meu único suporte. Por isso, enxergo com toda a clareza a necessidade da tribulação: é que, através dela, Deus se tornou senhor da minha vida ao menos durante quarenta e oito horas.[71]

Quando não se encontra sentido na dor e na morte

Estas apreciações de Lewis foram escritas em momentos lúcidos em que ele não sentia a dor pungente que depois veio a experimentar, quando faleceu de câncer a sua esposa Helen, a quem amava apaixonadamente. O filme *Terra das Sombras* (*Shadow Lands*, 1993) interpretado magnificamente por Anthony Hopkins, recolhe de forma dramática este episódio significativo da vida de Lewis. A partir deste momento crucial para sua vida, o seu raciocínio mudou completamente. Assim aparece nas suas anotações (*A Grief Observer*) escritas logo após aquele dramático falecimento e traduzidas em português sob o título *Dor*. A partir do falecimento de Helen, a dor

---
71 C. S. Lewis, *El problema del dolor*, Madri, Rialp, 1994, p. 99.

já não era para ele uma questão teórica, mas algo real que o maltratava ferozmente, de que padecia nas vísceras como um animal ferido. Então, todos os seus princípios, toda a sua fé, desabaram como um "castelo de cartas". Ele já não se referia à dor como a um "megafone" de Deus, mas como a uma "armadilha" onde tinha sido aprisionado "como um rato na ratoeira".[72]

Procurei afanosamente estes apontamentos de Lewis por um motivo muito concreto: faz uns dias, um amigo engenheiro, que fazia tempo não via e que mora agora em Brasília, manifestou-me os sentimentos que o dominaram durante a prolongada doença da sua mãe, que terminou falecendo de câncer. Disse-me que a publicação de Lewis o comoveu extraordinariamente, porque em alguns momentos traduzia exatamente as suas próprias vivências.

O meu amigo é um homem muitíssimo católico, mas a doença e a morte da sua mãe o abalaram profundamente. Eu lhe pedi que me anotasse o que tinha vivenciado. Ele me entregou alguns apontamentos: "Em situações comuns ao longo da vida", escreve, "a nossa perspectiva a respeito dos fatos pode ser uma mistura de otimismos e de pessimismos. Coisas que vemos como 'boas', e coisas que vemos como 'más', ou desagradáveis; convivemos com elas, numa mistura de pequenas alegrias e de pequenas tristezas...

---

[72] C. S. Lewis, *Dor*, Lisboa, Grifo, 1999, p. 26.

"Quando, porém, somos colocados diante da morte de uma pessoa querida, parece que se abrem duas possibilidades totalmente distintas e irreconciliáveis: por um lado, a que nos chega motivada pela fé e que nos diz que, estando essa pessoa preparada, a hora da morte é para ela a hora em que encontrará a felicidade eterna junto de Deus e, por outro lado, a terrível tristeza de ver a pessoa amada sofrendo numa cama, com a expectativa iminente de perdê-la para sempre.

"Este vai-e-vem de sentimentos", conclui o meu amigo, "encontrei-os desenhados, de uma forma apaixonada e impressionante, no livro de Lewis".

O desespero de um homem que perdeu a esposa

Foi por esta razão, dizia antes, que procurei diligentemente esta publicação. E ao encontrá-la e debruçar-me sobre ela, deparei com algo realmente chocante: um processo atormentador, dilacerante, repleto de sentimentos extremamente semelhantes aos do engenheiro de Brasília, mas muito mais duros e cortantes. Tentarei fazer aqui uma síntese do pensamento de Lewis.

Ele fez anotações desencontradas, muitas delas sem conexão entre si, mas, por isso mesmo, espontâneas, terrivelmente sinceras. Começa falando dessa dor equivalente ao medo de um animal ferido que se debate diante da possibilidade de sua destruição, "como um rato apanhado na ratoeira".[73] Escreve

---
73 Ibidem, p. 126.

textualmente: "Não me limito a sofrer, mas penso continuamente no fato de que estou sofrendo. Não só vivo na dor cada um destes intermináveis dias, como passo o dia pensando na dor de cada dia: câncer, câncer, câncer. Primeiro foi a minha mãe, depois o meu pai, agora a minha mulher. Pergunto-me qual será o próximo na fila?"[74] "A morte existe. Helen morreu. Ela está morta, será esta palavra tão difícil de apreender?"[75]

Daí ele parte para um questionamento claramente contestador:

> Onde está Deus? Este é um dos mais inquietantes problemas. Quando somos felizes, somos tão felizes que vivemos fazendo de conta que não necessitamos de Deus. [...] Mas, quando a Ele nos dirigimos em desesperada necessidade, quando qualquer outro auxílio pode ser dispensado, quando esperamos d'Ele uma resposta consoladora, o que encontramos? Uma porta que nos é trancada em cima da nossa cara e o som de um ferrolho e depois de um outro ferrolho que são corridos do lado de dentro, e depois o silêncio. Por que Ele fica em silêncio? Onde está Deus?[76]

E, ao lado desse desespero contestador, a expressão da sua dor pungente carregada de saudades: "Oh, minha querida, minha querida, regressa por um momento e expulsa esta terrível ausência!"[77]

---

[74] Ibidem, p. 23.
[75] Ibidem, p. 12.
[76] Ibidem, p. 23.
[77] Ibidem p. 36.

"Onde está você agora, neste momento?"[78] "Há gente bondosa que me tem respondido: 'Ela está com Deus'. Em determinado sentido, não podiam estar mais certos. Ela está, sim, com Deus, mas está com o Deus incompreensível e inimaginável"[79]. "Dizem-me que Helen é agora feliz, dizem-me que está em paz. O que lhes dá tanta certeza?"[80] "A certeza que eu tenho é outra: Helen está morta. Tudo acabou. Ela é uma parte do passado."[81] "Só resta um cadáver, uma memória e um fantasma."[82]

"Não adianta fazer considerações piedosas, não adianta que nos agarremos aos braços da cadeira do dentista ou que mantenhamos as mãos quietas no colo. A broca continua a brocar."[83]

De repente, aparece, feroz, a revolta blasfema: "Será Deus um palhaço que brinca conosco?"[84] "A questão é esta: existe Deus ou não existe? Existe um Deus como um Deus de bondade ou como um sádico cósmico?"[85]

Nesta altura, Lewis fica abismado, assustado com a sua insensata ousadia. Toma consciência, porém, do despropósito que acaba de formular e retifica:

---

78   Ibidem, p. 45.
79   Ibidem, p. 46.
80   Ibidem, p. 51.
81   Ibidem, p. 48.
82   Ibidem. p. 39.
83   Ibidem, p. 63.
84   Ibidem, p. 28.
85   Ibidem, p. 7.

> O que estou pensando? Que barbaridade estou dizendo? Deveria acreditar, melhor, que Deus fere apenas para curar. Quanto mais acreditamos nisso, menos podemos acreditar que sirva de alguma coisa rogar-Lhe brandura... Suponhamos que estamos perante um cirurgião cujas intenções são as melhores possíveis. Quanto mais bondoso e consciencioso for, tanto mais inexoravelmente continuará a cortar. Se ele cedesse aos nossos rogos, se parasse antes de ter finalizado a operação, toda a dor sofrida até esse ponto teria sido inútil. [...] Se existe um Deus de bondade, então as torturas são necessárias. Porque nenhum ser, ainda que moderadamente bom, poderia de modo algum as infligir ou permitir se não o fossem.[86]

E, pouco a pouco, começou a aparecer a luz:

> Deus está querendo me dizer que a minha fé era uma fé fraca: se a minha casa se desmoronou à primeira pancada, é porque era um castelo de cartas. A fé não era fé, mas imaginação. [...] Se eu me tivesse realmente preocupado, como julguei fazê-lo, com os sofrimentos do mundo, não teria ficado tão esmagado quando o meu próprio sofrimento chegou. E Deus deu-me uma pancada na cabeça para que despertasse. Ele pensou talvez: é preciso deixá-lo atordoado, para que tome consciência. Só a tortura fará vir a verdade à tona. É só sob tortura que ele próprio a descobrirá...[87]

Lewis então se conscientizou da fraqueza do edifício construído com a sua fé e, também, da necessidade inadiável de que esta fosse derrubada para ser

---

86   Ibidem. p. 80.
87   Ibidem, p. 68.

novamente reconstruída: "Tenho que reconhecer que se a minha casa era um castelo de cartas, precisava de um golpe para cair; quanto mais depressa fosse deitada abaixo, melhor".[88]

No processo da sua "conversão" para a luz, ele ressalta precisamente a necessidade de uma "pancada na cabeça" ou de um "golpe no castelo de cartas" para testar a firmeza da fé:

> É fácil dizer que acreditamos na solidez e vigor de uma corda enquanto a estamos usando simplesmente para atar um embrulho. Mas imaginemos que tenhamos de nos suspender sobre um precipício agarrados à mesma corda: não iríamos então verificar primeiro até que ponto se podia realmente confiar nela?
> E isso foi o que aconteceu comigo: utilizei a corda só para solucionar problemas corriqueiros. Nunca estive num transe de risco. Agora estou. Devia ter verificado a corda antes. Não o fiz. Por isso estou angustiado. Pendendo no abismo. Não sei se vou despencar. Só um risco real pode pôr à prova a realidade de uma convicção. Aparentemente a fé — julguei que era fé — que me permitia rezar pelos outros mortos parecia forte apenas porque nunca me preocupei realmente — nunca com desespero — se eles realmente continuavam existindo ou não. Precisava entrar nesse desespero para saber se a minha fé era suficientemente forte, como uma vigorosa corda a sustentar-me acima do abismo.[89]
> Eu já sabia que os homens morrem. Eu já sabia que coisas piores ainda acontecem diariamente [...]. Fora avisado para não contar com a felicidade neste mundo. Foram--nos inclusive anunciados no Evangelho sofrimentos e

---

88 Ibidem, p. 70-71.
89 Ibidem, p. 44.

tribulações. Faziam parte do programa. Fora-nos ainda: "Bem-aventurados os que choram" e eu aceitei tudo isso pacientemente, sem questionamentos.[90] Mas eu acreditava superficialmente; só quando recebi uma pancada é que vim a compreender a importância de uma fé autêntica. Só agora cheguei a compreender a importância de saber se a corda iria suportar o meu peso ou não.[91]

Só a partir desse corte do cirurgião, desta pancada que derrubou o seu castelo de cartas, só depois de ficar dependurado no abismo pela corda da fé, é que começou a abrir-se uma fissura de luz no portão de bronze trancado com fortes ferrolhos.

Algo totalmente inesperado aconteceu. Foi hoje de manhã cedo... o meu coração ficou mais leve. [...] Foi uma impressão instantânea, incontrolável [...] Foi como se o abrandar da mágoa removesse uma barreira.[92] Algo de grandioso aconteceu: voltando-me para Deus, já não me deparo com aquela porta hermeticamente aferrolhada. Voltando-me para Helen, já não encontro aquele imenso vácuo, nem aquela ansiedade medonha. É como se realmente Deus se tivesse compadecido do meu desespero e escutado a minha prece.[93]

Foi como se alguma coisa por dentro me dissesse: tudo ficará bem.[94] Como se Ele abanasse a cabeça e me dissesse: "Acalma-te, criança, tu não entendes nada, minha querida criança. A sabedoria que explica o mistério da vida e da morte não se adquire em troca de uma vida cristã

---

90   Ibidem, p. 67 e 68.
91   Ibidem, p. 69.
92   Ibidem, p. 82 e 83.
93   Ibidem, p. 111 e 112.
94   Ibidem, p. 117.

bem-comportada. Tu não entendes, criança, que foi por algo muito sério que dei a minha vida no Calvário".[95]

E, depois de um longo combate, ficou claro para mim que a compreensão profunda do sentido da vida está para além do raciocínio humano: no Paraíso, ficarão resolvidos os nossos problemas. Lá veremos afinal, com a luz de Deus, que nunca houve em realidade nenhum problema contraditório.[96]

Acontecerá como se, ao entrar na visão de Deus, uma imensa luz iluminasse por dentro a realidade das coisas, até tal ponto que as realidades que agora nos parecem contraditórias ganhassem todo o seu pleno e harmônico sentido. Até tal ponto que viremos a perguntar-nos: onde estava realmente o problema? Poderá um mortal fazer perguntas que Deus considere irrespondíveis?

Todas as perguntas absurdas são irrespondíveis: quantas horas tem um quilômetro? O amarelo é quadrado ou redondo? Provavelmente, metade das perguntas que fazemos — metade dos nossos grandes problemas teológicos e metafísicos — é desse tipo.[97]

Mas Lewis não se resigna a esperar pelo Paraíso e clama ao céu apaixonadamente:

> Eu preciso de uma fé verdadeira, não de uma fé convencional, não da fé magistral que se limita a ensinar academicamente a doutrina Cristã; eu preciso de uma fé forte que, como uma potente corda, me sustente acima do abismo. Eu preciso de Cristo, não de algo que se lhe assemelhe. Eu quero Helen, não algo que seja como ela, como uma simples fotografia.[98]

---

95 Ibidem, p. 125.
96 Ibidem, p. 128 e 128.
97 Ibidem, pp. 125-126.
98 Ibidem, p. 118.

Paulatinamente estas reflexões, permeadas de angustiantes pensamentos e embebidas numa pungente dor, trouxeram para Lewis a paz. Termina o livro como que envolvido docemente nas últimas palavras com que Helen morreu: "Meu amor. Morro em paz. Estou em paz com Deus. E sorriu no seu último suspiro."[99]

A resposta aos inexplicáveis "porquês"

Agradeci ao meu amigo engenheiro o ter-se referido a esse livro. Ao devorá-lo avidamente com os olhos, nas entrelinhas dos seus parágrafos parecia-me escutar o rumor de milhões de prantos e de desesperos de tantos e tantos que diante da dor e da morte se debatem angustiosamente, como Lewis, para encontrar uma solução e um sentido. E vieram também à minha memória as lágrimas de Nosso Senhor, chorando pela morte do seu amigo Lázaro e os seus desgarradores sofrimentos na cruz, e compreendi, com novas luzes, que o próprio Cristo sofreu e morreu para dar um sentido divino ao sofrimento e à morte humana.

Estas evocações corriam paralelas às confidências que por escrito me fez o meu amigo engenheiro e que ainda não foram totalmente transcritas por mim: "Talvez a maior revolta provenha", comentava ele,

> de não conseguir compreender por que Deus escolheu o caminho do sofrimento para salvar o homem. Isto é

---

[99] Ibidem, p. 138.

mais fácil de entender, quando não se está numa situação de sofrimento crítico. Parece-nos que poderia ter feito as coisas de outro modo. Afinal, não fui eu, nem a minha mãe, quem cometeu o pecado original... Afinal, se Deus é Deus, para Ele tanto faz que soframos ou não... que ganha Ele com isso? Nessas horas, nos julgamos merecedores de alguma resposta satisfatória da parte de Deus. E o que nós encontramos? O silêncio de Deus, uma porta fechada na cara e a ressonância terrível de um ferrolho e de outro ferrolho a serem trancados lá por dentro...

Eu pensei em todas essas coisas. Talvez tenha chegado longe demais... que Deus me perdoe... mas tenho que ser honesto: eu pensei dessa maneira dominado pela dor de minha mãe... Mais tarde, contudo, vim a ponderar: ou Deus existe ou não existe; se não existe não poderiam ser explicadas a existência, a beleza, a ordem e a perfeição do universo. Se Ele existe e me deu inteligência e amor, foi porque Ele tinha Inteligência e Amor. E quem ama não pode desejar de ninguém a dor, senão por uma razão mais justa e mais alta: como uma mãe que, amando muito ao seu filho, aperta a ferida, fazendo-o chorar, para que saia todo o pus.

Ele não podia ser um Sádico Cósmico, como escrevia Lewis. O problema não era com Ele. O problema era comigo: não conseguia entender, até a sua última razão, o significado da dor e da morte. Não o entendia. Mas, sem dúvida, isso não queria dizer que essa razão não existisse. E como vivíssimos lampejos, vieram à minha memória algumas palavras da Sagrada Escritura: "Se o grão de trigo não morre, fica infecundo, mas se morre, dá muito fruto..." (Jo 12, 24). "Se com Cristo morremos, com Cristo ressuscitaremos" (cf. Rm 6, 8). "Quem acreditar em mim não morrerá para sempre" (cf. Jo 11, 26).

Foi então que fui compelido a pedir ajuda, a fazer oração, a solicitar luzes, a implorar pela minha mãe e por mim. Aí, também, como aconteceu com Lewis, comecei a dirigir-me ao Pai, reclamando: Por quê? Por quê...? E, ainda mais: pedi clareza para entender esse grito dilacerante de Cristo na cruz: "Pai, por que me abandonaste?" (Mt 27, 46). E, pouco a pouco, fazendo oração, conversando com Deus, fui entendendo algo da profundidade do pecado humano e desse incomensurável amor divino. Imensa deveria ter sido a ofensa quando Cristo fez por nós tamanha imolação. O porquê não teve resposta cabal, mas ao menos entendi que me encontrava diante de um mistério insondável que deveria aceitar realmente. Consolou-me a certeza de que um dia esse Deus infinitamente bom que me criou, ao revirar depois da morte o painel do tempo, me faria vislumbrar a realidade fantástica, globalmente enxergada nas suas duas vertentes do tempo e da eternidade: será então que encontraremos a explicação de tantas incógnitas, de tantos porquês que nos afligem? E foi-me chegando, de mansinho, a paz, como aconteceu com Lewis.

Volto a agradecer ao meu amigo a grande ajuda que me prestou com o seu depoimento. Ainda gostaria de transmitir-lhe, com estas linhas, que todo o episódio doloroso da sua mãe representou para mim, e provavelmente para os que lerem estas páginas, uma lição de vida extraordinariamente rica. Tomara que esta longa exposição sobre o dramático desespero de um intelectual inglês e o crítico sofrimento de um amigo brasileiro venha a contribuir para a solução das perplexidades e aflições de tantos e tantos que sofrem o profundo sentimento de não compreender o significado da dor que estão padecendo.

Este meu desejo leva-me a estender-me um pouco mais para aprofundar no sentido das nossas próprias dores que, às vezes, também a nós, poder-nos-ão parecer descabidas e inexplicáveis. Nós também poderíamos perguntar por quê? Por que o nosso Pai-Deus, sendo tão bom, permite que aconteçam essas coisas? Não pensemos que isso representa necessariamente uma revolta contra o Pai: é, com frequência, algo decorrente da nossa fraca natureza humana. Estamos mergulhados numa determinada situação dolorosa, como numa depressão do terreno da vida, e não conseguimos enxergar o resto, o panorama total do plano de Deus, e nos sentimos sofridamente perplexos e interpelados: por quê?

Não nos perturbemos. Há incrustado na História da Salvação o mais dramático e sublime por quê, pronunciado pelos lábios de um Cristo agonizante: "Meu Deus, meu Deus, por que me abandonaste?" (Mc 15, 34). Jesus encontra-se assim desamparado no meio daquelas trevas. A sua alma é como um deserto. Sofre a trágica experiência da completa solidão e do abandono. As suas palavras, tiradas de um Salmo, faziam referência à oração do justo que, perseguido e encurralado, não encontra saída alguma; e que, na sua extrema necessidade, recorre a Yavé: "Meu Deus, meu Deus, por que me desamparaste?" "Na verdade Tu és a minha esperança desde o seio de minha mãe. Não tardes em socorrer-me. Apressa-te a vir em meu auxílio" (Sl 22,2.10.20).

"Por que me abandonaste?" São palavras duríssimas, pronunciadas por Nosso Senhor. Nesse "por quê?" dirigido a seu Pai, Jesus estabelece um novo modo de solidariedade com os homens que, com tanta frequência, levantam os olhos e os lábios para exprimir o seu lamento, e alguns a sua impotência ou o seu desespero,[100] ou até, como no caso de Lewis, uma espécie de revolta, de não desejada blasfêmia: Por que morreu essa pessoa tão jovem, quando mal iniciava o seu caminho pela vida? Por que esta doença maligna, esta ruína econômica que destruirá uma família? Por que parece que Deus não escuta a minha oração nesta necessidade imperiosa e urgente?

A nossa alma, porém, muda o sentido das suas reclamações ao ouvir Jesus pronunciar esse "por quê?". Chegamos a saber que também podemos orar assim, quando sofremos, mas temos que ter as mesmas disposições de confiança e de abandono filial de que Jesus é mestre e modelo para todos. Nessas suas palavras, não há ressentimento nem rebeldia que O levem a afastar-se do Pai. Não há a menor sombra de censura. O Senhor exprime, nesses momentos, a experiência da fragilidade e da solidão, próprias da alma que se encontra no mais completo abandono.

Jesus converte-se assim no primeiro dos "desamparados",[101] dos que se encontram sem proteção alguma. Mas, ao mesmo tempo, ensina-nos também que, mesmo sobre os que se encontram nessa situação extrema, vela o olhar benigno e misericordioso de Deus.

Na realidade, ainda que Jesus sofra por sentir-se abandonado por seu Pai, sabe, no entanto, que não o está de maneira nenhuma. No cimo da sua alma,

---

100 Cf. João Paulo II, Audiência geral, 30.01.88.
101 Idem.

tem a visão clara de Deus e a certeza da sua união com o Pai. Porém, o fundo da sua sensibilidade humana não consegue compreender tanta dor, tanta angústia e dessas profundezas brota uma queixa dolorosa: "Pai, por que me desamparaste?".[102] O Pai não respondia. E este silêncio foi a pena mais dura, a provocação mais dolorosa que Jesus sofreu. A paz e a serenidade que se seguem a esta pergunta sugerem-nos, contudo, que Ele continuaria interiormente recitando até o fim o Salmo que iniciou em alta voz: "Meu Deus, Tu és a minha esperança. Não tardes em socorrer-me. Apressa-te a vir em meu auxílio" (Sl 22, 2.10.20).

Essa paz e essa serenidade, também nós a conseguiremos quando, depois da primeira queixa dolorosa que formula um amargo por quê, soubermos acrescentar: "Senhor, Tu sabes o porquê de tudo, Tu és a minha esperança, Tu conheces todos os meus passos e o meu destino inteiro; eu, como Jesus nas suas últimas palavras, quero dizer-vos: 'em tuas mãos entrego o meu espírito'" (Lc 23, 46).

O abandono amoroso nas mãos de Deus, nós o aprendemos e o reaprendemos sempre fazendo a nossa oração junto de Jesus na cruz. Ao seu lado, chegaremos a entender o significado desses acontecimentos tão duros que não conseguimos aceitar.

A cruz parecia o fim e, no entanto, foi o começo: as trevas se converteram em luz; a escura perplexidade

---

[102] Francisco Fernández-Carvajal, *A cruz de Cristo*, São Paulo, Quadrante, 1999, pp. 104-106.

de um por quê, no luminoso resultado de uma Redenção que a tudo dá um claro sentido.

Temos que levantar o olhar, enxergar a vida com as pupilas de Deus, para entender o plano global da nossa existência.[103]

É esse enxergar a vida com a perspectiva de Deus o que podemos conseguir subindo a montanha da oração, como Jesus fazia com frequência. Numa conversa amiga com Jesus chegaremos a entender, do alto dos seus divinos desígnios, o panorama global da nossa vida estendida até o passado e projetada no futuro, até que a morte nos chegue.

Encarar a morte com serenidade

A morte também entra nos desígnios divinos. A morte não é uma tragédia. É uma culminação. É no último capítulo que se encontram o desfecho e o significado derradeiro do romance da vida. Cumpre vivê-la com dignidade. Um advogado meu amigo costumava dizer: "É preciso que aprendamos a morrer com classe".

Para tanto temos que fortalecer aquela "corda da fé" a que se referia Lewis, para que, quando nos sintamos pendurados no abismo, não venhamos a sentir a vertigem que experimentou aquele intelectual de Oxford, tão presunçosamente seguro de si mesmo. Não podemos viver dessa fé de "manutenção", dessa fé que "dá para o gasto", dessa fé "protocolar" de manual

---

[103] Cf. Rafael Llano Cifuentes, *Não temais, não vos preocupeis*, Rio de Janeiro: Marques Saraiva, 1999, pp. 83-86.

de religião ou dessa fé morna que berra diante da dor e se apavora diante da morte. Não há nada que nos aproxime mais de um pagão que o medo da morte. Ter medo da morte é próprio de um pagão, mas não de um cristão que vive plenamente a sua fé. Sim, concordo, é natural que sintamos aversão pela morte, porque nós fomos criados para a vida e não para a morte: a morte é uma violência à natureza humana. Mas, se ela é violenta, mais violenta tem que ser a graça que nos faz abraçá-la com serenidade. E essa graça se obtém ao longo da vida. Se a vida é um vestíbulo do Céu, a morte é a chave de ouro que nos abre a sua porta. Porém, temos que fabricar essa chave ao longo de toda a nossa existência. Não podemos improvisá-la na hora derradeira.

Não esperemos que cheguem as situações críticas para testar a nossa fé. Esse teste pode ser fatal, pode quebrar tanto a nossa fé como a nossa vida, angustiando-nos e desesperando-nos, como aconteceu com Lewis. A nossa fé tem que ser cultivada e fortalecida cada dia, exercitada nas provações diárias, pedida ao Senhor na nossa oração, como os apóstolos: "Senhor, eu creio, mas aumenta a minha fé!" (Mc 9,24); Senhor, a minha fé não é suficientemente forte para que eu enxergue o sentido amoroso e salvífico das contrariedades, por trás das coisas que me parecem absurdas ou inexplicáveis; Senhor, *aumenta a minha fé*, para que veja que uma doença, um fracasso profissional, a morte de um ser querido são permitidos por Ti por uma razão tão profunda que eu acabo por não entender, e no entanto faz parte dos Teus desígnios, infinitamente sábios e paternais; Senhor, que eu saiba ver no bisturi que corta, que fere, a mão do cirurgião divino que cura, a mão do Pai que, como Lavrador Divino, "poda" a videira para que dê mais frutos (cf. Jo 15, 1-2); Senhor, que estas ideias não fiquem apenas no recinto da minha oração, mas que se traduzam na minha vida cotidiana, numa disposição alegre para aceitar com um sorriso as pequenas e grandes contrariedades; Senhor, que eu seja capaz de encontrar, na Eucaristia, a força para superar as tentações e fraquezas; Senhor, que eu consiga com essa força correr com a agilidade de um atleta e lutar com a heroicidade de um guerreiro.

Esta oração constante nos ajuda a compreender que para morrermos com classe é preciso antes aprender a viver com classe essas outras pequenas mortes que representam para nós as doenças, os fracassos, as injustiças, as despedidas dos seres queridos, as decepções, as infidelidades, as frustrações... Aprender, na oração de cada dia, diante do Senhor, a viver com classe, com garbo, com júbilo, com espírito esportivo, com visão sobrenatural, as pequenas mortes, a fim de preparar-nos, pouco a pouco, para essa outra imensa despedida que é a morte real, a grande morte. Preparar-nos para imitar a magnânima dignidade de um Deus feito homem, que exala o seu último suspiro dizendo: "Pai, nas tuas mãos entrego o meu espírito" (Lc 23, 46).

O momento da morte "é a hora da verdade" como disse, já faz anos, Álvaro Calleja, um querido irmão meu, sacerdote, momentos antes de falecer. É o momento supremo, em que se prova de forma definitiva a autenticidade da vida toda. Por isso, deve ser um momento lucidamente consciente.

Há no ambiente cultural que nos rodeia uma tendência a viver "dopados" da dor que a morte traz consigo: dissimula-se a sua existência, oculta-se das pessoas doentes e evita-se falar dela. Essa tendência torna-se mais funesta quando se refere à última fase dos enfermos graves ou aos moribundos: impede-se ao máximo que venham a conhecer o caráter iminente do desfecho da sua vida. Sem dúvida, é certo — e também muito humano —, o desejo de não preocupar os doentes com o perigo da morte, quando este venha a provocar, por motivos psicossomáticos, o agravamento da doença ou a aceleração do processo patológico. Mas não é certo, nem humano, que uma pessoa morra sem tomar consciência da sua própria morte. O momento supremo de uma vida tem que ser vivido com consciente lucidez.

Montou-se em hospitais e clínicas todo um sistema de sedativos que deixam o moribundo praticamente inconsciente nas últimas horas da sua vida. Não se lhe oferece, desta maneira, a grande oportunidade de preparar-se para uma morte humanamente digna e espiritualmente santificadora. Existe, por um lado, o ensejo insubstituível de transmitir aos seres queridos o legado humano e cristão de uma morte exemplar: o melhor testamento que um pai e uma mãe podem deixar aos seus filhos. E existe também, por outro lado, a necessidade de que a alma se prepare para ter as condições mais adequadas para esse inefável e definitivo encontro com Deus.

Não podemos negar a um homem essa oportunidade única e esse direito. Isso representaria tanto uma falta de fé como de verdadeiro humanismo.

O filósofo italiano Gianni Vattimo, na sua obra *La fine de la modernità*, consagrou a expressão *pensiero debole* como característica do lânguido e decadente pensamento pós-modernista. Julgo, todavia, que esta expressão pode ser aplicada também ao modo como se encara hoje a morte. Ela tornou-se uma morte débil, enfraquecida da grandiosidade que adquire quando consciente e serenamente aceita, esmorecida da nobreza de viver com dignidade o derradeiro capítulo da própria biografia, despossuída da sublime magnificência de poder encerrar a existência terrena, formulando a mais comovedora oração de Jesus Cristo na cruz: "Pai, nas tuas mãos entrego o meu espírito" (Lc 23, 46).

Não podemos, como cristãos, aproximar-nos desse último chamado de Deus encolhidos, atemorizados. Temos que pedir a Deus, através de Maria Santíssima, a quem tantas vezes rezamos "rogai por nós, pecadores, agora e na hora da nossa morte", que nos conceda uma partida serena e suave, se for conveniente, mas plenamente consciente. Vamos solicitar àquela a quem a Igreja denomina a Onipotência Suplicante que saibamos empreender a última viagem com esse júbilo sereno com que morreram milhões de cristãos que nos precederam nesta vida terrena. Vamos pedir, por intermédio d'Ela, que a nossa última oração venha a ser parecida com aquela do velho Simeão, quando, apertando o Menino Jesus em seus braços, exclamava: "Agora, Senhor, já podes deixar o teu servo partir em paz, segundo a tua palavra; porque os meus olhos viram a tua salvação, a qual preparaste ante a face de todos os povos" (Lc 2, 29-32). Agora, Senhor, podes já apertar-me nos Teus braços e fazer-me sentir esse amplexo infinito de amor que há de prolongar-se por toda a eternidade.

As situações-limite e a oração

Um dia teremos de entregar a vida a Deus. Necessitaremos então da sua insubstituível ajuda para morrer em paz, confiando na misericórdia de um Pai que nos espera com os braços abertos. Se durante a vida toda soubemos dirigir-nos a nosso Pai com a simplicidade de uma criança, num contínuo diálogo filial, de acordo com o conselho de São Paulo — "orai sempre sem desfalecer" (1Ts 5, 17) —, Ele nos concederá a graça de morrer serenamente, enquanto balbuciamos na nossa última oração: "Pai, nas tuas mãos entrego o meu espírito" (Lc 23, 46).

Se ao longo da nossa vida vivermos esse exercício diário para superar com coragem as *pequenas mortes* — as doenças, as mazelas, os fracassos, as contrariedades e as frustrações diárias — num clima de contínua oração, pouco a pouco iremos adquirindo essa têmpera dos santos que chegaram a amar a dor como uma forma de identificar-se com Cristo, de tomar-se corredentores com Ele. Para nós, provavelmente, ainda a contrariedade, a doença e a dor representam um "mal", uma "tragédia" que precisamos evitar a todo custo. Por isso somos tão apreensivos, tão medrosos e angustiados. É por meio da oração contínua para identificar-nos com Cristo que lograremos a têmpera dos santos.

Um homem que tenha a valentia de encarar de frente a dor e a tribulação, um homem que consiga considerar a fome, a sede, a dor, a desonra, a doença, a pobreza como um "tesouro",[104] é um homem superior: é alguém que pode dizer jubiloso, como São Paulo: "Já não sou eu que vivo, é Cristo que vive em mim" (Gl 2, 20), é Cristo que sofre em mim. E é por isso que pode exclamar, como Ele: "transbordo de alegria no meio de todas as minhas tribulações" (1Ts 1, 6).

Os santos não são figuras de porcelana para serem admiradas nas vitrines da História. São seres como nós que trazem no corpo e na alma, de alguma maneira, como São Paulo, os sinais da Paixão de Cristo (cf. 1Pe 4,13) e que, por isso, estão persuadidos de que, morrendo com Ele, haverão de ressuscitar com Ele.

A existência humana não é uma caminhada pavorosa em direção à morte; é uma corrida alegre e corajosa em direção à Vida. Uma Vida, com "V" maiúsculo que, como dois braços potentes, se agarram ao beiral do céu, comunicando segurança e serenidade.[105]

---
104 Josemaria Escrivá, *Caminho*, n. 194.
105 Cf. Rafael Llano Cifuentes, *Insegurança, medo e coragem*, São Paulo, Quadrante, 1997, pp. 59-62.

São Josemaria Escrivá faz uma confidência comovente: "Eu vos contarei um pouco da experiência de alguém que passou dez anos com uma doença grave, sem cura, e que esteve contente, cada dia mais contente, porque se abandonou nos braços de Deus, porque se persuadiu de que Deus não é uma entelequia, um ser longínquo: é mais do que uma boa mãe. E é todo-poderoso, não se alegra com o nosso mal, mas com o nosso bem.

"Nós, com a visão deste mundo, estamos vendo uma tapeçaria ao contrário, pela parte dos nós, e não compreendemos que a felicidade se encontra depois que isso passa, como passa a água por entre as mãos. Isto é fugaz. *Tempus breve est*, afirma o Espírito Santo."[106]

Este homem de Deus gostava de repetir que o amor, tanto na poesia como na vida, rima com a dor. Assim também o cantou Pemán, o poeta:

> Só tu és Deus e Senhor.
> Tu que por amor me feres,
> Tu que com imenso amor
> provas com a maior dor
> as almas que tu mais queres.
> Bendito sejas, Senhor,
> por tua infinita bondade,
> porque prendes com amor
> sobre os espinhos de dor
> rosas de conformidade.

---

106 Cf. Álvaro del Portillo, Gonzalo Herranz, Peter Berglar, *Josemaria Escrivá. Instrumento de Deus*, São Paulo, Quadrante, 1992, p. 77.

SERENIDADE e paz pela oração

O testemunho de um mutilado de guerra

Esta rima e a sua significação mais profunda a encontramos na impressionante autobiografia escrita por Jaime Labatour, ferido mortalmente na famosa batalha de El Alamein, no norte da África, durante a Segunda Guerra Mundial. No hospital de Damasco, o médico esteve a ponto de assinar o seu atestado de óbito, mas ainda restava um certo palpitar de vida. Passam os dias. Sucedem-se as operações. O pai de Jaime vem visitá-lo:

"Sou eu, Jaime. Sou teu pai. Ânimo, rapaz!"

"Papai, não te estou vendo"

"Isso não importa. A bomba explodiu diante dos teus olhos, mas fica tranquilo. Nada te faltará!"

Jaime percebe que está cego. Quer estender os braços para abraçar o pai, mas o esforço termina no vazio.

"Jaime, não te perturbes... A explosão da bomba arrancou os teus braços... Mas nada te faltará".

Tremenda evidência: não tem olhos nem braços.

Seu pai está abatido. Não encontra mais palavras, dá-lhe um beijo e retira-se.

Jaime fica sozinho numa escuridão irremediável. Sente-se como que dentro de um poço sem saída. Não tem mãos para agarrar-se a uma hipotética corda de salvação. E brotou nele a tentação satânica do suicídio.

Mas... quem seria aquele homem que acabava de sentar-se à sua cabeceira? Um médico, outro ferido, o capelão do hospital? Jaime lembra-se de que esse homem tinha uma voz serena, amiga. Sentiu-o chegar, sentar-se ao seu lado, cumprimentá-lo afetuosamente. Mas deixou-se dominar pela sua louca tentação: "Quem é você? Um enfermeiro? Não tem aí um barbitúrico desses que fazem dormir para sempre? Não pode cortar-me as veias para dessangrar-me de vez? Não consigo viver assim".

Então aquele visitante — nunca chegou a saber quem foi — acariciou-lhe longamente a cabeça e começou a dizer com voz vibrante: "Pai nosso, que estais nos céus, santificado seja o vosso nome, venha a nós o vosso reino, seja feita a vossa vontade..."

Seja feita a vossa vontade! Era tão inadmissível aceitar a vontade de Deus, que ele precisava pedir mil vezes a Deus força para poder realmente dizer com o coração: "Seja feita a vossa vontade!"

Foi como se o próprio Cristo lhe falasse. Não podia chorar, porque não tinha olhos, mas sentiu que o coração lhe tremia de uma forma nova. Já não queria morrer! Continuou a rezar, não sabe até quando — "seja feita a vossa vontade" — como não sabe em que momento aquela personagem foi embora. Assim descreve ele mesmo os seus sentimentos: "Experimentei um pouco do que Cristo viveu em Getsêmani, quando o invadia a dor e clamou: 'Pai, afasta de mim este cálice!' Mas Ele aceitou: 'faça-se a tua vontade!' E nos ensinou a chegar, como Ele, não à resignação — isso é muito pobre — mas à aceitação. Resignar-se é reconhecer-se vencido; aceitar é vencer. O que parece sobre-humano, com a graça de Deus chega a ser possível. Jesus não veio suprimir o sofrimento; veio enriquecê-lo com a Sua presença. Por isso, eu recobrei a alegria e a esperança".

Jaime Labatour desenvolve hoje o seu trabalho em muitas cidades da França, de trem, de carro, nas emissoras de rádio e de televisão. Só em um ano, deu mais de duzentas conferências em outras tantas cidades. E o tema de tantas conferências é a sua própria história, o seu otimismo e a sua paz. Não poderá abraçar os homens com os seus braços amputados. Não poderá ler a palavra do Senhor, porque não tem olhos. Mas o seu coração pode gritar aos seus irmãos uma mensagem de otimismo e de amor. *Um amor que nasce da dor.* Uma dor que parecia inaceitável, incompreensível, e que, contudo, transformou um simples e anônimo soldado num apóstolo de valor inigualável. Talvez só ele poderia comunicar-nos uma mensagem como a que nos passou. Quando alguém lhe perguntou que palavra pronunciaria para expressar o seu principal sentimento, respondeu sem vacilar: "A palavra *amor*. Eu experimentei o ódio, que foi a causa dos meus sofrimentos. Por isso afirmo que a maior desgraça é não amar e não ser amado. E o amor, no fundo, é Deus. Quando vejo um companheiro que sofre, digo-lhe: Interessa-te pelos outros; esquece-te de ti mesmo e começarás a ser feliz, porque encontrarás a Deus'. É que não há pior doença do que estar amputado de Deus."[107]

---

[107] Cf. R. M. Eyzaguire, *Tesouro escondido*. Santiago de Chile, 1982, pp. 126 e 245 ss. Citado em Rafael Llano Cifuentes. *Otimismo*, São Paulo, Quadrante, 1990, pp. 40-42.

Um homem atingido por uma dor inigualável, quando a recebe como uma dádiva do Pai, como Jaime Labatour, transforma-se num homem fora de série. Um homem que sabe aceitar a dor, a doença e a morte como algo que parte da vontade do seu Pai, estará preparado para aceitar com alegria, também, todas as contrariedades e dissabores da vida; os insucessos e os fracassos, as injustiças, as incompreensões e as críticas, os atritos e as crises familiares, a forçosa inatividade e o desemprego, e também as rotinas e as monotonias, esse peso da existência, quando o fardo da vida se torna mais pesado que um carro e o ritmo do caminhar mais lento que o passo de um boi.

Para chegar a essa serena aceitação — insistimos mais uma vez — é necessário solicitar do alto a graça inigualável de saber responder não apenas com os lábios, mas com a oração que parte da vida: "Sim, Pai, se é do teu agrado, eu concordo com a tua vontade".

Alguém poderia agora observar: isso é muito fácil de dizer, mas muito difícil de praticar. Concordo plenamente. Aceitar essas situações-limite com serenidade é frequentemente sobre-humano. Por esta razão, precisamos de uma ajuda sobrenatural que só poderemos conseguir com a oração. Nascemos para a alegria e para a felicidade. E, quando encontramos a dor, a natureza se revolta.

A dor não foi querida por Deus. É uma consequência do pecado, consequência que custou a vida do Unigênito do Pai. A redenção nos salvou, sim, do pecado, mas não da dor. E a dor continua sendo a realidade mais antinatural e repugnante que existe. Se a humanidade que há em nós se insurge contra ela, está no seu pleno direito. Nem a mais alta santidade nos poderá tornar insensíveis ao sofrimento. Desejar a impassibilidade é um contrassenso. Quem responde ao sofrimento com um "Sim, Pai, eu aceito", de forma sorridente, está fazendo algo heroico. E para tanto precisa de uma graça especial que só se pode conseguir com a oração. Se é certo que "Deus ama aquele que dá com alegria" (2Cor 9, 7), é também certo que Ele "sabe o que existe dentro do próprio homem" (cf. Jo 2, 25). E o que existe no mais íntimo de nós é o desejo profundo de felicidade e a aversão pungente pela dor.

Esta verdade aparece pintada plasticamente na cena no Horto das Oliveiras; Jesus tremendo, sangrando, gemendo: "Pai, se é possível, afasta de mim este cálice; não se faça, porém, como eu quero, mas como tu queres" (Mt 26, 39).

Esse "porém", essa virada da repugnância natural para a aceitação sobrenatural, a humanidade de Cristo só a conseguiu depois de um longo tempo de oração.

Essa alegria sobrenatural que dimana da aceitação da cruz é o "gigantesco segredo do cristão"[108] como dizia o grande escritor inglês convertido Chesterton. Contudo, não nos esqueçamos — reiteramos — que a força, tanto a do Senhor no Horto das Oliveiras como a de Jaime Labatour, no meio da angústia do hospital, veio pela oração. Foi rezando inúmeras

---

108 G. K. Chesterton, *Ortodoxia*, pp. 308-309.

A PAZ NA ORAÇÃO E AS DIFERENTES SITUAÇÕES DA VIDA

vezes a frase "Seja feita a vossa vontade", contida no Pai nosso, que Jaime superou tamanha provação. Foi prostrando-se por terra para pedir ao seu Pai forças, que Jesus enfrentou os horrores da Paixão.

Reconhecendo a nossa fraqueza, saibamos instantemente pedir ao Pai, na nossa oração diária, que consigamos fazer da nossa vida um Pai-Nosso contínuo em que, com a maior naturalidade, consigamos santificar o seu nome, amando e cumprindo a sua vontade, também no meio da dor.

Quando, com as palavras do Salmo, lhe dissermos com frequência: "Rogo-vos, ó Pai! que eu encontre em vós o meu refúgio e que o meu destino fique sempre seguro nas vossas mãos" (cf. Sl 16,15), sentiremos a paz e a segurança que sente uma criança, achegando-se ao seio protetor de sua mãe.

Tudo concorre para o nosso bem

Todas estas verdades que estamos meditando confluem para um princípio espiritual que é fonte de paz e de alegria: "Para os que amam a Deus, tudo contribui para o bem" (Rm 8, 28). Tudo o que há no universo existe porque Deus o sustenta no Seu ser. É "Ele que cobre o céu de nuvens, que faz cair a chuva na terra; é Ele que faz crescer a relva nas montanhas e germinar plantas úteis para o homem, que dá alimento aos rebanhos e aos filhotes dos corvos que clamam" (Sl 147, 8-9). A criação inteira é obra de Deus. Ele cuida amorosamente de todas as criaturas, começando por mantê-las constantemente na existência. "Este manter", diz João Paulo II, "é, em certo sentido, um contínuo criar (*conservatio est continua creatio*), e estende-se muito particularmente ao homem, objeto da predileção divina".[109]

Jesus Cristo dá-nos a conhecer constantemente que Deus é nosso Pai, que quer o que há de melhor para os seus filhos. Tudo aquilo que de bom poderíamos imaginar para nós mesmos e para aqueles a quem mais queremos é ultrapassado de longe pelos planos divinos. O Senhor sabe muito bem de que coisas necessitamos e o seu olhar abrange esta vida e a eternidade, ao passo que a nossa visão é curta, míope e deficiente.[110]

Reparemos o que escreve Graef em *Ita Pater. Sim, Pai!*, um clássico de espiritualidade:

> Antes da constituição do mundo (Jo 17, 24), Deus-Pai traçara o programa de nossa vida, até as menores minúcias. "Nem um só cabelo nos cairá da cabeça sem a permissão de nosso Pai" (Mt 10, 30). Esse programa Ele sonhou para cada um com desvelo e amor, como se, em toda a eternidade, só tivesse tido que se ocupar dele. [...]
> De boa mente imaginamos que ninguém nos quer tão bem como nós mesmos. É um grande erro que nos impede de compreender os nossos mais profundos interesses. Deus ama-nos infinitamente mais: com amor divino. [...] Deus quer-nos muito mais do que nós mesmos podemos desejá-lo. A mãe mais amante é incapaz de amar com tal amor ao mais querido dos seus filhos. Assim sendo, haverá para o homem algo mais sábio, mais perfeito, melhor, maior, do que cumprir a cada instante

---

109 João Paulo II, *Audiência Geral*, 29-01-1986.
110 Cf. Rafael Llano Cifuentes, *Não temais, não vos preocupeis*, pp. 71-72.

a vontade de Deus, do que dizer em todas as ocasiões e de todo o coração um jubiloso "Sim, Pai"?[111]

Se o Pai, que "não poupou seu próprio filho, mas o entregou à morte por nós todos" (Rm 8, 32), soube tirar o maior bem para a humanidade dos horrores da Paixão, não saberá tirar também os melhores benefícios para nós por meio dos nossos sofrimentos amorosamente vividos? Não saberá fazer contribuir para o bem todas as coisas que acontecem àqueles que O amam?

Saibamos levar com frequência à nossa oração aquelas palavras de Jesus tão meditadas já por nós: "Não vos inquieteis pela vossa vida, pensando no que ireis comer, nem pelo vosso corpo, pensando no que ireis vestir. Não é a vida mais do que o alimento e o corpo mais do que as vestes? Olhai as aves do céu: não semeiam, nem ceifam, nem recolhem em celeiros, e, no entanto, o vosso Pai celestial as alimenta" (Mt 6, 25-26). Estas palavras são um convite para que vivamos com alegre esperança a tarefa diária, para que encaremos as sombras desta vida como filhos de Deus, sem preocupações inúteis, sem a sobrecarga da revolta ou da tristeza, porque sabemos que Deus permite esses acontecimentos para nos purificar, para nos converter em corredentores.

Os padecimentos, a contradição, a doença, as situações extremas devem servir-nos para crescer

---

[111] Ricardo Graef, *Ita Pater — Sim, Pai*, 2ª ed., Taubaté, Publicações S. C. J., 1938, p. 37-39.

nas virtudes e para amar mais a Deus: "Não ouviste dos lábios do Mestre a parábola da videira e dos ramos? — Consola-te. Ele te exige muito, porque és ramo que dá fruto... E te *poda ut frutum plus afferas* — para que dês mais fruto. — É claro! dói esse cortar, esse arrancar. Mas, depois, que louçania nos frutos, que maturidade nas obras!"[112] Não nos desconcertemos nunca com os planos divinos. O Senhor sabe muito bem o que faz e o que permite.

Ponderemos com frequência, na nossa oração, se acolhemos com paz a contradição, a dor e o fracasso, as situações que chegam ao limite da nossa resistência, ou se, pelo contrário, nos queixamos e abrimos a porta à tristeza ou à revolta, ainda que seja por pouco tempo. Vejamos, na presença de Deus, se as dificuldades físicas ou morais nos aproximam verdadeiramente de nosso Pai-Deus.

Com muita frequência, não sabemos o que é bom para nós; "e o que torna a confusão ainda pior é", diz Boylan, "que pensamos que o sabemos. Nós temos os nossos próprios planos para a nossa felicidade, e muito amiúde olhamos para Deus simplesmente como alguém que nos ajudará a realizá-los. O verdadeiro estado de coisas é completamente ao contrário. Deus tem os seus planos para a nossa felicidade, e está à espera de que o ajudemos a realizá-los. E deve ficar bem claro que nós não podemos melhorar os planos de Deus".[113]

---

[112] Josemaria Escrivá, *Caminho*, n. 701.
[113] Eugene Boylan, *Amor supremo*, p. 46, cit. por Francisco Fernández-Carvajal, *Falar com Deus*, vol. 3, São Paulo, Quadrante, 1990, p. 481.

Ter uma certeza prática dessas verdades, vivê-las nos acontecimentos diários, leva a um abandono sereno, mesmo perante a dureza daquilo que não compreendemos e que nos causa dor e preocupação. Nada se desmorona, se estamos amparados no sentimento da nossa filiação divina: "Pois, se Deus veste assim a erva do campo, que hoje existe e amanhã é lançada ao fogo, quanto mais não fará Ele por vós!" (Mt 6, 30).

Que paz nos dá poder orar com as palavras do Salmo:

> Guardai-me, ó Deus, porque em vós me refúgio!
> Digo ao Senhor: Somente vós sois meu Senhor: nenhum bem eu posso achar fora de vós!
> Ó Senhor, sois minha herança e minha taça, meu destino está seguro em vossas mãos!
> Eu exulto de alegria com essa herança! Tenho sempre o Senhor ante meus olhos, pois se o tenho a meu lado não vacilo.
> Eis por que meu coração está em festa, minha alma rejubila de alegria, e até meu corpo no repouso está tranquilo; pois não haveis de me deixar entregue à morte. Vós me ensinais vosso caminho para a vida; junto a vós, felicidade sem limites, delícia eterna e alegria ao vosso lado! (Sl 15, 16)

Reiteramos: "Todas as coisas cooperam para o bem daqueles que amam a Deus" (Rm 8, 28). Quem ama a Deus com um amor operativo sabe que, aconteça o que acontecer, tudo será para seu bem, desde que não deixe de amar. E, precisamente porque ama, emprega os meios para que o resultado seja bom, para que a vida chegue a dar os frutos que Deus espera. E, tendo empregado os meios ao seu alcance, abandona-se em Deus e descansa na sua providência amorosa."

"Repara bem", escreve São Bernardo, "que o Apóstolo não diz que as coisas servem para o capricho pessoal, mas que cooperam para o bem. Não para o capricho, mas para a utilidade; não para o prazer, mas para a salvação; não para o nosso desejo, mas para o nosso proveito. Neste sentido, as coisas sempre cooperam para o bem, até a própria morte, até o pecado. [...] Por acaso não cooperam para o bem os pecados daquele que com eles se torna mais humilde, mais fervoroso, mais solícito, mais precavido, mais prudente?"[114] E depois de empregarmos os meios ao nosso alcance, ou em face de acontecimentos em que nada podemos fazer, diremos na intimidade do nosso coração: *Omnia in bonum*, tudo é para o bem.

Com esta convicção, fruto da filiação divina, viveremos cheios de otimismo e de esperança e superaremos as dificuldades da vida:

> Parece que o mundo desaba sobre a tua cabeça. À tua volta, não se vislumbra uma saída. Impossível, desta vez, superar as dificuldades.
> Mas tornaste a esquecer que Deus é teu Pai? Onipotente, infinitamente sábio, misericordioso. Ele não te pode enviar nada de mau. Isso que te preocupa, é bom para ti, ainda que agora os teus olhos de carne estejam cegos.

---

[114] São Bernardo, *Sobre a falácia e a brevidade da vida*, 6.

Omnia in bonum! Tudo é para o bem! Senhor, que outra vez e sempre se cumpra a tua sapientíssima Vontade![115]

Omnia in bonum! Tudo é para o bem! Tudo pode ser convertido em algo agradável a Deus e benéfico para a alma. Esta expressão de São Paulo pode servir-nos como jaculatória, como uma brevíssima oração que nos dará paz nos momentos difíceis.[116]

A Santíssima Virgem, nossa Mãe, ensinar-nos-á a viver cheios de confiança nas mãos de Deus, se recorrermos a Ela frequentemente a cada dia. No Coração Dulcíssimo de Maria, Mãe do Perpétuo Socorro, encontraremos sempre paz, consolo e alegria.[117]

---

115 Josemaria Escrivá, *Via Sacra*, IX est., n. 4, São Paulo, Quadrante, 1981.
116 Cf. Francisco Fernández-Carvajal, *Falar com Deus*, vol. 3, São Paulo: Quadrante, 1990, pp. 480-484.
117 Cf. Rafael Llano Cifuentes, *Não temais, não vos preocupeis*, pp. 72-77.

CAPÍTULO III
VIDA DE ORAÇÃO

Entrar nos "eixos"

Acabamos de ver como a oração representa uma solução para as situações que talvez nos perturbem mais: as nossas monotonias e preocupações, a dor, a doença, a morte e também essas situações-limite em que parece que a personalidade humana chega ao seu ponto zero crítico, onde parece ficar pulverizada, atomizada.

Novamente poderíamos questionar: como e por que a oração nos dá paz e equilíbrio? É por acaso uma espécie de fármaco válido para curar qualquer doença anímica ou espiritual, uma espécie de panaceia de universal poder curativo? Não. A oração não é um remédio de algibeira que se distribui a torto e a direito, não é uma "formuleta" que se recomenda de maneira protocolar. A oração é algo muito sério. Algo fundamental. Por quê? Porque fazer oração é entrar em relação com o Alfa e o Ômega, o Princípio e o Fim, com a Sabedoria, o Poder e a Bondade infinitas, com o sentido pleno da nossa vida: o coração humano dilata-se no diálogo com um Deus incomensurável que é ao mesmo tempo um Pai que nos ama acima de toda medida.

SERENIDADE e paz pela oração

Na oração, nos colocamos perante esse Pai de poder infinito e d'Ele indagamos o sentido da vida, o sentido da alegria e da dor, o sentido da morte e da eternidade. E Ele, de uma forma ou de outra, dá-nos a resposta. Na oração, encontramos assim a orientação do nosso destino, o lugar que ocupamos no plano da criação, a melodia que devemos interpretar nesse extraordinário concerto do universo. E, ao sentir a nossa vida pulsar com a vida de Deus, com a vibração dos seres todos do universo inteiro, experimentamos a alegria e a paz de saber que estamos no caminho certo da nossa plenitude eterna.

É por isso que a oração restabelece em nós o equilíbrio e a paz em face das situações que habitualmente nos angustiam: tudo encontra o seu lugar, tudo tem o seu sentido, tudo está "encaixado" na ordem universal. Tudo fica ajustado. É como se a oração nos colocasse "nos eixos". Quando algo na maquinaria da vida está deslocado, range, estrila, perturba. Quando entra novamente nos seus "eixos", funciona com suavidade e sem estridências. A oração, além de prestar a Deus a honra e o louvor que merece e de ser o veículo dos pedidos que fazemos a Deus, é a maneira mais direta de explicitar nossas ações de graças; e cumpre também outra função indispensável: centrar-nos em Deus. E é isto precisamente o que nos dá a paz e alegria que são como o sinal característico de uma existência harmônica.

A alegria e a paz, fruto do contato íntimo com Deus, formam parte integrante de uma personalidade normalmente constituída, plenamente ajustada, intimamente sintonizada com esse fabuloso e extraordinário projeto da criação e da redenção do homem. Deus deseja que nós sejamos plenamente felizes. A felicidade é o estado normal de uma personalidade bem constituída.

Nesse sentido, claramente se manifestou John Nugent, advogado inglês que, como já dissemos, superou as suas depressões sofridas durante muito tempo. Ele transmite-nos as suas experiências num livro notável: *Nervos, Preocupações e Depressão*. Afirma ele de forma meridianamente clara:

> Se não estamos contentes com a nossa vida, é porque há algo de errado conosco. Se nos sentimos miseráveis, é porque há algo de muito errado. A vida foi projetada para ser qualquer coisa de vibrante e cheia de alegria, e se a consideramos como um fardo que tem de ser arrastado dia após dia, o problema está em nós. É verdade que existe uma teologia amarga, segundo a qual a vida não passa de um período de provações num vale de lágrimas, mas acreditar nisso — ou deixar de fazê-lo — depende somente de nós mesmos. A maioria das pessoas é tão feliz quanto decide ser.

E acrescenta:

> A felicidade e a paz de espírito constituem o estado mais normal do ser humano; chegam a ser um direito de nascença. [...] No caso de você estar passando por maus momentos, essa afirmação poderá parecer-lhe demasiado ousada; mas, só para que você veja que ambos jogamos no mesmo time, permita que lhe diga umas poucas palavras sobre mim mesmo:

Durante mais de vinte anos, sofri de depressões clínicas. Em certa ocasião, os ataques chegaram a ser muito graves, beirando o pesadelo; foram necessários tantos internamentos que alugar uma vaga permanente no hospital chegou a parecer-me um bom investimento. Apesar de eu ter recebido muita ajuda de profissionais dedicados, foi somente depois de decidir-me a mudar determinadas atitudes e a passar a viver segundo certos princípios que a cura começou a realizar-se efetivamente. O fato de estar vivo, que antes constituía uma experiência amarga, passou a ser algo que hoje me delicia. Isto não significa que não sofra pequenas recaídas de vez em quando, mas aceito-as de modo pragmático: sou humano, e tenho de prever e de aceitar as ocasionais armadilhas e flechadas do destino adverso. O ponto central é que, graças ao que me ensinaram, consigo sobrepor-me a esses períodos difíceis e voltar a desfrutar da vida. [...]

Quer você tenha consciência disso, quer não, existe no centro do seu coração toda essa maravilhosa coragem, essa íntima tenacidade que leva um pugilista profissional a levantar-se e a retomar a luta todas as vezes que vai à lona. Os verdadeiros profissionais não são aqueles que nunca são postos a nocaute, mas aqueles que continuam a levantar-se mesmo quando a intensidade da sua dor lhes está gritando: "Jogue a toalha!"

Sejam quais forem os problemas que tenhamos, podemos assumir uma destas duas atitudes: Podemos *viver no problema ou viver na solução*. *Viver no problema* significa darmos voltas às nossas depressões e ansiedades, contarmos uns aos outros como são terríveis e, pior ainda, alimentarmos uns pelos outros uma espúria compaixão. Eu sei bem que isso não funciona. *Viver na solução* significa achar a saída e pôr em prática os meios que conduzem à cura e à felicidade, fazendo com que os problemas desapareçam. Eu sei, para além de qualquer discussão, que é assim que as coisas funcionam, não somente porque fiz a experiência, mas porque sou amigo íntimo de inúmeras pessoas que descobriram a mesma coisa.[1]

Nós não podemos resignar-nos a viver melancolicamente no problema, mas devemos determinar-nos decididamente a viver na solução. "Temos que aplicar uma maciça injeção de esperança na nossa vida. [...] Temos que ter a convicção", reitera o autor, "de que *a felicidade é nosso direito de nascença*, e de que a promessa de podermos encontrar a paz e a plenitude nas nossas vidas não é simples teoria, mas a intenção primária do mesmo Criador que estabeleceu a condição humana";[2] é o estado normal de uma personalidade humana bem constituída.

E perguntaríamos: como podemos deixar de viver angustiosamente no problema e passar com determinação a viver diretamente na solução? John Nugent nos responde de uma maneira muito simples e direta: "Abandonando-se em Deus, fazendo da vida inteira uma oração."[3]

A experiência pessoal de Deus: conselhos de um homem que superou a depressão

Nas próximas páginas, veremos como este advogado de Midlands, interior da Inglaterra, sem pretender dar-nos conselhos espirituais nem psicológicos,

---

[1] John Nugent, *Nervos, preocupações e depressão*, São Paulo, Quadrante, 1998, pp. 5-8.
[2] Ibidem, p. 20.
[3] Ibidem, pp. 4-5.

chega a essa conclusão surpreendente, como fruto de uma experiência bem-sucedida, vivida pessoalmente por ele.

A partir da afirmação de que "Deus é amor" (1Jo 4, 8), começa a desenvolver o seu pensamento, dirigindo-se a pessoas das mais diferentes crenças, de uma forma amável e coloquial. Depois de sublinhar a fundamental importância de tratar a Deus como "Pai", faz uma série de considerações de forma muito despretensiosa. Observaremos que não fala como um especialista em "psicologia" ou em "espiritualidade", mas como um profissional leigo, um homem acostumado a lidar com problemas práticos da vida social. É por isso que as suas apreciações ganham para nós um valor peculiar.

Este advogado inglês quer transmitir-nos da maneira mais singela a sua própria vivência. Algo tão natural e espontâneo que se pode reduzir a uma expressão breve e concisa: a confiança total em Deus, o abandono completo nas mãos do Pai, é o melhor remédio para a ansiedade e a depressão.

A citação que vamos fazer é longa, mas muito interessante. Prestando atenção nela não perderemos o tempo:

> O Deus de quem quero falar é um Pai amoroso, que não age senão por amor. Esse Pai só pode ter por você um amor magnificente e deliciar-se com o fato de você ser você — seja qual for o seu passado —, porque você é uma criação pessoal e única d'Ele e é seu filho. [...]

Devemos deixar de lado as complicações que possamos ter criado. Tentar entender plenamente a Deus é como olhar para o disco solar em pleno verão: faça-o durante muito tempo, e logo terá os olhos queimados. [...]
"Se estivermos dispostos a deixar de lado os questionamentos, descobriremos que às vezes a única resposta cabível é esta: se a minha tia tivesse um rotor, seria um helicóptero, e se eu soubesse todos os porquês, seria Deus. Ambas as afirmações não passam de uma amostra de *nonsense*, tão desprovidas de sentido como a maioria dos pensamentos da nossa mente humana fraca e falível, que julga ser capaz de enfrentar as grandes questões cujas respostas só Deus conhece.

A finalidade deste esforço por deixar de lado certos questionamentos é que cheguemos a conhecer a Deus por experiência pessoal. Mas conhecer a Deus por experiência não é simplesmente ter uma espécie de gaveta mental na cabeça, que é onde guardamos tudo aquilo que costumamos esquecer; é, pelo contrário, ter uma certeza inabalável no coração e na alma, que é onde guardamos tudo aquilo de que nos costumamos lembrar... O que importa é criar essas condições interiores nas quais finalmente seremos capazes de dizer que, de certa forma, já não precisamos crer em Deus, porque O conhecemos.

Ora, nenhum de nós é capaz de encontrar a Deus pelas suas próprias forças; o que temos de fazer é tomar a firme decisão de deixar que seja Ele quem nos encontre. Aliás, Deus não é desabrido: é extraordinariamente delicado, e não se intrometerá na nossa vida enquanto não lhe pedirmos com sinceridade que entre e tome posse de nós. [...]

Nesse momento, como um Pai que vinha observando o filho com carinho, Ele corre ao nosso encontro e nós nos sentimos como quem retoma enfim para casa de volta do exílio numa região longínqua. Este encontro será tão complicado ou tão simples como queiramos — depende apenas de nós em última análise; quando tudo está dito, só se exige de nós um único requisito: a disposição de nos deixarmos conduzir. [...]

Ora, é à luz destes fatos que temos de tomar a decisão de pedir ao nosso Pai que assuma a direção das nossas vidas. É tão simples assim. Para dizê-lo nos termos mais elementares: dispomo-nos a crer que, se nós lhe pedirmos que o faça, Deus, o Pai amoroso, que ao mesmo tempo é o Criador de todas as coisas, assentirá em gerenciar as nossas vidas. A partir desse momento, passará a guiar--nos na direção que Ele, com a sua sabedoria infinita, sabe que é a que mais corresponde aos nossos verdadeiros interesses e ao nosso maior bem-estar interior. Isso chama-se entrega total. É um mergulho em queda livre sem garantias, sem condições preconcebidas, sem redes escondidas. O único mecanismo que efetivamente funciona é um reconhecimento total da nossa incapacidade, e um pedido formulado com intenção sincera e plenamente honesta. E a maior dificuldade de escrever acerca disto não é que se trate de algo complicado, mas de algo tão simples que se torna quase impossível descrevê-lo com clareza.

Cedo ou tarde receberemos, com toda a intensidade de um raio laser, a evidência pessoal de que somos intensamente amados por um Deus que pôs em nós as suas delícias, como se não existisse mais ninguém neste mundo. [...]

Em termos práticos: de que forma nos pomos nas mãos de Deus a cada dia? Cada qual tem o seu modo de fazê-lo, mas via de regra vale a pena começar por lembrar-nos, nos primeiros momentos conscientes do dia, de que não estamos sós com os nossos problemas, e de que tudo aquilo por que teremos de passar ao longo desse dia já está previsto. Estamos ligados a um poder para o qual nada neste mundo constitui obstáculo, um poder infinitamente amoroso e profundamente interessado em tudo o que fizermos. Deus não age senão por amor à nossa felicidade e ao nosso bem.

Este é um ponto importante, porque todos nós temos ideias bastante arraigadas acerca do que é melhor para nós mesmos, e o nosso orgulho e vontade própria sempre insistirão em conduzir tudo ao nosso próprio modo. Descobrir-nos-emos pedindo a Deus que os nossos planos deem certo, que os nossos sonhos se realizem e que os nossos preparativos funcionem exatamente como prevíamos. Ora bem, isto não tem nada a ver com o abandono nas mãos de Deus. Abandonar-se n'Ele não é pedir que aconteça isto ou aquilo, mas que nos seja dada a serenidade de conviver alegremente com qualquer situação pela qual passemos, sempre com a plena consciência de que o nosso Pai sabe o que está fazendo, enxerga mais longe do que nós e tem ideias melhores do que as nossas.

Uma vez que tenhamos clareza de ideias a este respeito — e essa segurança só vem com a ajuda de Deus e com a prática — estaremos contentes por fazer o melhor que podemos e por deixar que as coisas aconteçam como têm de acontecer. Quando os nossos planos implodem, não ficaremos demasiado preocupados, porque sabemos que é o nosso Pai quem dirige a nossa vida. Em todos os momentos de dúvida ou de dificuldades, bastará que nos perguntemos: "Afinal de contas, quem é que dirige o espetáculo?" Se é Deus, deixemos que seja Ele quem realmente o faça. Abandonar-se em Deus não significa nada mais do que isto: se determinado problema nos parece insolúvel, nem por isso Deus ficará também confundido.

Por fim, à noite, antes de adormecer, faremos uma curta revisão do nosso dia e voltaremos a colocá-lo nas mãos de Deus, incluindo, com um pedido de perdão, aquelas coisas que fizemos mal-feitas e as ocasiões em que não acertamos o alvo.

Muito bem: e que tem tudo isto a ver com os estados de ansiedade e de depressão? Muito. A consciência habitual de sermos amados por Deus tem um profundo efeito sobre o nosso temperamento. Na medida em que progredimos, vamos adquirindo serenidade interior, porque aprendemos que há inúmeras coisas com as quais já não temos de preocupar-nos. Velhas ansiedades vão morrendo pouco a pouco, e uma paciente confiança íntima acaba por substituir a importância que atribuíamos a nós mesmos e que tanto ocupava a nossa atenção; simultaneamente, a sensação de sermos amados vai eliminando o desgosto e o ódio que alimentávamos contra nós mesmos, reações que costumam estar tão vinculadas aos estados de depressão. Começamos a desenvolver uma autoestima legítima e, libertados de inúmeras das antigas tensões, podemos começar a olhar à nossa volta e a desfrutar da vida. Passamos a sentir-nos fascinados com coisas simples que anteriormente não nos chamavam a atenção, e estas nossas novas atitudes começarão a ter um efeito muito benéfico sobre o modo como lidamos com as outras pessoas.

Passamos então a ter a impressão de encontrar em nós reservas de coragem, de honestidade e de uma sabedoria íntima que, segundo todas as evidências, não existiam antes no nosso interior. Descobrimos que somos capazes de lidar facilmente com situações e pessoas que costumavam deixar-nos perplexos e irritados no passado. Pouco a pouco, vai crescendo em nós a certeza de que há muito mais coisas boas acontecendo à nossa volta do que éramos capazes de ver e de tocar ou de compreender com a nossa inteligência. Passamos a sentir-nos à vontade diante do mistério, e até a amá-lo, e já não nos perturbamos com as coisas que não somos capazes de prever ou de entender. Ganhamos um certeiro senso de oportunidade, e uma impressionante capacidade de nos mostrarmos serenos diante de situações verdadeiramente graves. É que começamos a ganhar consciência de que não dirigimos o espetáculo e de que não precisamos conhecer todas as respostas.[4]

---

4   Ibidem, pp. 39-43.

John Nugent, depois destas considerações cheias de simples espontaneidade, pergunta: E que fazer agora na vida prática cotidiana? É surpreendente a sua resposta: "Fazer da vida inteira uma oração".[5] Ele nos fala da atitude permanente que há de ter um filho para com o seu Pai, que não se reduz a alguns momentos, mas compreende a vida inteira; que não se inibe em expor-lhe habitualmente as suas necessidades, tanto espirituais como materiais, porque é assim que procede com toda confiança uma criança com o seu pai.[6] Deus, como um pai, gosta que lhe falemos, que lhe digamos: "Pai nosso, seja feita a vossa vontade, dai-nos o pão nosso de cada dia, livrai-nos do mal". Santo Afonso de Ligório dizia: "Deus não costuma falar à alma que não lhe fala".[7] Mas o nosso já conhecido e simpático advogado inglês sai novamente ao nosso encontro para fazer uma observação oportuna: "Deixe que Deus lhe fale por sua vez. Não será que Deus quer que procedamos assim? Gaste algum tempo sem fazer nada, com as mãos nos bolsos, pensando em nada, mas procurando ter consciência de que você é filho desse Pai. É impressionante quanta coisa se aprende assim, e a paz que se experimenta. Parece-me que, com demasiada frequência, o que as pessoas chamam

---

5   Ibidem, p. 44.
6   Ibidem, p. 46.
7   Santo Alfonso Maria de Ligório. "Como conversar contínua e familiarmente com Deus", em *Obras ascéticas*, Madri, BAC, vol. 1, pp. 316-317.

oração não passa de algazarra mental destinada a abafar a voz de Deus".[8]

A oração, fonte de paz e de alegria

Cumpre ressaltar que, nestes conselhos que acabamos de receber de um homem que superou um grave processo de depressão, aparece como algo importante fazer oração. Ele, de um ponto de vista puramente empírico, chegou à mesma conclusão a que nós chegamos no início deste capítulo: a oração coloca-nos nos "eixos" da nossa vida, consegue centrar-nos, ajustar-nos em nós mesmos e em Deus, e é precisamente isto o que nos traz a paz: essa "tranquilidade na ordem", essa consciência profunda de que estamos inseridos na harmonia da criação, na riquíssima orquestração que interpreta o concerto inigualável do universo inteiro.

Mais ainda: a oração é a nascente da paz. Não apenas porque nos coloca no lugar que nos corresponde na ordem estabelecida pelo Criador, mas porque nos introduz nos braços amorosos de um Pai que nos ama infinitamente, e tem um poder ilimitado.

"Deus é amor" (1Jo 4, 8), dizia Nugent, expressando a definição teológica de Deus: Deus é a fonte de todos os amores, Deus criou-nos por amor e criou-nos para amar. Estamos destinados a uma felicidade eterna que dimana do Deus-Amor. E, quando fazemos oração, nos colocamos exatamente

---
8   John Nugent, op. cit., p. 46-47.

na correnteza que nos impulsiona para Deus, fonte de amor, de paz e de alegria. Não podemos esquecer que o amor, a intimidade com Deus é a própria fonte dessa jubilosa e serena harmonia. O amor é o elemento constitutivo da personalidade humana. Mas esse amor constrói-se com a comunicação entre o *eu* próprio e o *tu* do outro. E essa comunicação é elevada ao nível máximo quando se estabelece entre o *Tu* por excelência, que é Deus, e o eu do homem, numa relação de amor: é isso precisamente o que se realiza na oração. É por esta razão, insistimos, que da oração dimana essa paz inefável: a paz indizível de quem está em comunicação com o Ser que marca o itinerário da nossa realização eterna. Dá tanta paz e tanta alegria estar no seio de um Pai que é infinitamente perfeito, belo, bom e poderoso — fogueira infinita de amor — e que quer a nossa felicidade mais do que nós mesmos!

Chama a atenção o que a filosofia personalista pensa nesse sentido. O filósofo austríaco Ferdinand Ebner, grande pioneiro do movimento personalista, sustenta de maneira categórica, em primeiro lugar, que o eu só se realiza na comunicação com o tu através da palavra e, em segundo lugar, que essa comunicação amorosa se eleva à sua mais alta categoria, quando se dá entre o Tu por antonomásia — o Deus que é amor — e o eu da pessoa humana, através da oração.[9] Nedoncelle, considerado o "metafísico do personalismo", é também conclusivo:

---

9   Cf. Ferdinand Ebner, *La palabra y las realidades espirituales*, Viena, 1919, cit. por Teófilo Urdanoz, *História de la filosofia* — VII, Madri, BAC, 1998, pp. 411-412.

"amor e personalidade são conceitos que se exigem mútua e intrinsecamente. A interação entre o amor infinito de Deus e a pessoa é elemento constitutivo da personalidade humana".[10]

É surpreendente que o frio pensamento filosófico, tanto como as considerações de um advogado que superou a depressão, cheguem à mesma conclusão a que chegamos através de uma reflexão meramente espiritual: a alegria e a paz — a felicidade e a realização do nosso ser — são fruto dessa profunda comunicação entre Deus e o homem, dessa íntima relação amorosa que coloca o homem no âmago dessa polifônica e extraordinariamente bela sinfonia da criação. Por esta razão — reiteramos mais uma vez — a paz e a alegria são como uma consequência necessária dessa fonte de amor que é a oração. Já dizia o apóstolo Tiago: *Tristatur aliquis vestrum: Oret!* (Tg 5, 13), "Alguém de nós está triste? Que faça oração!". É um conselho diretamente inspirado por Deus.

A vida de oração, por um lado, e a alegria e a paz, por outro, são diretamente proporcionais. Não duvidamos em dizer: mais oração, mais amor, mais paz, mais alegria.

Se queremos ter uma profunda paz e alegria, mergulhemos no seio de Deus através da oração e encontraremos a infinita fonte que borbulha amor e felicidade. As almas de oração são felizes, diz Santo

---

10 Cf. Jean Lacroix, *La philosophie chrétienne de M Nedoncelle*, p. 115, cit. por Teofilo Urdanoz, op. cit., pp. 399-400.

Agostinho, porque "trazem Deus em si; a sua alma é um céu de alegria, porque Deus habita nela".[11]

É significativo que Nugent se refira à alegria e à paz precisamente depois de falar desse mergulho no amor de Deus que é a oração. A felicidade — a paz e a alegria — são fruto dessa abertura para Deus, dessa entrega confiante e amorosa nas Suas mãos: "Não hesitemos em abandonar-nos em Deus. Temos de lançar-nos a Ele como um desses dublês dos filmes antigos: antes de os estúdios passarem a usar gelatina, os atores conseguiam realmente arrebentar vidraças quando se lançavam com força contra elas. Se o impulso era suficiente, atravessavam-nas sem um arranhão; se hesitassem, podiam ser cortados em fatias pelos pedaços que caíam. Não duvidemos: "lancemos os nossos cuidados em Deus, e Ele nos nutrirá" (Sl 55, 23). Uma vez que tenhamos feito o melhor que podíamos — por mais que este esforço seja fraco e confuso — o próprio Deus proverá à nossa conversão. E, quando isso acontecer com você — porque acontecerá —, você passará pela mais entusiasmante e deliciosa experiência da sua vida, e a transformação curativa e profunda de todo o seu ser terá início. Não tenha receio acerca das suas possibilidades. O sentimento de tristeza e de desânimo que experimenta, pensando que Deus não é capaz de amá-lo ou que não o aceita, é parte da enfermidade depressiva, é uma mentira mesquinha, desonesta e destrutiva. É o Pai

---

11 Santo Agostinho, *Psalm 22*.

quem leva a cabo a parte principal deste trabalho, e não é exclusivamente pelos nossos esforços que avançamos. Nem é preciso estar morto para ver a Deus".[12]

Impressiona a segurança com que este advogado fala da sua experiência e da eficácia extraordinária que tem essa oração que se lança confiada e decididamente nos braços do seu Pai-Deus. Impressiona especialmente porque as suas experiências pessoais são muito parecidas com as conclusões a que chegam muitos homens e mulheres de Deus e as que tiramos da leitura dos *Manuscritos Autobiográficos* de Santa Teresa do Menino Jesus: o abandono de uma criança em Deus, seu Pai, é a fonte de toda paz e de toda alegria. A complicada "Teresinha" — em quem autores já viram uma tendência para a neurose — converteu-se muito jovem numa mulher madura, psicologicamente saudável, repleta de sabedoria, que nos ensina magistralmente, com o aprumo de uma verdadeira Doutora da Igreja, a eficácia da oração simples, própria das crianças.

Antes de concluir este capítulo, desejaria fazer um esclarecimento necessário. Não se pode pensar que o abandono em Deus, através da oração, represente uma solução única, para qualquer modalidade de preocupação ou depressão, como se fosse um tipo de "antibiótico" de eficácia polivalente para todos os males espirituais; como se se tornasse uma espécie de "panaceia", de "poção mágica" de valor terapêutico

---

[12] John Nugent, op. cit., pp. 49-50.

universal. Tal atitude implicaria — além de um desrespeito ao valor da ordem natural — algo absolutamente imaturo e simplório.

A pessoa humana é complexa. O humano e o divino, o psicológico e o somático, o espiritual e o material se entrelaçam em muitos níveis. A oração ocupa seu lugar como também o ocupam outros componentes: a medicina, a psiquiatria, a dimensão familiar, intelectual e profissional, o elemento afetivo e sexual, a incidência do descanso e do lazer...

Cada problema em seu nível tem a sua solução. De um modo singular, quando as preocupações têm um fundo biológico ou uma conotação patológica, é preciso a intervenção da medicina ou da psiquiatria. Quem tem a experiência de tratar pessoas com problemas de depressão de origem biológica compreende que, além da oração e do abandono nas mãos de Deus, precisa de uma adequada medicação e de atendimento clínico. Quantas vezes tenho acompanhado pessoas que, com uma vida espiritual sólida, de repente se veem envolvidas num processo depressivo: sentem que o chão desaparece dos seus pés; têm a impressão de despencarem num abismo de insegurança ou de esgotamento, incapazes de qualquer esforço físico ou intelectual; têm a sensação de estar-se afogando num mar de tristeza e começam a chorar sem poder inibir as suas lágrimas. Nestes casos, além de uma compreensão e um carinho infinitos, é preciso um acompanhamento profissional específico.

SERENIDADE e paz pela oração

Na oração encontramos tudo

Este esclarecimento que acabamos de fazer, obviamente, não tira valor ao caráter eminente e insubstituível da oração. A oração é algo indispensável. Qual a razão? A razão é que o homem é naturalmente religioso, essencial e metafisicamente religioso. Por quê? Porque o homem tende naturalmente à felicidade. Sente-se arrastado com uma força avassaladora para o amor, para a plenitude, para a expansão na beleza, na perfeição, na felicidade completa. E tudo isso, elevado a uma potência infinita, o encontramos em Deus. Religião significa precisamente um ligar e um religar-se com Deus. E isso se consegue fundamentalmente através da oração.

Nós não o sabemos plenamente; porventura temos de vez em quando apenas um lampejo dessa verdade: Ele nos criou para a felicidade e Ele é a fonte dessa felicidade. Num determinado momento, por um ato criador de Deus, saímos dessa incomensurável fogueira de amor que é Ele, como uma pequena faísca, e continuamente sentimos insondáveis saudades de mergulhar novamente nesse fogo, que envolve e transforma nosso ser como o ferro introduzido na fornalha. E a forja onde arde essa fornalha de Deus é a oração.

Necessitamos de Deus como necessitamos de ar, de alimento e de água, e quando de alguma maneira não o temos conosco, nos sentimos asfixiados, famintos, sedentos.

Mergulhando em Deus, estamos mergulhando nos nossos mais profundos anseios. Ao encontrá-lO de verdade encontramos uma paz e uma alegria tão profundas, que desejaríamos ficar assim confundidos com Ele para sempre. "A oração é esse mergulho". Também não o sabemos: a oração é tão necessária como o ar que respiramos, como a água que bebemos. Quando não há oração, os homens sentem-se inquietos como a corça sequiosa, quando não encontra a fonte de águas límpidas que procura. É por isso que no mundo não há paz.

Tudo isso o homem parece ignorá-lo, anda à procura da felicidade e pretende descobri-la no amor meramente humano, no prazer, na satisfação das suas ambições de poder, de domínio, de exaltação, e ali não a encontra. Ele desconhece que a fonte dessa felicidade está no mais profundo do seu ser, porque Deus está mais dentro de nós do que nós mesmos. E o canal para chegar a essa fonte é a oração.

Aqui está tudo. O homem deveria convencer-se de que aqui está tudo. Se compreendesse isto, não se sentiria tão insatisfeito, tão irrequieto e angustiado, tão inseguro e deprimido. Toda a sabedoria, toda a pedagogia humana, consistem em ensinar esta verdade tão simples e tão ignorada: na oração encontramos Deus. E, tendo a Deus, temos tudo. É o que gostava de repetir S. Francisco de Assis: "Meu Deus e meu tudo".

É por isso que dizíamos, antes, que a oração é algo indispensável: "A oração é o fundamento de toda a atividade sobrenatural."[13] São Tomás de Aquino, com a sua precisão característica, esclarece: "A oração é necessária, não para que Deus tome conhecimento das nossas necessidades, mas para que nós tomemos consciência da necessidade que temos de recorrer a Deus."[14] Os homens de Deus, que marcaram os caminhos da espiritualidade cristã, não falam da grande "conveniência" da oração, mas da sua necessidade absoluta, do seu caráter indispensável, como indispensável é alimentar-se ou respirar.[15] E João Paulo II, na Carta Apostólica *Novo Millennio Ineunte*, na qual dá as orientações fundamentais para o início do terceiro milênio, fala também que, para conseguir a santidade à qual são chamados todos os batizados, "é necessário um cristianismo que se destaque, antes de mais nada, na arte da oração".[16]

E continua dizendo:

> O ano jubilar foi um ano de oração, pessoal e comunitária, mais intensa. Mas a oração, como bem sabemos, não se pode tomá-la por garantida; é necessário aprender a rezar, voltando sempre de novo a conhecer esta arte dos próprios lábios do divino Mestre, como os primeiros discípulos: "Senhor, ensina-nos a orar" (Lc 11, 1). Na oração, desenrola-se aquele diálogo com Jesus que faz de nós seus amigos íntimos: "Permanecei em Mim e Eu permanecerei em vós" (Jo 15, 4). Esta reciprocidade constitui precisamente a substância da alma da vida cristã, e é condição de toda a vida pastoral autêntica. Obra do

---

13   Josemaria Escrivá, *Amigos de Deus*, São Paulo, Quadrante, 1979, p. 238.
14   São Tomás de Aquino, cit. em Santo Afonso Maria de Ligório, *A Oração*, 1. 8.
15   Cf. Luiz Fernando Cintra, *Como Orar?*, São Paulo, Quadrante, 1996, p. 5.
16   João Paulo II, *Novo Millennio Ineunte*, 17 de março de 2001, n. 32.

Espírito Santo em nós, a oração abre-nos, por Cristo e em Cristo, à contemplação do rosto do Pai. Aprender esta lógica trinitária da oração cristã, vivendo-a plenamente sobretudo na liturgia, meta e fonte da vida eclesial,[17] mas também na experiência pessoal, é o segredo de um cristianismo verdadeiramente vital, sem motivos para temer o futuro porque volta continuamente às fontes e aí se regenera.

Não será porventura um "sinal dos tempos" que se verifique hoje, não obstante os vastos processos de secularização, uma generalizada exigência de espiritualidade, que em grande parte se exprime precisamente numa renovada carência de oração? [...] A grande tradição mística da Igreja é bem elucidativa a tal respeito, mostrando como a oração pode progredir, sob a forma de um verdadeiro e próprio diálogo de amor, até tornar a pessoa humana totalmente possuída pelo Amante divino, sensível ao toque do Espírito, abandonada filialmente no coração do Pai. Experimenta-se então ao vivo a promessa de Cristo: "Aquele que Me ama será amado por meu Pai, e Eu o amarei e me manifestarei a ele" (Jo 14, 21). Trata-se de um caminho sustentado completamente pela graça, que desemboca, de diversas formas possíveis, na alegria inexprimível vivida pelos místicos como "união esponsal" [...].

As nossas comunidades, amados irmãos e irmãs, devem tornar-se autênticas "escolas" de oração, onde o encontro com Cristo não se exprima apenas em pedidos de ajuda, mas também em ação de graças, louvor, adoração, contemplação, escuta, afetos de alma, até alcançar a um coração verdadeiramente "apaixonado".

Seria errado pensar que o comum dos cristãos pudesse contentar-se com uma oração superficial, incapaz de encher a sua vida. Sobretudo perante as numerosas provas que o mundo atual põe à fé, eles seriam não apenas cristãos

---

17 Concílio Ecuménico Vaticano II, *Const. Sobre a Sagrada Liturgia, Sacrosanctum Concilium*, n. 10.

medíocres, mas "cristãos em perigo": com a sua fé cada vez mais debilitada, correriam o risco de acabar cedendo ao fascínio destes sucedâneos, aceitando propostas religiosas alternativas e acomodando-se até às formas mais extravagantes de superstição.

Por isso, é preciso que a educação para a oração se torne de qualquer modo um ponto qualificativo de toda a programação pastoral.[18]

Depois destas orientações fundamentais de João Paulo II, podemos concluir que a oração é o meio indispensável para viver o Cristianismo. Assim o expressa claramente Santa Teresa de Ávila: "Só há um caminho para se chegar a Deus: a oração; se vos indicarem outro, enganam-vos."

Nos nossos dias, dias atribulados, há muitos que não param de rezar. Estou escrevendo agora estas linhas, no mês de setembro de 2001, no momento em que as duas torres do World Trade Center acabam de desabar, implodidas por dois aviões suicidas. Nunca em Nova York se rezou tanto. Parece que ao desabarem esses símbolos do poder econômico, estava-se abalando com eles a paz precária de um mundo que já padecia de uma endêmica insegurança depressiva. Por esta razão é que as pessoas estão procurando na oração uma segurança e uma paz mais profunda que só Deus pode dar. Os repórteres nos estão dizendo que as livrarias religiosas da capital do consumismo mundial estão repletas de gente. Em nenhuma época do nosso tempo tem-se

---

18 João Paulo II, Carta Apostólica *Novo Millennio Ineunte*, 6 de janeiro de 2001, 11, 32-33.

aproximado de Deus tanto como nesses momentos em que se fala de uma espiral de violência, de uma escalada de represálias mútuas sem término nem fim. Mas nós pensamos: será necessário que uma catástrofe aconteça para nos aproximarmos de Deus, quando a nossa vida é tão frágil que está na simples dependência de um espasmo das nossas artérias ou de uma pequena gota de sangue coagulada em nosso cérebro? É significativo que seis meses antes dos terríveis atentados que estamos sofrendo, João Paulo II nos tenha alertado que um cristão sem oração é um cristão que corre perigo.

Escrevia, em 1960, Wernher Von Braun, o cientista alemão que abriu ao homem, com a sua genialidade, os espaços interplanetários:

> Nesta época de voos espaciais e explosões nucleares, é preciso conseguir uma atmosfera ética e moral que governe nosso controle de poder. Isto somente se pode conseguir dedicando muitas horas a essa concentração profunda que chamamos de oração. Eu me pergunto: queremos fazê-lo assim? É necessário esforçar-se em consegui-lo. A oração pode chegar a converter-se num trabalho realmente duro. Mas a verdade é que é o trabalho mais importante que podemos realizar no momento atual.[19]

A oração como estado

A palavra oração provém da raiz latina *oris*, "boca", e por isso à primeira vista tem uma conotação

---

19 Cit. por Daniel Elcid, *El Hermano Francisco*, Madri, BAC, 1981, p. 109.

verbal, indica que se verbaliza algo com a boca. Este conceito corresponde à ideia que se faz da oração vocal, ou que comumente se expressa, quando se diz rezar. Rezar e orar, contudo, não são palavras sinônimas, porque se pode orar sem rezar com a boca. Pode-se orar com a mente, com o pensamento. Daí deriva o termo oração mental. A oração mental, falando com acerto, não é apenas da mente: é da mente, do coração, do sentimento, da língua, da atitude, do silêncio, da contemplação e até do corpo.

Pode-se fazer oração juntando as mãos, dobrando os joelhos, estendendo os braços... Com as lágrimas, com os sorrisos, com os suspiros, com os gritos. Quantos já fizeram oração chorando, sorrindo, suspirando, clamando! Santa Teresinha se expressa nesse sentido de uma maneira encantadora: "Para mim, a oração é um simples olhar lançado ao céu, um grito de recolhimento e amor no meio da provação ou da alegria".[20] O importante é que se entenda que a oração é uma atitude vital que brota do mais íntimo da personalidade. Nesse sentido, pode-se dizer que não há apenas *momentos de oração*, mas também um *estado de oração*. Podemos dedicar determinados momentos à oração ou podemos assumir uma atitude vital, permanente, que constitua um verdadeiro estado de oração.[21]

---

20 Santa Teresa de Lisieux, *Manuscritos autobiográficos*.
21 Benedikt Baur faz de maneira muito precisa a distinção entre ato de oração e estado de oração. Cf. *A vida espiritual*, 3ª ed., Lisboa, Rei dos livros, 1995, pp. 206-214.

Conheço pessoas que vivem nesse estado de oração, como outras podem viver num estado de alegria, num estado de pessimismo, num estado de prostração, num estado de melancolia, num estado de paixão.

Que significa viver num estado de oração? É difícil explicar, mas o entenderemos se o compararmos com um estado de ânimo qualquer, por exemplo, com um estado de pessimismo. O pessimista enxerga tudo através de um prisma negativo, escuro, apreensivo; assume uma atitude que encara a vida de uma determinada maneira; cria nele um clima, uma atmosfera que continuamente respira, que o leva a pensar no lado ruim que todas as coisas têm. Contudo, talvez seja mais expressivo compará-lo ao estado em que se encontra uma mulher ou um homem apaixonados. Quem vive assim pensa continuamente na pessoa amada, quer estar ao seu lado o mais possível, ouvir as suas palavras, contemplar o seu rosto, sentir o seu contato...

O estado de oração é algo semelhante: é o estado de uma pessoa que está apaixonada por Deus. Talvez possa parecer esquisito que se tenha a ousadia de dizer que alguém está apaixonado por Deus. Mas dentro do ambiente do Cristianismo isso não é nada surpreendente. Com efeito, o primeiro mandamento do Senhor é este: "Amar a Deus com todo o coração, com toda a alma, com todas as forças" (Mt 22, 37). Este mandamento é como uma belíssima herança daquela "Lei do amor" que o povo escolhido viveu durante séculos, transmitida por Moisés de uma forma admirável e persuasiva: "Ouve, Israel: o Senhor é nosso Deus, o Senhor é único. Amarás ao Senhor, teu Deus, com todo o teu coração, com toda a tua alma e com todas as tuas forças. E estas palavras, que hoje te recomendo, estejam gravadas no teu coração; inculcá-las-á aos teus filhos, delas falarás quer estejas em casa, quer caminhes pela rua, ao deitar-te e ao levantar-te; prendê-las-á à tua mão como sinal, e servir-te-ão como frontal entre os olhos; escrevê--las-ás no limiar e nas portas da tua casa. Pois o Senhor é um Deus ciumento e está no meio de ti" (Dt 6, 4-10.15). Moisés pede que de todos os modos se tenha sempre na mente e no coração que é preciso amar a Deus com todo o coração, com toda a alma e com todas as forças. E não é isto precisamente amar com um amor apaixonado? E quem ama não quer estar sempre na presença do ser amado, não quer estar unido a ele continuamente? Uma pessoa verdadeiramente apaixonada não o está de forma intermitente. Não ama apenas em determinados momentos, vive num estado de paixão. João Paulo II, na Carta Apostólica já citada, tem a audácia de dizer que a oração há de chegar até a contemplação, até uma viva afeição, até o "arrebatamento do amor."[22]

Shakespeare belamente o manifesta, quando Romeu diz a Julieta, ao partir para Mântua: "Quero saber de ti todos os minutos da minha vida, porque sem ti cada minuto parece muitos dias".

---
22 João Paulo II, *Novo Millennio Ineunte*, 6 de janeiro de 2001, n. 33.

Esta expressão poética tão bela não se distancia, contudo, do que dizem os autores cristãos. Seria, nesse sentido, oportuno citar Dom Javier Echevarría: "O amor é a alma da vida cristã. A dinâmica do amor exige que o enamorado renove constantemente o seu impulso inicial, sem permitir que pereça pelo desgaste do tempo, ou que sofra um afrouxamento por causa da rotina, ou ainda que fique reduzido a simples e aborrecidas 'boas maneiras'". São Josemaria Escrivá dizia: "Deus me pegou no coração. [...] Um dia, por sua bondade infinita, sentimos a flechada que nos rendeu para sempre. E temos que procurar que esse amor continue e se faça a cada dia mais intenso, mais delicado."[23] Este é o papel insubstituível que a Eucaristia e a oração cumprem na vida espiritual. "Só uma oração intensa e assídua nos pode sustentar no cumprimento da missão."[24]

Que consequências práticas derivam desse estado de oração? Principalmente duas: uma presença habitual de Deus e uma disposição permanente de secundar os seus desejos, de dizer sim a tudo o que representa a Sua vontade. É como estar habitualmente numa atitude de escuta e de obediência. Como se os ouvidos da alma estivessem atentos para saber o que Deus deseja dela em cada momento. Ou melhor, é o estado de quem se sente filho de Deus e vive com a consciência contínua dessa filiação, desse olhar paterno depositado nele, da sua solicitude, do seu amparo e do seu amor solícito.

---

23   Josemaria Escrivá, 18 de agosto de 1968 (AGP.P01, XI-1969, pp. 21-23).
24   Javier Echevarría, *Para servir a la Iglesia*, Madri, Rialp, 2001, pp. 48-49.

É como viver mergulhado em Deus como o peixe na água, como viver respirando profundamente a atmosfera de Deus.

Oração: respiração da alma

"Fazer oração é como respirar", costumam dizer os autores espirituais.[25] Pio XI definiria a oração precisamente como "a respiração da alma em Deus". Respira-se continuamente, respira-se no repouso e no trabalho, respira-se dormindo e acordado. Assim é a oração: "Importa orar sempre sem desfalecer" (Lc 18, 1), diz o Senhor.

Ao respirar, expulsamos o ar viciado e inspiramos o oxigênio limpo que revivificará o nosso organismo. Da mesma maneira, ao viver esse estado de contemplativos no meio das nossas atividades humanas, em primeiro lugar devemos saber expulsar tudo aquilo que nos perturba: a inquietação, a preocupação inútil, a ansiedade que nos faz atropelar nosso trabalho, esse ativismo desenfreado que está muitas vezes motivado pela ambição de subir na escala social, pelo desejo de possuir bens materiais, pelo orgulho e a vaidade de sermos enaltecidos e exaltados... Devemos saber expulsar essa irritação que chega a tumultuar o ambiente de trabalho ou do lar, esse pessimismo que destila ao nosso redor insegurança, apreensão e temor; devemos saber expulsar essas ambições dominadoras que

---

[25] Cf. por exemplo Jean Daujat, *Viver o Cristianismo*, 2ª ed., Lisboa, Aster, 1973, pp. 63 ss.

nos levam a invadir o espaço de autonomia dos outros... Devemos saber dominar tudo isso, fazendo o trabalho ordenado, colocando as atividades e as coisas no seu devido lugar, dando a Deus, à família e aos outros o tempo que merecem; devemos saber purificar o nosso organismo dessa ambição egoísta, dessa trepidação que desgasta a nossa saúde, o nosso sistema nervoso e também o sistema nervoso dos que conosco convivem...

Para conseguir essa purificação da alma é muito útil fazer ao longo do dia algumas breves pausas refrescantes... Parar como param as águas do rio, para remansar e voltar depois ao curso da atividade com mais calma e com mais força. Parar e dominar-se. Parar e recuperar a serenidade. A calma de um remanso: a água toma-se transparente, pode-se enxergar o fundo do rio, o seu verdadeiro rosto. Da mesma maneira, quando fazemos uma pausa, os que nos rodeiam poderão também vislumbrar o nosso verdadeiro semblante e não a face turbulenta do desassossego, da pressa, do mau humor e da inquietação. Que necessária é essa paz para nossa alma, para o ambiente de trabalho, para o lar, para o cônjuge e para os filhos!

Essas pausas podem ser feitas de forma natural ao longo do dia. Poderíamos adquirir o hábito de aproveitar para isso as demoras que traz consigo o próprio decurso da vida: o telefone está ocupado, o ônibus ou o metrô não chegam, o trânsito está parado, o colega de trabalho ou a secretária demoram, a fila não termina, o consultório médico está repleto de gente. Seria muito saudável que nos acostumássemos a dizer a nós mesmos: "Puxa! Faz duas horas que você está dando um duro. Pare um pouco! Tome um golinho de água, um cafezinho, dê uma olhadela no jornal, fale com o colega do lado, pergunte-lhe como estão sua esposa e os seus filhos".

Sem que isto se prolongue demais ou represente uma perda inútil de tempo, estes momentos repousantes podem ser a ocasião para recolher-se, fazer uma breve oração, olhar para o crucifixo ou uma imagem de Nossa Senhora que sempre deveríamos ter por perto. Ou, em questão de segundos, formular uma breve pergunta: "Estou fazendo neste momento o que devo fazer, ou da maneira que devo fazê-lo? Estou trabalhando com retidão de intenção ou estou me deixando dominar pela vaidade, pelo espírito de competição? A minha atividade está cadenciada pelo comprimento do dever ou atrelada à trepidação, à ansiedade, à pressa ou à irritação? Trabalho ao ritmo intenso de um bom profissional ou estou-me deixando levar pelo compasso do desleixo ou da preguiça? Estou cumprindo a vontade de Deus ou simplesmente os ditames do meu capricho?"

Sei de alguns profissionais que têm o costume de telefonar para casa na hora do almoço para saber como andam as coisas por lá, dar um apoio à sua esposa e aproveitar esse ensejo para rezar pela família. Conheço certos operários, taxistas, donas-de-casa, empregadas domésticas, técnicos, enfermeiras e médicos que têm o costume de parar exatamente ao meio-dia para rezar o Angelus, unidos ao Papa e a todos os seus irmãos que no mundo inteiro têm também esse antigo costume cristão.

A sua experiência e criatividade — estou certo — saberá apresentar aqui outros recursos semelhantes. Trata-se, enfim, de utilizar os meios convenientes para nos desintoxicarmos, para depurar do nosso organismo espiritual essas "toxinas" que em doses microscópicas envenenam o nosso sangue, para interiorizar-nos e recuperar o equilíbrio, para sermos nós mesmos e não um apêndice das circunstâncias, uma biela movida por um motor que não é o nosso. Para recuperar a paz se a perdemos, ou aprofundar na paz, se nela estamos... E, depois de libertar-nos desse ar viciado, respirar, encher os pulmões de ar puro.

Respirar. Assim como é necessário oxigenar continuamente o nosso corpo com a respiração, também é necessário revitalizar a nossa alma continuamente com a oração. Se não respiramos, fisicamente morremos. Se não oramos, espiritualmente caducamos. Por isso, o Senhor nos diz: "Orai sempre sem desfalecer" (cf. Lc 18, 1). "Orai sem cessar" (1Ts 5, 17), repete São Paulo.

Mas, perguntaríamos, como podemos orar continuamente, se passamos o dia ocupados em mil trabalhos e comprometidos com mil responsabilidades? Para responder a essa pergunta devemos lembrar o que já dizíamos, quando falávamos do estado de oração: uma pessoa apaixonada lembra-se continuamente do seu amor; a sua presença está implícita na motivação, na alegria, no entusiasmo do seu trabalho... É como se interiormente dissesse: "Por ti trabalho, por ti sofro, por ti me alegro". Isso é o que vivencia uma mãe de família pensando nos seus filhos, um noivo pensando na sua noiva... E também Maria, lá em Nazaré, contemplando Jesus no meio dos seus afazeres domésticos.

Não há dúvida de que, quando algo ou alguém é a motivação do nosso trabalho, esse algo e esse alguém estão presentes implicitamente nesse trabalho. São Tomás refere-se a esta ideia de uma maneira muito precisa: "Quando de duas coisas uma é a razão da outra, a ocupação da alma em uma não impede nem diminui a ocupação na outra. E como Deus é apreendido pelos santos como a razão de ser de tudo quanto fazem ou conhecem, a sua ocupação em perceber as coisas sensíveis, ou em contemplar ou fazer qualquer outra coisa, em nada lhes impede a divina contemplação, e vice-versa".[26]

A razão de ser, a motivação de Maria, era Jesus. E a sua lembrança, a sua contemplação não só não impediam a realização do seu trabalho, mas a incentivavam a intensificá-lo e aperfeiçoá-lo.

Essa presença implícita toma-se explícita em determinados momentos, como quando a namorada puxa da bolsa a fotografia do namorado e se delicia olhando para ele, como quando Maria entra na oficina de Nazaré e abraça o seu filho, como quando um profissional qualquer olha para o crucifixo que discretamente colocou em cima da mesa de trabalho,

---
26 São Tomás de Aquino, *Summa Teológica*, Suppl., q. 82, a. 3., ad. 4.

ou a dona de casa levanta o olhar para o quadro de Nossa Senhora que está pendurado na sala...

Conheço pessoas que têm o costume de levar uma estampa da Virgem Maria na carteira e nela prestam atenção, quando vão procurar dinheiro ou um cartão de visitas ou de crédito. Sei de pessoas comuns que têm o costume de rezar algumas jaculatórias — orações breves, rápidas — quando sobem a escada ou abrem uma porta. É costume cristão, difundido entre milhões de famílias, abençoar e dar graças antes e depois das refeições ou rezar o *Angelus*, como já indicamos.

Mais ainda, há pessoas que provocam, incentivam a contemplação com "despertadores" da presença de Deus. Lembremos que Moisés recomendava colocar aquelas palavras da Lei do amor supremo — "Ama teu Deus com todo o teu coração..." — gravadas não apenas no coração, mas escritas no limiar e nas portas da casa ou presas na mão como sinal e lembrança, para *despertar* a presença do Deus vivo que deve ser amado de forma eminente.

Conheço gente que tem o costume de oferecer o trabalho quando começa e termina a jornada, que se lembra de Deus habitualmente quando tocam as horas no relógio (os digitais eletrônicos são muito úteis para essa finalidade), que guardam em sua gaveta uma estampa de Nossa Senhora, que colocam o crucifixo na cabeceira da cama ou no local de trabalho, que cumprimentam os anjos da guarda do seu lar ou das pessoas que encontram no seu trabalho... E não é gente "carola"; são homens e mulheres comuns que sabem santificar-se na sua vida corriqueira com a maior naturalidade.

Encontrei certa vez um motorista de táxi que levava uma imagem de Nossa Senhora ao lado do volante. Comecei a conversar com ele. Deixou-me pasmo. Ele me dizia que tinha conseguido manter a presença de Deus no seu trabalho de uma maneira muito simples: "As voltas que dou para a direita digo Jesus, Jesus, Jesus...; as voltas que dou para a esquerda digo Maria, Maria, Maria... E, quando se aproxima um perigo, aí chamo forte a Miguel". "Quem é Miguel?", perguntei. "Ora, Miguel é o nome que dei ao meu anjo da guarda", respondeu-me. "Ele é poderoso! Funciona!" Que pessoa simples, encantadora! Mas precisava vê-lo: rosto másculo, força de um touro...

Poderia contar nesse sentido muitos exemplos. Descobri na mesa de trabalho de um engenheiro um sinal estranho que claramente se destacava na capa da sua agenda de mesa. Mostrei a minha perplexidade: o que significa isso? Ele sorriu: "É o sinal matemático *sigma*, que significa 'somatório'. Quando o vejo, lembro-me de que Deus está querendo que a minha vida seja um 'somatório' de minutos heroicos. Isto me ajuda a manter uma presença de Deus 'cutucadora'. Parece que me diz: 'Vamos, não seja mole, trabalha com ritmo, oferece a Deus esse trabalho bem feito, não percas nem um minuto'".

Alguém que queria publicar um artigo do Cardeal Wojtyla, escrito em polonês, observou que no manuscrito — ininteligível para ele, que não conhecia essa língua — encontrava, vez por outra, uma frase em latim que nada tinha a ver com o texto. Pouco a pouco, foi descobrindo que o futuro João Paulo II anotava jaculatórias em latim dirigidas a Jesus e a Maria, que o ajudavam a manter-se na presença de Deus durante o seu trabalho de redação.

Numa reunião numerosa, contava Josemaria Escrivá — não com estas palavras — a história verídica de um motorista de caminhão que deu "carona" a um senhor que lhe acenava junto à estrada com uma mala na mão. Este perguntou ao motorista se estava sozinho e se poderia levá-lo. O motorista hesitou um pouco e depois disse: "Sim, estou sozinho, posso levá-lo".

Depois de subir no caminhão e de terem percorrido já uma certa distância, o homem perguntou ao motorista por que hesitara ao dizer-lhe que estava sozinho, já que era evidente que não havia mais ninguém no caminhão.

"É que eu nunca estou sozinho", respondeu o motorista. "Sei que Deus vai sempre comigo, que mora no meu coração e que posso conversar com Ele enquanto viajo."

O outro ficou com a fisionomia transtornada, entrou num profundo silêncio e, depois de alguns momentos, disse: "Pare, pare, por favor. Quero descer..." "Que aconteceu?"

"Nada. É que sou o pároco da cidadezinha que deixamos para trás, e estava abandonando a paróquia e o meu sacerdócio... Você acaba de me indicar que não é esse o meu caminho..."

SERENIDADE e paz pela oração

Deus serviu-se da vivência daquele homem simples para tocar o coração de um sacerdote de mãos ungidas — que certamente tinha deixado de orar — e também está se servindo dela agora para lembrar-nos de que a nossa união com Deus, através da oração, é a melhor garantia para a nossa fidelidade e, muitas vezes, para a fidelidade dos outros.

São apenas alguns significativos exemplos dessa longa história de homens e mulheres que, desde os primórdios do Cristianismo, se esforçaram para converter o trabalho em oração, para conseguir que a oração seja contínua, como a *respiração da alma*.

Não podemos deixar de insistir que este estado de oração termina tornando-se um estado de paz. Estando com Deus, estamos com o Príncipe da Paz (Is 9,5), com o Artífice da paz. Essa paz, essa serenidade imutável que observamos em algumas pessoas são fruto de uma vida enraizada na oração. Quando alguém está mergulhado no seio de Deus, as tempestades da vida podem perturbar a superfície da sua alma, mas não o seu íntimo. Vivem numa tranquilidade semelhante à que se encontra nas profundidades abissais do oceano.

Momentos fortes de oração

O nosso corpo, dizíamos antes, tem necessidade de uma respiração constante, mas precisa também de momentos de oxigenação mais profunda. Os médicos recomendam movimentação física, ginástica respiratória, exercícios "aeróbicos" que facilitam precisamente essa função. Quando aumenta a atividade metabólica, o organismo reclama mais oxigênio, a circulação torna-se mais intensa e assim o oxigênio chega até os últimos vasos sanguíneos, vivificando todas as células; as artérias, irrigadas por um fluxo sanguíneo mais acelerado, ficam livres de plaquetas gordurosas, aumentando a sua capacidade condutora e evitando possíveis infartos.

Algo parecido acontece com o organismo espiritual. Além da respiração contínua que representa a presença de Deus habitual — o estado de oração — ele precisa de momentos mais fortes, em que a "respiração da alma", que é a oração, torna-se exercício intenso e exclusivo.

Essa necessidade pode ser entendida de um modo mais claro se pensamos que a vida de oração é uma vida de amor. Quem ama não se satisfaz com uma simples lembrança do seu amor ao longo da vida, deseja encontrar-se com ele em momentos determinados, os mais longos possíveis, quer que a sua presença física, o seu relacionamento se torne algo vivo, privativo e total.

Há gente que não tem a generosidade de dedicar a Deus um tempo exclusivo e desculpa-se alegando: "Eu rezo a toda hora, eu estou sempre na presença de Deus, não vejo a necessidade de dedicar um tempo à oração". Isto é uma justificativa sem consistência. Gandhi, que não era cristão, mas era um homem de fé, disse algo que está de acordo com toda a psicologia do amor: "Quando se aceita a existência de Deus, a necessidade da oração torna-se indiscutível. Não sejamos tão presunçosos a ponto de afirmar que toda a nossa vida é uma oração e que, portanto, é supérfluo reservar para ela determinados horários"[27] Deixemos de lado qualquer subterfúgio e dediquemos a Deus — a quem devemos amar com todo o coração — um tempo adequado e exclusivo. Ele é, por definição, o único ser necessário. O resto é contingente. Não nos esqueçamos nunca daquelas palavras do Senhor, recriminado o trabalho de Marta e louvando a atitude orante e contemplativa de Maria: "Marta, Marta, tu te preocupas e andas agitada por muitas coisas. Porém só há uma coisa necessária, Maria escolheu a melhor parte" (Lc 10, 38-42).

Aquele que tem interesse por alguma coisa consegue tempo para ela. As pessoas muito ocupadas marcam as suas prioridades e escalonam as atividades do dia em função dessas prioridades. A prioridade das prioridades é Deus. Deus é o Alfa e o Ômega. O criador do tempo: Aquele que pode permitir que a nossa vida chegue até os cem anos ou fique na metade. Seria tão insensato negar tempo ao *dono do tempo* como recusar dez reais àquele de quem esperamos receber um milhão.

A generosidade para com Deus abrange tanto a duração do tempo que lhe dedicamos, como o momento preciso que devemos reservar para Ele. Não se trata de prolongá-lo demasiado, comprometendo

---

[27] Mahatma Gandhi, *Palavras de Paz*, São Paulo, Cidade Nova, p. 15, cit. por Luiz Fernando Cintra, op. cit., p. 43.

outras responsabilidades. Dez ou quinze minutos, no início, poderiam ser suficientes. Depois, de acordo com a ajuda de um bom diretor espiritual, este poderá ir aumentando.

É necessário determinar o momento concreto para fazer oração. Há, entre outras, uma forma "manhosa" de querer ser amável com uma pessoa e, ao mesmo tempo, de não querer assumir qualquer compromisso: dizer-lhe: "Apareça lá em casa qualquer hora dessas...". Desse modo sabe-se que, na certa, não aparecerá nunca... Com Deus acontece o mesmo. Se queremos encontrar-nos com Ele, precisamos marcar uma hora. Não podemos pensar manhosamente: "Quando der certo", porque não dará nunca. O Catecismo da Igreja Católica nos diz, neste sentido: "Não fazemos oração quando temos tempo: reservamos um tempo com firme determinação para estarmos com o Senhor" E o tempo que devemos[28] dedicar a Deus tem que ser, por exigência da sua dignidade, o melhor tempo: o tempo nobre.

Dificuldades para orar

Nesses momentos especialmente dedicados à oração, nesses momentos fortes, podem surgir alguns obstáculos. Ao falar das possíveis dificuldades para fazer oração, poderíamos dizer, preliminarmente, que existem dificuldades de fundo e dificuldades de método.

---
28   Cf. *Catecismo da Igreja Católica*, n. 2710.

As dificuldades de fundo

As dificuldades de fundo — as dificuldades substanciais — podem ser várias, mas essencialmente só há uma: a falta de amor. Dissemos que, quando alguém está enamorado, quer estar sempre perto da pessoa amada, deseja ardentemente a sua presença, o seu olhar, o seu contato, as suas palavras. Quem não ama, guia-se só por interesses ou conveniências. Aí é que encontramos a dificuldade substancial para relacionar-nos com Deus Nosso Senhor: falta a indispensável motivação do amor.

Falando com exatidão, o pecado, considerado em si mesmo, não é o que causa o afastamento da oração. Quem ama e peca se arrepende. Quando marido e mulher brigam, se há amor, pedem-se mutuamente perdão, com palavras de carinho e de desculpa pela ofensa cometida. O amor se constrói muitas vezes com os escombros dos conflitos, das crises e das desavenças superadas. Mas o que mata o relacionamento conjugal, como o relacionamento com Deus, é a falta de amor, a indiferença, o desleixo, a frieza ou talvez essa tepidez morna chamada *tibieza*.

O pecador arrependido grita como gritava o bom ladrão na cruz ou o pobre leproso, à beira do caminho: "Senhor, se queres, podes curar-me!" (Mc 1, 40). Quando há fé e amor, corremos para o Senhor, mostrando-lhe as nossas chagas, os nossos pecados, para que seja Ele realmente o nosso Salvador. Ele veio para curar os doentes e salvar os pecadores (Mt 9, 12-13). E é na oração que lhe damos a oportunidade para desempenhar o título que mais lhe agrada: o de *Salvador*.

Não, o que nos afasta da oração não são propriamente os nossos pecados; é a falta de disposição para superar uma determinada atitude de distanciamento; uma recusa a entregar algo que Deus nos pede; um hábito que não queremos erradicar, uma postura de desleixo no cumprimento dos nossos deveres, uma falta de generosidade crônica, um descuido costumeiro na nossa vida de piedade, um apego que sabemos desagradar a Deus, uma amizade inconveniente que não queremos deixar... Tudo isso vem a ser como uma névoa espessa que nos distancia de Deus, como uma película translúcida que nos impede de ver o Seu rosto. Se quiséssemos encontrar uma comparação adequada, recorreríamos novamente à metáfora do amor humano. Há uma diferença muito grande entre a relação de dois esposos que brigam e se reconciliam com um amor renovado, e essa outra que, sem rupturas, discorre nas trilhas da rotina, do trato convencional, de um relacionamento aparentemente correto, mas sem autêntico amor.

O mesmo acontece com o amor de Deus. O que nos separa do Senhor não é o pecado de quem sofre por ter ofendido a Deus, mas a tibieza de quem compactua com os seus desleixos, com as suas concessões à preguiça, com os seus hábitos de egoísmo e sensualidade, que não chegam talvez à ruptura do pecado grave, mas que criam na alma uma atmosfera de indiferença, de insensibilidade estabilizada, de distanciamento.

SERENIDADE e paz pela oração

Não podemos analisar aqui todas as situações que compreendem este estilo de vida espiritualmente relaxado, mas vamos deter-nos em algumas delas.

A primeira consiste numa atitude de *falta habitual de entrega*. A consciência de que Deus nos está pedindo alguma coisa e nós não estamos dispostos a entregar é algo que necessariamente nos distancia d'Ele. É como o marido que, por exemplo, tivesse um costume que desagrada profundamente à esposa, como o de beber, e tentasse demonstrar-lhe o seu amor de outra maneira, com agrados ou presentes, sem mudar esse hábito que repugna à mulher. Haveria sempre entre os dois uma barreira. Estaria sempre pairando entre eles esta pergunta: "Se me ama de verdade, por que não muda de comportamento?".

Nas nossas relações com Deus se passa algo semelhante. Ninguém pode fazer oração se não tem a corajosa sinceridade de perguntar ao Senhor, antes de mais nada, como Paulo lá na estrada de Damasco: "Senhor, que queres que eu faça?" (At 9, 6). Talvez nem sequer precise perguntar--Lhe: no fundo, já o sabe e por isso mesmo tem receio de apresentar-se abertamente diante d'Ele com essa sinceridade rasgada. É por isso que muitos rejeitam a oração verdadeira, transparente, ou se comportam nela com reservas e justificativas, como se tentassem esconder-se do rosto de Deus, à semelhança de Caim (cf. Gn 4, 14), como se pretendessem velar a sua conduta por trás da máscara das desculpas. Não há oração autêntica quando não há sinceridade.

Outra dificuldade que nos afasta da oração é a *superficialidade*: a dissipação e a leviandade são como substâncias repelentes da amável ação de Deus na nossa alma. "Suponhamos que onde o Espírito Santo quer entrar", escreve o Padre Plus,

>não há mais que loucas preocupações, estrépito, agitações, turbulências, delírio de velocidade, ativismo incessante, procura inconsiderada de ninharias que se agitam: para que Ele vai pedir audiência?
>Deus não se comunica com o ruído. Quando descobre o interior de uma alma obstruído por mil coisas, não tem nenhuma pressa em entregar-se, em ir alojar-se no meio dessas mil ninharias. Tem seu amor-próprio. Não gosta de colocar-se no mesmo nível da quinquilharia. Quanto mais a alma se derrama nas coisas, tanto menos o Espírito Santo insiste.
>Se, pelo contrário, observa que alguém se desvencilha dessas bagatelas e busca o silêncio, Ele se lhe aproxima. Isto O entusiasma. Pode manifestar-se, pois sabe que aquela alma O ouvirá. Nem sempre se manifestará de uma maneira patente; mas a alma, com certeza, mesmo que não claramente, será convidada a subir... Outra razão pela qual a alma que aspira à fidelidade viverá recolhida, é que o Espírito Santo sopra não só onde quer, mas também *quando quer*. Em qualquer momento nos pode vir um convite. Em todo momento, por conseguinte, é necessário estar atento; não, certamente, com atenção ansiosa, mas sim sensível, inteligente, em harmonia perfeita com a sábia atividade de uma alma entregue por completo ao seu dever.
>"Infelizmente, a maioria das pessoas vive na janela", como dizia Frossard: "preocupadas unicamente com o barulho, com o ir e vir da rua, e não dirigem nem um só olhar Àquele que, em silêncio, espera na morada interior,

com muita frequência em vão, para poder entabular uma conversa íntima".[29]

Esta atenção habitual e esta fidelidade ao Espírito Santo são essenciais para o crescimento de nossa vida espiritual. Deus subordina certas graças a outras. A quem é fiel a uma primeira graça, Ele concede outras e outras cada vez maiores. O ângulo vai-se abrindo progressivamente. Entretanto, ao desprezar uma, talvez se esteja desprezando um verdadeiro rosário de graças que levaria a uma perfeita união com Deus.

É necessário recolher-se. Ninguém pode dialogar em profundidade com uma pessoa quando está prestando atenção a outras coisas, por exemplo, ao rádio ou à televisão. Um mínimo de respeito a Deus exige recolhimento: desligar o rádio da imaginação ou a televisão da curiosidade.

Quem não é capaz de dedicar a outra pessoa uma atenção exclusiva é porque não a ama.

Recolher-se e fazer silêncio é difícil no mundo em que vivemos. Tudo parece que chama à novidade, à mudança, às notícias sensacionalistas, às solicitações que continuamente estão sussurrando nos nossos ouvidos. Tudo isso vem agitar os nossos sentidos, a nossa imaginação, os nossos pensamentos, o nosso coração. Tudo isso cria em nós a confusão e perturba a nossa oração. É preciso aprender a sossegar a nossa mente e o nosso coração como se pacifica uma criança que chora e esperneia. E isso é possível, pouco a pouco,

---

[29] Cit. por Antonio Royo Marin, *El gran desconocido: El Espíritu Santo y sus dones*, 4ª ed., Madri, BAC, 1977, pp. 218-219.

com paciência. No âmbito desse silêncio surgirá, às vezes de forma espontânea, um suave pensamento com sabor de oração. Lembremos aqueles versos de Paul Valéry: "Cada átomo de silêncio é a chance de um fruto maduro".[30]

Toda existência humana que está acima da frivolidade, possui sempre uma dimensão profunda, íntima, voltada de alguma maneira para o recolhimento interior cujo sentido pleno se encontra no relacionamento com Deus. Recolher-se é "juntar o que está disperso", restabelecer a ordem interior perdida, evitar a dissipação, colocando Deus no centro das nossas atenções. O recolhimento, o silêncio e a solidão criam a atmosfera na qual pode brotar a faísca que acende a fogueira do amor.

In silentio et in spe erit fortitudo vostra. "No silêncio e na esperança estará vossa fortaleza" (Is 30, 15). Não será que nos falta fortaleza para levar os fardos desta vida porque nos falta o silêncio indispensável para fazer oração? Não será que as nossas inquietações e fraquezas provêm da falta de trato com o Senhor? Responderíamos afirmativamente, se levássemos em consideração as palavras do Salmo: "Só em Deus repousa a minha alma, só d'Ele vem a salvação. Só Ele é o meu rochedo e a minha fortaleza: jamais vacilarei" (Sl 61, 2-4).

Que dizer, contudo, das indesejadas distrações? Como evitar os voos da imaginação e a natural tendência a dispersar-nos?

---
30 Cit. por Henri Caffarel, *Cartas sobre a oração*, São Paulo, Flamboyant, 1962, p. 129.

Sem dúvida, convém fazer um esclarecimento a esse respeito. Há distrações na oração que são consequência de uma dissipação, de uma leviandade imoderada, de um espírito de superficialidade que pode e deve ser evitado: a oração é a vida, e uma vida debruçada na janela da curiosidade, perturbada com a agitação e o ativismo, dá como resultado uma oração dispersa e tumultuada: o templo solene da alma converte-se em um mercado de quinquilharias. Aí é impossível o recolhimento necessário para falar com Deus. É necessário esforçar-se para evitar esse tipo de distrações, procurando superar a dispersão ao longo do dia para criar um clima habitual de contemplação. Adubamos assim o terreno para conseguir a fecundidade naqueles *momentos fortes* que dedicamos exclusivamente à oração.

No entanto, existem outros tipos de distrações involuntárias que são consequência da nossa fraqueza natural. São, nesse sentido, muito esclarecedoras as ponderações que faz o autor alemão Benedikt Baur:

> Quando, contra a nossa vontade, nós não conseguirmos nos libertar nem nos proteger das tentações, não vale a pena desanimar nem entristecer por isso, como se não tivéssemos orado com retidão: basta que aceitemos a cruz das distrações e da nossa incapacidade, unindo-nos à vontade de Deus, e esta união amorosa, este *sim* da nossa vontade será já uma oração autêntica, fecunda e santa [...].
>
> É um sentimento altamente consolador o fato de que a nossa impotência e as nossas frequentes distrações não prejudicarão de modo algum as nossas orações, enquanto

em nós existir essa atitude de abandono à vontade de Deus e aos seus desígnios. Um ato de oração que brota de semelhante atitude é sempre uma oração perfeita, pois esse sentimento de abandono na vontade de Deus é propriamente a oração essencial; que a esta se junte ou não a chamada devoção acidental ou sensível, um intenso vibrar da nossa afetividade, pouca importância tem.

Quanto mais profundamente compreendermos o sentido e a essência da oração cristã, tanto mais livres estaremos de todos os enganos e ilusões que atormentam tantas almas boas. Deve ficar bem assente que a essência da oração reside nesta atitude de união da vontade própria com a vontade de Deus. Orar é querer orar.[31]

Esta postura serena está muito de acordo com o espírito de infância espiritual que Santa Teresinha nos transmitiu: quando dormia e se distraía na oração, consolava-se pensando que também as crianças dormem e se distraem, quando estão com seus pais. Mas este espírito não dispensa a luta para evitar as distrações, nem tira valor à aguda consideração que faz São Cura D'Ars: "As moscas das distrações fogem de uma oração fervorosa como fogem da água que está fervendo".

Há, enfim, quem não faz oração por *falta de tempo*. Voltamos a repetir, quem não tem tempo para outra pessoa é porque não a ama. Tive oportunidade de verificar a verdade de que nos falam as biografias de João Paulo II: ele dedica longos espaços do seu dia à oração. Nas capelas das residências em que se hospedou no Brasil, foi surpreendido com frequência

---

31 Benedikt Baur, *A vida espiritual*. 3ª ed., Lisboa, Rei dos Livros, 1995, pp. 213--214.

prostrado diante do Sacrário em oração, a altas horas da noite. Depois de um dia esgotante o Santo Padre tinha tempo para Deus. É daí, talvez, que ele tira toda essa força e vibração que comove as multidões. Ninguém, nesse sentido, poderá alegar que está mais ocupado que o Papa!

Insistimos: não é um problema de tempo, mas de prioridades. E a prioridade de um cristão é o amor de Deus. Reparemos nas ponderações que faz Henry Caffarel:

> Tome uma fita métrica. Coloque-a ante os olhos, desenrolada, em cima da sua escrivaninha. Corte os quatro últimos centímetros. Restam-lhe 96. Suponha que cada centímetro represente um dos 96 quartos de hora do dia. Agora, partindo da esquerda conte 32 ou 36 centímetros, isto é, 32 ou 36 quartos de hora: isto representa o seu tempo de sono. Acrescente 36 ou 40 centímetros: é o seu tempo de trabalho; mais 4 ou 5 para os deslocamentos; 6 ou 8 para as refeições. Depois olhe na extremidade direita o último pequeno quarto de hora, o 96º. É bem pouca coisa em relação ao conjunto, no entanto, é precisamente essa insignificância que você quer negar ao Senhor! Acha, com sinceridade, que isso é dar a Deus a melhor parte?
> Esse pequenino quarto de hora, para quem o consagra a Deus, transfigura miraculosamente os outros 95, comunicando-lhes sua vibração de prece.[32]

São Cesário de Arles, já no século VI, arguia a nossa mesquinharia com estas palavras: "Que espécie de gente somos nós que, quando Deus dá, queremos

---

[32] Henri Caffarel, op. cit., pp. 27-28.

receber e, quando Ele pede, nós nos recusamos a dar? [...] Ó homem, com que coragem queres pedir aquilo que te negas a dar!"[33]

Que insensato resulta — já o dizíamos — que alguém não tenha tempo para o dono do tempo! Será que não sabemos que Deus pode prolongar ou diminuir a nossa vida de acordo com a sua vontade? Será que não saberíamos aplicar aqui essa regra de proporcionalidade estabelecida pelo próprio Senhor do tempo: "Dai e dar-se-vos-á, porque na medida em que derdes, nessa mesma medida recebereis?" (Lc 6, 38). Será que não chegamos a compreender que a quem é generoso, dando o seu tempo a Deus, Ele lhe dará, talvez por isso, uma longa vida e, sem dúvida, uma felicidade interminável?

Quem diz que não tem tempo para orar é tão insensato como o capitão de um navio que diz não ter tempo para olhar a bússola ou as cartas de navegação e depois se extravia, perdendo dias ou talvez a vida inteira. Se estamos nos dirigindo para uma eternidade feliz, a meditação é a melhor maneira de encontrar o rumo certo.

Quem diz que não tem tempo — voltando a repetir o *leitmotiv* deste capítulo — é como aquele que não tem tempo para amar, o que é a mesma coisa que não ter tempo para viver. Pois a vida sem amor não é vida.

O livro *Aprender a envelhecer* conta uma história que revela uma grande sensibilidade. Uma senhora

---
33 São Cesário de Arles, *Sermão* 25. I: CCL 103. 111-112.

idosa recorda uma passagem da sua infância: "Todas as noites, já a ponto de dormir, quando a mãe passava pela porta do seu quarto, atarefada nos afazeres próprios de uma família numerosa, a menininha olhava-a e pensava: 'entrará agora e me dará um beijo?'. E adormecia sonhando com uma carícia. Não há dúvida de que a mãe nunca reparou naquele mudo desejo de uma criança que, ainda aos 90 anos, continuava a sonhar com um beijo que a sua mãe não lhe dera."[34]

Todo ser humano precisa de carinho como essa criança, precisa de uma palavra amável, de um agrado, de um aperto de mão, de um abraço, de uma carícia, como esta menina necessitava. Não importa a idade. Alguma vez já pensamos que Cristo está no Sacrário, sozinho, e nós passando ao lado de uma igreja não Lhe vamos fazer uma visita, ou pelo menos não entramos com o coração dentro do tabernáculo para cumprimentá-Lo? Alguma vez já tomamos consciência de que nesses dias tão repletos de atividade não tivemos tempo para fazer um momento de companhia ao Senhor? No silêncio do nosso quarto ou no recesso do nosso lugar de trabalho, já ponderamos que passamos perto d'Ele — porque Ele está em todo lugar — como a mãe passava apressada pela porta do quarto da sua filha, sem prestar a mais leve atenção? Já chegamos a conscientizar-nos de que nosso Senhor é o ser humano com a maior sensibilidade que cabe numa criatura, e não deixará

---

34 Clara Janés; Luz María de la Fuente, *Aprender a envelhecer*. São Paulo: Quadrante, 1995, p. 47.

de sentir a nossa desatenção, como aquela senhora que, já com noventa anos, ainda se lembrava das suas infantis carências afetivas e sonhava com um beijo da sua mãe? Que trabalhos tão importantes poderia ter a mãe a ponto de fazê-la esquecer o que havia de mais importante na sua vida, que era dar carinho para sua filha? O que haverá de tão importante em nosso dia a dia que nos impeça de ter tempo para oferecer um pouco do nosso afeto Àquele que deu a sua vida por nós?

Entre outras, há uma passagem evangélica que revela de forma expressiva a sensibilidade humana de Jesus. Estava em casa de Simão, o fariseu. Este descuidou os gestos tradicionais da hospitalidade israelita. Uma mulher pecadora entra intempestivamente e, prostrada, beija, entre lágrimas, os pés de Jesus, demonstrando assim o seu arrependimento. Simão e os comensais se escanda lizam. E Jesus dá uma lição de delicadeza humana: "Vês esta mulher? Entrei em tua casa e não me deste água para os pés; ela, porém, banhou-os com as suas lágrimas e enxugou-os com os seus cabelos. Não me deste o ósculo de boas-vindas, mas ela, desde que entrou, não deixou de beijar os meus pés" (Lc 7, 44-46). Reparamos no significado desta passagem? Há como que um acento de tristeza nas palavras de Cristo. O Senhor que sofre a Paixão, por amor, sem pôr limites aos seus sofrimentos, sem reclamar uma palavra, sente falta dessas manifestações habituais de cortesia e de carinho na casa de Simão. E a você e a mim, não terá nada que nos censurar, quando passamos ao seu lado sem dizer-Lhe uma palavra de afeição, quando gastamos o dia trabalhando e não temos nem sequer quinze minutos para fazer-Lhe companhia na oração?

É o momento de fazermos um exame de consciência: quando uma pessoa estranha não presta atenção a nós, não ficamos magoados, mas quando uma pessoa ligada a nós pelos laços de família ou de amizade nos trata com desafeto, quanto nos dói esse comportamento! Quanto há de doer a Jesus esses sinais de mesquinharia, quando nós, seus amigos, não sabemos reservar para Ele um tempo generoso, nobre, para dialogar com Ele!

O Senhor perdoa os graves erros da pecadora. Os gestos de amor e de arrependimento daquela pobre mulher suscitaram no Senhor a misericórdia e Ele exclama: "São-lhe perdoados muitos pecados, porque ela amou muito" (Lc 7, 46). Mas Aquele que assim mostra misericórdia para com os pecadores e morre na cruz para redimi-los, fica sentido porque o fariseu não Lhe dispensou a devida atenção. Depois de meditar nesta passagem, não nos convenceremos daquilo que repetimos insistentemente nestas páginas: que, quando falta tempo para Deus, é porque falta amor?

As dificuldades de método

Outras dificuldades que, eventualmente, podem representar um obstáculo, surgem de uma falta de orientação sobre o método a ser utilizado na oração.

Se a oração é um relacionamento afetivo com Deus, há tantas formas de fazer oração como maneiras de expressar o amor. As expressões do amor não podem ficar circunscritas por fórmulas preestabelecidas, confinadas em padrões formais ou bitolas que aprisionem a sua espontaneidade.

No entanto, o amor também pode utilizar os seus canais de relacionamento. Há pessoas que se comunicam melhor ouvindo juntas uma música, trabalhando lado a lado, abordando determinado tipo de conversa. Os esposos gostam de recordar acontecimentos especialmente tocantes da vida conjugal, o filho pede à mãe que lhe conte histórias da família... O mesmo acontece na oração. Recorrer ao Evangelho, a um livro, abordar um determinado tema, servindo-nos de algumas anotações tomadas com essa intenção, ponderar diante do Senhor algum assunto que temos que solucionar ou que nos preocupa, rezar... Rezar pausada e repetidas vezes uma oração, uma jaculatória. pode representar uma grande ajuda.

Vamos referir-nos preliminarmente a dois métodos tradicionais: meditar sobre algum livro e introduzir-nos no Evangelho como se fôssemos uma personagem a mais.

Mas, antes, cumpre fazer um esclarecimento. Não podemos confundir *oração* com *meditação*. A meditação está formada por uma série de reflexões, sentimentos, imagens relativas a Deus, a Nossa Senhora, aos Santos etc. A meditação pode ser, às vezes, um excelente meio para fazer oração, já que nos ajuda a recolher os sentidos, a imaginação e a memória e a criar um clima adequado para o diálogo com Deus. No entanto, ela não se identifica com a oração: é só um meio, um veículo para orientar esse profundo olhar interior dirigido a Deus, esse movimento do coração que se eleva a Nosso Senhor e que consiste fundamentalmente na oração.

Meditar sobre o texto de um livro é uma boa muleta para iniciar-nos na oração. A leitura canaliza os pensamentos, prende a imaginação e nos oferece um tema de conversa com o Senhor. Muitas longas confidências entre duas pessoas que se amam podem começar quando ambos prestam atenção a um assunto de interesse comum, como quando marido e mulher começam a sua conversa abordando o tema dos filhos e depois passam a outros vários da família e do futuro. Assim pode acontecer com a leitura meditada de um livro.

Por esta razão é bom que utilizemos determinado livro de forma intencional. Talvez, por exemplo, haja algo que preocupa ou tira a paz, e então se procura tal livro ou tal capítulo que trata precisamente desse tema. Por isso, também, é muito conveniente que nós usemos para a oração livros que já conhecemos, para buscar neles, propositadamente, o alimento de que precisamos. Isto reclama, evidentemente, que tenhamos o hábito de dedicar um tempo à leitura de livros de espiritualidade.

É possível que uma frase lida seja suficiente para que o coração se solte e a conversa interior comece. O livro, na oração, é apenas um recurso e não um fim. Para informar-nos espiritualmente, temos

especificamente a *leitura espiritual*; para incentivar o diálogo, utilizamos o livro apenas como elemento de meditação, como catalisador, como "estopim", como ponto de ignição para esse relacionamento amoroso e íntimo que é a oração.
Santa Teresa refere-se a isto com muito acerto:

> Ter-me-ia sido impossível, creio, perseverar na oração durante os 18 anos que passei [...] em grandes securas por não poder, como digo, discorrer com o entendimento. Em todos esses anos, a não ser quando acabava de comungar, jamais ousava começar a oração sem um livro [...]. Com este remédio, que era como uma companhia ou escudo em que aparava os golpes dos muitos pensamentos, andava consolada. Porque a secura não era o ordinário, mas vinha sempre que me faltava livro, pois logo se desbaratava a alma. Com ele, começava a recolher os pensamentos dispersos e, como por afagos, recolhia o espírito. Acontecia frequentemente que só com ter o livro à mão, não era preciso mais. Algumas vezes lia pouco, outras muito, conforme a mercê que o Senhor me fazia.[35]

A oração tem como finalidade fazer-nos parecer cada vez mais com Cristo, identificar-nos com Cristo pelo amor: que os outros, ao verem a nossa vida, possam reconhecer em nós a própria vida de Jesus. Por isso, dentre os livros, destaca-se o Evangelho. Devemos esforçar-nos por meditar o Evangelho com um grande desejo de conhecer para amar. Não podemos folhear as páginas da Escritura Santa como se se tratasse de um livro qualquer. A nossa leitura

---
[35] Santa Teresa de Jesus, *Vida*, IV, 9.

deve ser acompanhada de oração, cheia de fé. Como se fôssemos uma personagem a mais entre os que acompanhavam o Senhor. Como se Jesus estivesse realmente vivo, presente ao nosso lado.

Ao meditar o Evangelho, devemos fazer um ato profundo de fé. Toda oração deveria começar com a repetição da confissão de Tomé: "Meu Senhor e meu Deus" (Jo 20, 28). Depois, pode-se acrescentar: "creio firmemente que estás aqui, que me vês, que me ouves, que me compreendes, que me falas..."

"Nós", escreve Santo Agostinho, "devemos ouvir o Evangelho como se o Senhor estivesse presente e nos falasse. Não devemos dizer: 'Felizes aqueles que puderam vê-Lo', porque muitos dos que O ouviram crucificaram-No; e muito dos que não O ouviram creram n'Ele. As palavras que saíam da boca do Senhor foram escritas, guardadas e conservadas para nós."[36]

Só se ama aquilo que se conhece bem. Por isso, é necessário que tenhamos a vida de Cristo na cabeça e no coração, de modo que, a qualquer momento, sem necessidade de livro algum, fechando os olhos, possamos contemplá-la como num filme; para que, nas mais diversas situações da nossa existência, acudam à memória as palavras, os atos e os exemplos do Senhor. Assim nos sentiremos integrados na Sua vida. Porque não se trata apenas de pensar em Jesus, de imaginar as cenas que lemos: temos que intervir plenamente nelas, ser protagonistas. Seguir a Cristo

---

36 Santo Agostinho, *Comentário ao Evangelho de São João*, n. 30.

tão de perto quanto Maria, sua Mãe; quanto os primeiros doze, as santas mulheres e aquelas multidões que se comprimiam ao Seu redor para vê-Lo e para tocá-Lo. Se agirmos assim, se não criarmos obstáculos, as palavras de Cristo penetrarão até o fundo da alma e nos transformarão.

"Na verdade, o mistério do homem só se esclarece verdadeiramente no mistério do Verbo Encarnado."[37] Incógnitas, inquietações, angústias e depressões, esse fundo misterioso e insondável do ser humano — da minha vida — tudo isso somente se esclarece em Jesus Cristo: "Cristo manifesta perfeitamente o homem ao próprio homem."[38]

A paixão que o homem tem pelo homem deve traduzir-se numa paixão para conhecer e amar Jesus Cristo: uma paixão por encarnar o Evangelho.

Este seria o nosso ideal: transformarmo-nos num Evangelho vivo! Aproximemo-nos, assim, do Evangelho com o grande desejo de contemplar o Senhor tal como os Seus discípulos O viram, de observar as Suas reações, a Sua maneira de comportar-se, as Suas palavras... de vê-Lo cheio de compaixão perante tantas pessoas necessitadas, cansado depois de uma longa caminhada, maravilhado com a fé de uma mãe ou de um centurião, paciente com os defeitos dos Seus seguidores mais fiéis, abandonado na vontade de Seu Pai durante as longas noites de oração...

---

[37] Concílio Vaticano II, *Gaudium et Spes*, n. 22.
[38] Cf. Francisco Fernández Carvajal, *Falar com Deus*, vol. 2, São Paulo, Quadrante, 1990, pp. 367 ss.

Nós podemos fazer o que uma moça fazia, segundo me contou, para fazer oração. Abria os Evangelhos em alguma passagem que especialmente a comovia e começava a ler. Ela me falava da longa confidência de Jesus na Última Ceia narrada por São João. Quando alguma palavra do Senhor a tocava, parava e dizia: "Isto é o que Jesus quer dizer-me hoje, pessoalmente". Colocava-se diante d'Ele, deixava que os Seus olhos amabilíssimos fitassem os seus e voltava a ler a mesma passagem e nela repensar: "É isto o que Ele quer dizer-me, é isto o que realmente me acende e incentiva".

Não poderíamos fazer nós o mesmo, por exemplo, repousando a nossa cabeça no peito de Jesus, como João, para escutar os batimentos do Seu coração e pôr no mesmo ritmo os sentimentos do nosso próprio coração? Não poderíamos também deixar-nos interrogar por Jesus como Ele fez a Pedro: "Pedro, tu me amas?" (Jo 21, 16), para igualmente Lhe responder, como o discípulo: "Senhor, tu sabes tudo, tu sabes que eu te amo" (Jo 21, 17)?

Assim, quase sem o percebermos, poderá cumprir-se em nós este grande desejo: "Oxalá fossem tais o teu porte e a tua conversação, que todos pudessem dizer quando te vissem ou te ouvissem falar: 'Este lê a vida de Jesus Cristo'"[39].

Assim como, no relacionamento habitual com uma pessoa que se estima e se admira muito, acaba-se por adotar não só a sua maneira de pensar, mas também as

---

39 Josemaria Escrivá, *Caminho*, n. 2.

suas expressões e gestos, da mesma forma, fazendo de Jesus o nosso modelo inseparável, relacionando-nos diariamente com Ele através da oração e da meditação do Evangelho, acabaremos por adquirir o Seu perfil quase sem o percebermos.

Jesus Cristo é para cada homem Caminho, Verdade e Vida (Jo 14, 6). A nossa existência é um constante caminhar para Ele. No Evangelho devemos aprender a ciência suprema de Jesus Cristo[40] o modo de imitá-Lo e de seguir os seus passos. "Na verdade, temos que reproduzir em nossa vida a vida de Cristo, conhecendo Cristo à força de ler a Sagrada Escritura e de meditá-la."[41]

A nossa alma — como o pano de Verônica — deveria estender-se pela meditação uma e outra vez, reiterativamente, sobre o rosto de Jesus gravado nas cenas evangélicas, para que nela venha a ficar estampado o amabilíssimo semblante do Senhor. Cada um de nós deveria ser um *vere icone* — daí procede o nome de Verônica — um verdadeiro ícone, um autêntico retrato da face do Senhor. A meditação orante do Evangelho poderá reproduzir em nós esse milagre.

---

40 Idem. *É Cristo que passa*, n. 14.
41 Ibidem, n. 14.

CAPÍTULO IV
AO LADO DO SENHOR

Seria nosso desejo entrar agora por aqueles caminhos da Palestina e fazer uma oração ao lado de Jesus nas diversas situações da sua vida: quando trabalhava na oficina de José, quando comentava as Suas parábolas, ou quando, cansado do caminho, se sentava no poço de Sicar para conversar com a Samaritana; quando, estendendo as Suas mãos, acalmava o mar com um gesto poderoso, ou quando multiplicava os pães para dar de comer a uma multidão... Assim poderíamos reproduzir em nós a sua vida, estampar em nós seu rosto como o fez Jesus no véu da Verônica. Porém, as dimensões deste livro não permitem satisfazer este desejo. Apresentaremos dois modelos de oração evangélica, que são como o paradigma das duas dimensões fundamentais do nosso diálogo com Deus: os momentos fortes de oração e o estado ou vida de oração. Na primeira dimensão, falaremos do momento intenso em que a oração se tomou, no Horto das Oliveiras, a oração das orações. E na segunda, nos referiremos ao ambiente do lar de Nazaré, onde a oração veio a converter-se em estado de vida.

SERENIDADE e paz pela oração

A oração das orações: o Horto das Oliveiras

Na oração de Cristo no Horto das Oliveiras, encontramos o modelo por antonomásia da nossa oração pessoal.

O Senhor entra no Horto, carregando antecipadamente todas as dores da Paixão. E diz aos Seus discípulos: "A minha alma está triste até a morte" (Mc 14, 34), a minha alma está experimentando uma tristeza mortal.

Parece que nessa tristeza, como nas lágrimas derramadas diante do seu amigo Lázaro, estão sintetizadas todas as dores humanas: a dor de todos os doentes da humanidade inteira, a tristeza imensa dos que perdem um ser querido, a frustração de uma vida fracassada, os sofrimentos causados pelas deslealdades, as infidelidades, as incompreensões, as críticas e as maledicências... Parece que estão lá também encerradas e compreendidas as nossas próprias angústias, inquietações, temores e depressões... É como se o Senhor, com a Sua atitude, nos ensinasse a forma pela qual devemos encaminhar as nossas aflições e agonias.

O que devemos fazer, Senhor, quando nos encontramos numa situação aflitiva? E Jesus nos responde com as mesmas palavras com que aconselhou os apóstolos ao entrarem no horto: "Vigiai e orai para não cairdes em tentação" (Mc 14, 38). E foi isso mesmo o que Ele fez: "prostrou-se por terra e começou a fazer uma longa e profunda oração" (cf. Mt 26, 39).

Segundo diz uma antiga tradição, Ele se refugiou numa pequena gruta, mas na realidade Ele se refugiou no abrigo da oração: Necessitava da força e do conforto da oração. É uma lição para nós: quando sentimos a aflição inundando nossa alma, temos que nos abrigar na oração. A oração tem que ser o nosso refúgio. Estamos tristes? Vamos à oração. Sentimo-nos desamparados, temerosos? Procuremos a oração. O desânimo ou a depressão batem à nossa porta? Acudamos à oração. Estamos perturbados, inquietos, preocupados, apreensivos? Corramos para a oração.

Aquele meu amigo engenheiro de Brasília, que tanto sofreu com a dolorosa doença e morte da sua mãe, reconheceu que só encontrou paz com uma oração intensa. Quantos de nós já tivemos a mesma experiência, quando nos assaltou a doença, quando tivemos um fracasso, quando sofremos uma forte incompreensão ou quando faleceu alguém a quem tanto amávamos!

Assim aconteceu com Jesus. Prostrado na terra — essa terra fria, cortante, que o rejeitava — levantou os olhos ao céu — esse céu que parecia estar fechado para Ele — e começou a pressentir todos os sofrimentos da Sua Paixão: o julgamento ignominioso, as troças e insultos, as chicotadas que arrancavam a pele e a carne e batiam nos nervos para transmitir ao Seu corpo um sofrimento inimaginável, os pregos perfurando as Suas mãos e os Seus pés... a asfixia agressiva e mortal lá no alto da Cruz... a vergonha de ver-se exposto, despedaçado e nu, diante da sua mãe e daquele povo que tanto amava...

Porém, Jesus — como tantos já afirmaram nas suas meditações sobre a Paixão — enxergava mais ainda: os pecados humanos de todos os tempos, as guerras fratricidas, as injustiças, a fome e o desprezo da dignidade humana de milhões de pessoas, o desrespeito às leis da natureza e do amor, a contaminação impura das fontes da vida, os abusos sexuais e as infidelidades conjugais, os abortos e os sacrilégios Tudo isso parecia desabar sobre as Suas costas como um peso imenso, insuportável.

Foi tal o seu sofrimento que os vasos sanguíneos arrebentaram e começou a transpirar sangue. Então a sua oração tomou-se ainda mais intensa: "Meu Pai, se é possível, afasta de mim este cálice!" (Mt 26, 39). Jesus sofria de uma maneira tão profunda que pedia ao Pai que o poupasse de algo que ultrapassava em muito as suas forças. Todavia, dobrando seus sentimentos de forma heroica, acrescentou: "Não se faça, porém, como eu quero, mas como tu queres" (Mt 26, 39). Neste *porém* está encerrado todo o combate da oração, todo o combate da vida cristã[1] e o segredo da nossa santidade. Quando experimentarmos uma repugnância total, uma forte contradição perante o cumprimento penoso do dever ou a aceitação de uma cruz especialmente dolorosa, quando nos sentirmos intensamente tentados a recusar o nosso consentimento, temos que acudir à oração, pedir forças ao Senhor

---

1 Cf. *Catecismo da Igreja Católica*, artigo 1, n. 1725.

e dobrar com a Sua ajuda a nossa vontade para conseguirmos pronunciar o porém salvador, libertador, que consiga mudar o sentimento natural de rejeição para a determinação sobrenatural da aceitação.

Às vezes, justificamos a nossa recusa alegando: "Ah! se eu sentisse vontade de cumprir esse dever, se eu tivesse ao menos uma consolação para carregar essa cruz, se um sentimento compensador me ajudasse a sobrelevar esse peso! Ah, então talvez eu o aceitaria...".

Sentir, sentir... Também Nosso Senhor sentia: sentia uma aversão tão grande pelo sofrimento que começou a transpirar sangue. No entanto, soube pronunciar aquele sublime *porém* no qual está escondido o segredo da nossa salvação. A capacidade para pronunciá-lo, contudo, veio precisamente da oração: esta foi a força para operar a virada do mero sentimento humano para o cumprimento heroico da vontade do Seu Pai. Não procuremos mais tanto o sentimento humano quanto a força divina que nos vem através da oração.

Aprendamos, ao lado de Jesus em Getsêmani, a saber dizer *sim* à vontade do Pai. Não pretendamos, no entanto, que seja uma aceitação jubilosa. Seria maravilhoso, é verdade, que fosse assim, porque "Deus ama a quem dá com alegria" (2Cor 9,7), mas com frequência teremos que arrancar o nosso *sim* no combate da oração, como o fez o divino agonizante na solidão da noite, com o suor de sangue escorrendo até o chão (Lc 22,44).

Nunca o Salvador foi tão plenamente o Filho do Homem, nem nunca esteve tão próximo de nós, tão enraizado na nossa fraca natureza sofredora, tão mergulhado na nossa humanidade periclitante como na angústia do Horto das Oliveiras. Por isso, Sua natureza se rebelava ao sentir a Sua dignidade triturada até a medula. Necessitava ali muito mais da força da oração do que naqueles colóquios íntimos com o Pai, na solidão da montanha. Esta é a razão pela qual orava, orava, orava ininterruptamente. A oração sossegada nas noites camponesas da Galileia e Betânia cedeu aqui o lugar aos grandes gritos e gemidos (cf. Hb 5, 7).

Este Jesus do Horto está potencialmente dentro de mim e de você. Temos que senti-Lo na intimidade de cada um de nós, especialmente nos momentos de aflição, para que do âmago do nosso coração brote uma e outra vez esta oração: "Pai, ajuda-me; Pai, consola-me; Pai, dá-me as forças que me faltam".

E tão invadido de angústia estava nosso Salvador, que por três vezes procurou a companhia e a solidariedade dos apóstolos e os encontrou dormindo. Dormir?! Como dormir no meio da tristeza e do desânimo, quando é precisamente então que deveríamos orar com mais intensidade?

Quando não fazemos oração, sucumbimos, deixamo-nos dominar pelo desânimo que provoca aquela sonolência dos apóstolos no Horto das Oliveiras. O Senhor foi procurar consolação e companhia entre os Seus três discípulos preferidos e os encontrou dormindo. "Por que dormis?", perguntou Jesus. "Levantai-vos e orai para não cairdes em tentação. O espírito está pronto, mas a carne é fraca" (Lc 22, 46). E porque não oraram, caíram na tentação.

Aqui encontramos a razão pela qual os apóstolos fugiram covardemente da Cruz e Pedro o renegou por três vezes: não fizeram a oração; a carne fraca suplantou o espírito. E esta é também a causa pela qual nós claudicamos com tanta frequência: não damos suficiente importância à oração. Em sentido contrário, porque Jesus passou horas fazendo oração, recebeu as forças necessárias — um anjo o confortou (Lc 22, 43) — para enfrentar com decisão o exército daqueles que vinham prendê-Lo. O Senhor, destemidamente, perguntou-lhes: "'A quem procurais?' Responderam-lhe eles: 'A Jesus nazareno'. 'Sou eu', disse Jesus. Assim que ele disse 'sou eu', retrocederam e caíram por terra" (Jo 18, 6). Era tal a força da voz do Senhor, que aqueles homens que vinham armados, determinados a prendê-Lo, ficaram fulminados por essa força.

Há um contraste radical entre a tristeza mortal que dominava Jesus quando entrou no Horto, e o enérgico vigor da Sua voz quando enfrentou os perseguidores. E essa mudança radical foi causada pela oração. A oração foi como uma injeção de vitalidade que reergueu o espírito desfalecido de Nosso Senhor.

Chegamos nós a compreender a fundo essa lição? Tomamos consciência de que sem oração ficamos tão vulneráveis à depressão e ao desânimo como os apóstolos à tentação de abandonar Jesus? Em sentido contrário, estamos convencidos de que na oração encontraremos o suporte para levantar-nos de todas as nossas quedas e depressões e superar as nossas ansiedades e preocupações?

SERENIDADE e paz pela oração

São Thomas More, *premier* da Inglaterra, que morreu decapitado na Torre de Londres por defender a sua fé, ao não se curvar diante das pretensões heréticas de Henrique VIII, testemunhou que foi precisamente meditando na passagem do Horto de Getsêmani que encontrou forças para enfrentar o martírio. Temos nas nossas mãos o que ele escreveu na prisão:

> Cristo sabia que muitas pessoas de constituição débil se encheriam de terror ante a ameaça de serem torturadas, e quis dar-lhes ânimo com o exemplo da sua dor, da sua própria tristeza, do seu abatimento e medo inigualáveis [...].
> A quem estiver nessa situação, é como se Cristo se servisse da sua própria agonia para lhe falar com voz vivíssima: Tem coragem, tu que és débil e fraco, e não desesperes. Estás atemorizado e triste, abatido pelo cansaço e pelo temor do tormento. Tem confiança. Eu venci o mundo. Apesar disso sofri muito mais sob o medo, e estava cada vez mais atemorizado à medida que o sofrimento se avizinhava [...].
> Olha como caminho à tua frente nesta via cheia de dores. Agarra-te à orla das minhas vestes e sentirás fluir delas um poder que não permitirá que o sangue do teu coração se derrame em vãos temores e angústias; o teu espírito ficará mais alegre, sobretudo quando te lembrares de que segues os meus passos muito de perto. Sou fiel e não permitirei que sejas tentado além das tuas forças. Antes te darei, juntamente com a prova, a graça necessária para suportá-la. Alegra o teu ânimo quando te lembrares de que esta tribulação, leve e momentânea, se converterá num peso de glória imensa.[2]

---

2   Cf. *Catecismo da Igreja Católica*, artigo 1, n. 1725.

Essas palavras foram escritas por alguém que tinha a certeza de que poucos dias depois seria executado.

Agarremo-nos na oração à orla das Suas vestes para sentirmos fluir dentro de nós a força de Cristo. Prostrando-nos em oração, como Jesus no Horto, expondo confiadamente as nossas aflições, pedindo com fé a Sua ajuda, sentiremos, pouco a pouco, fluir essa Sua paz que aquieta e essa energia que encoraja, até poder dizer como São Paulo: "Tudo posso n'Aquele que me dá forças" (Fl 4, 13).

A nossa Mãe, a Igreja, na Santa Missa nos convida instantemente: "Orai, irmãos!" E nós, diante desta passagem do Getsêmani, quando sentirmos que as inquietações e as ansiedades parecem tomar conta da nossa vida, deveríamos repetir: *Orai, irmãos*; quando as contrariedades e os fracassos jogam por terra todos os nossos projetos e nos sentimos com o ânimo arrasado; *Orai, irmãos*; quando nos sentimos sem forças para cumprir o nosso dever, fazer apostolado, afastar uma tentação, superar uma inclinação atraente e maléfica; *Orai, irmãos*; quando entramos num processo de depressão que nos dê a impressão de que a vida não vale a pena ser vivida: *Orai, irmãos*; quando uma doença grave ou a perda de um ser querido toma incompreensível a vontade de Deus; *Orai, irmãos*.

Oremos! Entremos com frequência, na intimidade da nossa oração, no Horto das Oliveiras, e coloquemo-nos ao lado de Jesus, ouvindo os Seus profundos gemidos, compenetrando-nos com os

Seus sentimentos, e peçamos que também nós tenhamos a força de dizer: "Pai, faça-se a tua vontade e não a minha".

Eu lhe garanto que sairemos dessa oração reconfortados para enfrentar a vida tal como ela se nos apresenta.

Oração do lar de Nazaré

Ao lado deste modelo de oração — a oração das orações — que é como a condensação de toda a vida de oração de Jesus no momento crucial e sangrento da sua Paixão e morte, desejaria agora, por contraste, trazer à nossa consideração a oração comum de Jesus num dia aparentemente vulgar da sua vida oculta no lar de Nazaré, em que nada de singular ou extraordinário acontecia. O mais notável nela é que não havia nada de notável. Contudo, nessa vida aparentemente trivial e monótona, o trabalho convertia-se em oração e a oração em estado de vida.

O que acontecia em Nazaré? Quais eram os trabalhos que ocupavam Jesus, Maria e José?

Somente uma vez estive no lar de Nazaré, lá em Loreto, para onde, segundo a tradição, foi transladada a casa de Nazaré, mas muitas e muitas vezes já entrei, na minha oração, nessa moradia pequena e limpa onde moravam Jesus, Maria e José.

Eu construí, com a minha imaginação arquitetônica, uma residência simples que enquadra as coordenadas físicas da vida de cerca de trinta anos da Sagrada Família.

Na sua entrada, pode-se deparar com uma porta sólida, construída por um bom carpinteiro, embutida numa fachada branca, singelamente caiada. Ao abri-la, encontramos uma sala com uma lareira à esquerda e com uma pequena porta à direita que dá para a oficina. Ali podemos encontrar Jesus e José que estão fabricando um arado. Ao lado da lareira, encontra-se a porta que dá para a cozinha, onde está Maria, ao fogão, preparando um gostoso jantar. Na cozinha, há uma entrada para a horta onde andam remexendo a terra algumas galinhas cercadas de pintinhos, às quais se referiu Jesus em algumas das suas parábolas. Lá crescia uma grande figueira de folhas largas — lembrança daquela outra figueira evangélica que não dava frutos — em cuja sombra, atado, se encontra um burrinho que costumava carregar portas, arados, mesas e tablados que Jesus e José entregavam aos seus clientes. O jumentinho parecia-se com aquele que transportou Jesus nas suas costas, no Domingo de Ramos, pelas ruas de Jerusalém.

Na sala, na parede em frente à porta de entrada, há três degraus que permitem subir a um pequeno arco aberto no andar superior onde, à direita e à esquerda de um corredor, encontram-se os quartos de Maria, Jesus e José. No fundo do corredor, há uma sacada aberta — em que aparecem as carnosas folhas da figueira — onde costumavam deixar secar ao sol as espigas da colheita e alguma fruta que precisava amadurecer. Ambiente humilde, pacato, rural.

SERENIDADE e paz pela oração

Na minha oração, costumo entrar naquela casa branca, ficar na oficina perto de Jesus para observar como dá o acabamento a uma tábua, como torneia um pé de mesa, acompanhando a música do serrote utilizado por José. José está terminando um banco, lixando uma das suas bordas. Aprendo aqui tantas coisas. Aprendo a lição do valor das atividades aparentemente irrelevantes. Aprendo que com o serrote, a plaina e o martelo, se escreveram algumas das páginas mais significativas da história da humanidade. E eu costumo perguntar a Jesus: "Tu te cansavas muito com o Teu trabalho como eu me canso? Encontravas muitas novidades na rotina diária ou sabias tornar novidade a monotonia de cada jornada? Reclamavam muito ou eram inoportunos e maçantes os Teus clientes como às vezes o são algumas pessoas que me rodeiam? Como reagias nessas oportunidades? Como lidavas com as contradições diárias? Era agradável o Teu convívio com José e Maria?" E as respostas que Ele me dá, eu as vou aplicando à minha vida pessoal para dar sentido à monotonia do trabalho sempre igual, ou para aceitar com paciência o temperamento das pessoas que convivem comigo, ou para dialogar com José e Maria nas horas mais estafantes do dia.

Queremos ver Maria com o seu passo diligente e pausado ao mesmo tempo, percorrer aquela pequena casa, atendendo a todas as necessidades domésticas. Queremos vê-la sentada na sala, tecendo uma túnica para o Senhor. Cada alinhavada, um ato de amor. Conservava talvez a porta da oficina aberta para poder ver Jesus com frequência, levantando-se de vez em quando para aproximar-se d'Ele e fazer-Lhe um carinho. Queremos ver Maria solícita nas refeições, atenta a todas as coisas da mesa, e também no fim da tarde, ao lado da lareira, com Jesus bem perto, talvez com as suas mãos entrelaçadas, escutar de José antigas histórias do povo de Israel, e salmodiar juntos e recolher-se no silêncio da oração. Queremos ver ainda Maria à noite, quando Jesus e José estão já descansando, limpar e ordenar o que ainda restava e, antes de retirar-se, passar pelo quarto de Jesus para depositar no seu rosto o último beijo do dia. Naquele momento, porventura, sentiria que entre os seus lábios estava o maior tesouro do mundo, e deitava-se feliz, muito feliz, pensando n'Aquele que era a vida da sua vida. A vida de Maria era Jesus, por isso a sua vida era uma vida de oração. Acompanhando Maria, é fácil também para nós fazer oração.

É certo que Maria, ao lado do seu esposo e do seu filho, dedicaria momentos do dia, como faziam os judeus fervorosos, exclusivamente à oração vocal — salmos e hinos —, e à oração mental — a interiorização das verdades e dos exemplos vivos da Bíblia —, que a levariam a um diálogo íntimo, sem ruído de palavras, com o Deus de Abraão, de Isaac e de Jacó. Mas Maria orava o dia inteiro, porque amava o dia inteiro: Maria estava apaixonada por Jesus. Vivia num estado de paixão. Jesus era a sua vida. Poderia dizer, com Santo Agostinho: *Vita vitae meae*, "vida da minha vida; sem ti, a vida não é vida". Jesus era a comida que fazia, Jesus era a roupa que costurava, Jesus era a água que trazia da fonte, Jesus era até o ar que respirava. Ter Jesus sempre consigo no coração significava uma maneira implícita de conversar com ele. Pensaria: "Esta comida agradará a Jesus, estas flores de que Ele gosta O alegrarão, esta água recém trazida da fonte, bem fresquinha, O reconfortará".

Não desejo que alguém possa julgar esta descrição como algo puramente lírico, talvez belo demais para se tomar realidade concreta. Não. Não é um quadro utópico, irrealizável. Na oração, consegui levar a minha família para dentro das paredes do lar de Nazaré. Deixando de lado as incidências, percalços, desentendimentos e atritos que toda família tem, eu vejo agora a minha família como um lar amável, alegre, acolhedor, luminoso como o lar de Nazaré. Quantas lembranças das atitudes da minha mãe poderiam ser como um lampejo das atitudes de Maria!

Recordo agora, entre muitas, uma circunstância que poderia enquadrar-se dentro do ambiente de qualquer lar cristão. O meu irmão Alejandro, com cerca de cinco anos de idade, ficou gravemente enfermo. Tinha uma meningite infecciosa de prognóstico reservado. A família inteira só pensava em "Alejandrín" como o chamávamos. Quando eu voltava do colégio, ia correndo ao quarto de "Alejandrín" para ver como se encontrava. Lembro que um desses dias, ao entrar no seu quarto, vi a minha mãe sentada na cama dele, silenciosa, apreensivamente atenta àquele rostinho pálido e deprimido. Por vezes, o acariciava, e quando o menino abria os olhos, ela lhe correspondia com um sorriso, um desses sorrisos que dizem tudo. Mas esta cena foi apenas como um pequeno reflexo da atitude habitual da minha mãe durante aquele longo mês feito de sofrimento e de oração: quer arrumasse o quarto dele, quer preparasse a sua refeição, ou trouxesse os seus remédios, ou fizesse qualquer outra coisa. Eu observava que minha mãe tinha o Alejandrín sempre presente. Parecia tê-lo habitualmente diante dos seus olhos...

Isto não é nada excepcional: é o que se encontra em toda família cristã; é o que acontecia a Maria com Jesus, e é o que acontece a toda mãe com um filho a quem ama com todo o coração. Trabalha-se para ele, descansa-se para ele, vive-se para ele. Por isso, considero que todos os que formam parte de uma família cristã — se sabem converter o amor humano em amor divino — podem viver também num *estado de oração* contínua, sendo, no sentido mais estrito da expressão, *contemplativos no meio do mundo*. A presença do ser amado penetra de forma vital todas as atividades; orienta profundamente todas as intenções, impregna de amor todas as incidências do dia e unifica as tarefas mais diversas do nosso cotidiano.

"Vida simples, coerente, equânime, feita de pequenas coisas e de um grande amor... Trabalho aparentemente vulgar que consegue, pelo amor, tomar-se grandioso. Afazeres ordinários que, enaltecidos pelo amor, chegam ao limiar do extraordinário. A prosa diária converte-se assim em verso heroico."[3] Vida de Nazaré, vida de qualquer lar cristão: as tarefas mais triviais transformam-se em oração e o serviço mais desgastante faz-se contemplação. E como fruto maduro dessa vivência, uma paz que não é capaz de imaginar aquele que não a sentiu e pela qual tudo sacrifica quem já a experimentou.

É bom entrar na *escola de Nazaré*. O lar de Nazaré é um convite para todos nós: conversemos com Jesus, José e Maria; aprendamos dos seus lábios como podemos santificar-nos, fazendo com amor os trabalhos de cada dia. Assimilemos a lição magistral das suas vidas para entender que Maria e José, as pessoas mais santas que existiram na terra depois de Jesus, não fizeram coisas extraordinárias, mas souberam fazer extraordinariamente bem as coisas ordinárias de cada dia.

Oração junto a Jesus Sacramentado

Podemos fazer a nossa oração colocando-nos ao lado de Jesus no Horto das Oliveiras, no lar de Nazaré, ou saindo a encontrá-Lo pelos caminhos da Palestina, como Bartimeu, o cego de Jericó, ou o leproso, ou a Cananeia, ou a Samaritana, para falar-lhe das nossas carências e necessidades ou para tomar mais íntima a nossa amizade com o Senhor. Mas não podemos esquecer-nos de que o Senhor Jesus, na Eucaristia, está realmente presente, vivo, ao nosso lado, como

---

[3] Expressões características de São Josemaria Escrivá.

em Getsêmani, como na oficina de José, como nas veredas poeirentas da Galileia.

Fazer a nossa oração diante do Sacrário é colocar-nos frente a frente com Jesus, saber olhá-Lo nos olhos, saber dizer-Lhe como Tomé: "Meu Senhor e meu Deus" (Jo 20,28), eu não Te vejo com os olhos da carne, mas acredito que estás aqui, que me vês, que me ouves, que me entendes, que me compreendes, que me amas. Não poucas vezes tenho feito a minha oração com as palavras comoventes do final da Santa Missa do antiquíssimo rito Copta de Alexandria: "Amém, Amém, Amém. Creio, creio, creio. Até o último alento da minha vida, confessarei que isto é o corpo vivificante do vosso Filho único, de Nosso Senhor e Deus Nosso, de Nosso Salvador Jesus Cristo, que se nos dá para a remissão dos pecados, para a vida e para a eterna saúde! Creio, creio, creio que tudo isto é assim! Amém".

Que bom é fazer com frequência esses atos repetidos de fé! Reiterar esse "creio, creio, creio firmemente que estás presente, vivo na Eucaristia para fazer-me companhia, para ficar perto de mim dando-me uma prova do Teu amor". Sim, temos que viver da fé. Não podemos considerar a Eucaristia como uma realidade a mais na nossa paisagem familiar. Temos que saber admirar-nos diante da espantosa verdade que é a presença viva de Cristo nas espécies consagradas.

Contava Auffray e também Hugo Wast, nas suas grandes biografias de São João Bosco, que em certa ocasião ele tinha passado a semana inteira confessando os garotos do seu colégio, preparando-os para a festa da Natividade de Nossa Senhora. A igreja estava repleta de mais de seiscentos rapazes bem-dispostos para receber a Sagrada Comunhão. Depois da Consagração, o sacristão aproximou-se aflito de Dom Bosco para lhe dizer que tinha esquecido de colocar a âmbula para que ele consagrasse novas hóstias, pois no Sacrário só havia umas quinze ou vinte partículas. Dom Bosco ficou desolado. Recolheu-se um momento para orar: "O que vai acontecer, Senhor? Qual não será a frustração dessas centenas de rapazes que desejam comungar? Nossa Senhora: vais deixar os teus filhos em jejum?" Quando chegou a hora da comunhão, abriu o Sacrário e reparou que, de fato, no cibório só havia umas poucas hóstias. Começou a dar a comunhão: uma, duas, três, cinco, doze, vinte, cem, duzentas... seiscentas comunhões. O sacristão, que era o único que sabia o que estava acontecendo, acompanhava os gestos de Dom Bosco com os olhos esbugalhados. Quando chegaram à sacristia, aquele bom homem exclamou admirado: "Dom Bosco, Dom Bosco, que milagre!" "Milagre, o quê?", respondeu o homem de Deus. "Que milagre? Seiscentas comunhões com uma dúzia de hóstias. Parece-lhe pequeno o milagre?" E Dom Bosco, irradiando fé, respondeu: "Não, o milagre verdadeiro foi o da consagração!" Junto ao milagre da transubstanciação, que o sacerdote opera ao consagrar, o da multiplicação das hóstias é insignificante."[4]

---

4   Cf. Augustine Auffray, *Dom Bosco*. São Paulo, Dom Bosco, 1946, p. 246; Hugo Wast, *Don Bosco y su tiempo*, Madri, Palabra, 1987, p. 235.

Será que nós compreendemos que todos os dias se repete esse milagre extraordinário diante de nossos olhos? Porventura não estamos já acostumados a ele, colocando-o ao lado dessas rotinas maquinais que já se nos tornaram tristemente familiares? Não! Não podemos ficar insensíveis diante desse milagre grandioso! Não podemos permitir que a Eucaristia deixe de representar para nós um polo de atração, um verdadeiro ímã.

Sempre me comoveu a passagem da aparição do Anjo do Paz aos pastorinhos de Fátima, que tem uma conotação eucarística muito forte. Lúcia, a única vidente que ainda vive,[5] conta-a com pormenores. É algo realmente insólito que pareceria arrancado de um conto de "fadas", se não tivesse o aval de Lúcia, e a constatação posterior de todas as impressionantes profecias da mensagem de Fátima que se foram realizando ao longo do século passado, como o próprio atentado sofrido por João Paulo II na praça de São Pedro.

Este fato, como de alguma forma a própria Lúcia o descreveu no chamado "terceiro segredo", aconteceu precisamente no dia 13 de maio, festa de Nossa Senhora de Fátima. O Papa sobreviveu a esse ataque criminoso graças a uma intervenção de Nossa Senhora, como ele próprio a testemunha.

Como depois veremos, a mensagem do anjo tem uma estreita relação com a Eucaristia.

---

[5] A Ir. Lúcia veio a falecer no dia 13 de fevereiro de 2015, com 97 anos de idade — NE.

SERENIDADE e paz pela oração

Lúcia descreve as circunstâncias do lugar onde se encontram e da aparição do anjo:

> Um jovem dos seus 14 a 15 anos, mais branco que se fora de neve, que o sol tornava transparente como se fora de cristal, e de uma grande beleza. Ao chegar junto de nós disse: "Não temais! Sou o Anjo da Paz. Orai comigo". E, ajoelhando em terra, curvou a fronte até o chão, e fez-nos repetir, três vezes, estas palavras: "Meu Deus! Eu creio, adoro, espero e amo-Vos! Peço-Vos perdão para os que não creem, não adoram, não esperam e não Vos amam". Depois, erguendo-se, disse: "Orai assim. Os corações de Jesus e Maria estão atentos à voz das vossas súplicas". As suas palavras gravaram-se de tal forma na nossa mente, que jamais as esquecemos. E, desde aí, passávamos longo tempo assim prostrados, repetindo-as, às vezes, até cair, cansados. Recomendei logo que era preciso guardar segredo e, desta vez, graças a Deus, fizeram-me a vontade.
>
> Passou bastante tempo, e fomos pastorear os nossos rebanhos para uma propriedade de meus pais, que fica um pouco mais acima dos Valinhos. Logo que aí chegamos, de joelhos, com os rostos em terra, começamos a repetir a oração do anjo: "Meu Deus! Eu creio, adoro, espero e amo-Vos etc." Não sei quantas vezes tínhamos repetido esta oração, quando vimos que sobre nós brilhava uma luz desconhecida. Erguemo-nos para ver o que se passava, e vimos o anjo, tendo na mão esquerda um cálice, sobre o qual está suspensa uma Hóstia. Caiam dela algumas gotas de sangue dentro do cálice. O anjo deixa suspenso no ar o cálice, ajoelha junto de nós, e faz-nos repetir, três vezes: "Santíssima Trindade, Pai, Filho e Espírito Santo, ofereço-Vos o Preciosíssimo Corpo, Sangue, Alma e Divindade de Jesus Cristo, presente em todos os sacrários da Terra, em reparação dos ultrajes, sacrilégios e indiferenças com que Ele mesmo é ofendido.

E, pelos méritos infinitos do Seu Santíssimo Coração e do Coração Imaculado de Maria, peço-Vos a conversão dos pobres pecadores". Depois, levanta-se, toma em suas mãos o cálice e a Hóstia, dá a sagrada Hóstia a mim, e o sangue do cálice dividiu-O com Jacinta e Francisco, dizendo, ao mesmo tempo: "Tomai e bebei o Corpo e Sangue de Jesus Cristo, horrivelmente ultrajado pelos homens ingratos! Reparai os seus crimes e consolai o vosso Deus'. E, prostrando-se de novo em terra, repetiu conosco, outras três vezes, a mesma oração: "Santíssima Trindade..." e desapareceu. Nós permanecemos na mesma atitude, repetindo sempre as mesmas palavras; e, quando nos erguemos, vimos que era noite e, por isso, hora de virmos para casa.[6]

É comovente esta cena: o anjo e os três pastorinhos inclinados profundamente diante da Eucaristia, reafirmando a presença real de Cristo em todos os Sacrários da terra, em reparação por todos os pecados do mundo. Atitude a ser seguida por nós como um modelo de comportamento. O Sacrário deveria ser para nós, como dizíamos, um verdadeiro ímã, um polo de atração. Diante de Jesus sacramentado, poderíamos fazer a nossa oração repetindo muitas vezes: "Meu Deus! Eu creio, adoro, espero e amo-Vos! Peço-Vos perdão para os que não creem, não adoram, não esperam e não Vos amam". Orar assim é encontrar no Sacrário a motivação para trabalhar pelo Reino de Deus com o maior empenho e entrega.

Os homens e as mulheres de Deus souberam, ao longo da história da Igreja, encontrar na Eucaristia o

---

[6] Irmã Lúcia, *O Segredo de Fátima*, São Paulo, Loyola. 1974, pp. 46-48.

alívio de todas as suas canseiras e dores, arrancar do Sacrário toda a força para essa fecunda semeadura de amor, de paz e de alegria que representa essa longa caminhada da santidade.

Nas suas viagens pelo Brasil, muitos testemunham que surpreenderam João Paulo II, depois das suas cansativas jornadas de encontros e pregações, na capela da residência onde estava hospedado, prostrado diante do Sacrário: daí tirava a energia e a vibração para a jornada seguinte, daí conseguia esse magnetismo que arrastava multidões oceânicas.

O Concílio Vaticano II considera a Eucaristia o *centro* e a *raiz* da nossa vida espiritual. Raiz que sustenta a árvore da nossa existência, que a arraiga na segurança de um chão firme, que a alimenta com substâncias nutritivas. Centro que polariza as nossas atrações, que representa o referencial das nossas vidas. À semelhança das plantas heliotrópicas, como o girassol, que orientam a sua vida em tomo da luz, assim as nossas vidas deveriam girar em tomo da Eucaristia.

Algo parecido acontece com os pássaros. O seu ponto de referência é o seu ninho: dele partem e para ele voltam; lá descansam e lá acalentam e nutrem os seus filhotinhos: "Como o pássaro encontra o seu abrigo e a andorinha faz o ninho para as suas frágeis crias, assim vosso templo é para mim, Senhor" (Sl 83). Se o Salmo utiliza essa metáfora, referindo-se ao templo de Jerusalém, que era apenas um símbolo do Senhor, quanto mais não poderíamos fazê-lo, referindo-nos à Eucaristia que é a realidade do próprio Deus vivo entre nós!

Os maometanos têm como ponto de orientação a cidade de Meca. Quando oram, em qualquer lugar do mundo, voltam-se na direção de Meca, a cidade de Maomé. Para nós, o ponto de orientação não é um lugar ou uma lembrança histórica, mas uma realidade. A nossa vida de oração deve ter esse polo de atração: Jesus está olhando para nós do fundo do Sacrário. Em qualquer situação onde nos encontrarmos — seja no trabalho, no lar, ou na rua — podemos orientar-nos para Ele.

Quando pudermos fazer fisicamente uma visita ao Sacrário, devemos ficar ao lado d'Ele para fazer--Lhe companhia como Marta, Maria e Lázaro em Betânia. Quando não for possível, que pelo menos, ao passar perto, entremos no Tabernáculo com o coração aberto, sabendo que aí está realmente Jesus, escondido por amor. O Sacrário deve ser para nós — repetimos insistentemente — como o norte das nossas atividades. Não poderei esquecer a impressão que tive ao encontrar na Catedral de Palência, na penumbra da capela do Santíssimo, em cima da lápide que cobre a sepultura de um bispo santo — Dom Manuel González, insigne escritor da Eucaristia —, estas palavras gravadas:

> Peço ser enterrado ao lado do Sacrário, para que os meus ossos, depois de morto, como a minha língua e a minha pena em vida, estejam sempre dizendo aos que por aqui passarem: "Aí está Jesus! Aí está! Não o deixeis abandonado!"[7]

---

7 Cf. Julio Eugui, *Nuevas anedoctas y virtudes*, Madri, Rialp, 1995, p. 59.

Assim, em qualquer circunstância, podemos fazer nossa vida voltar-se para esse sol, orientar-nos por esse ninho e deixar-nos atrair por esse ímã.

No fim do dia, talvez cansados, num lugar retirado do nosso lar, poderemos recolher-nos em oração e dirigir o nosso olhar para o Sacrário da Igreja mais próxima, como se realmente estivéssemos lá em Betânia, ao lado de Jesus.

Há também uma verdade teológica que incentiva a viver esta polarização na Eucaristia: a permanência da presença de Cristo Eucarístico nas nossas almas depois da comunhão.

Sei de pessoas que conseguem viver a presença de Cristo considerando com frequência a verdade sublime de que todos nós, quando estamos na graça de Deus, especialmente depois de comungar, somos templos da Santíssima Trindade, verdadeiros Sacrários vivos. Cristóforos, autênticos portadores de Cristo, como gostavam de dizer os primeiros cristãos. As pessoas que nos rodeiam podem ser também o nosso ponto de referência, o nosso centro, se realmente vivermos da fé.

Elizabeth Ascombe, uma das mais eminentes representantes da filosofia anglo-saxônica, professora da Universidade de Oxford, destacou, num artigo sobre a Eucaristia, a importância de ensinar às crianças o significado real deste mistério. Ela apresenta este exemplo: "Um menino de quase três anos, que apenas começava a falar, mas que tinha sido instruído desde o início da sua vida consciente nesta sublime verdade, quando a sua mãe acabava de comungar, perguntou-lhe: 'Está Jesus dentro de você, mamãe?' 'Sim, meu filho' E para a minha surpresa, a criança prostrou-se perante ela. Posso dar testemunho do fato, porque eu mesma o presenciei."[8]

Para uma pessoa que cresça e viva nesse clima de fé, não é difícil recolher-se para fazer oração. Ainda que deva sempre escolher o melhor lugar para conseguir esses momentos fortes de oração, poderá, todavia, converter a rua, o ônibus, o metrô, na sua própria "capela do Santíssimo", considerando que ela mesma é como uma âmbula portadora de Cristo Jesus.

Em qualquer circunstância onde estivermos poderíamos dizer, como os discípulos de Emaús: "Fica conosco, Senhor" (Lc 24, 29). "Fica conosco", repete João Paulo II, "para que possamos encontrar-nos Contigo na oração todos os dias e em todo momento. Desejamos falar Contigo e adorar-Te cada dia e cada hora oculto na Eucaristia".[9] É um desejo que pode tornar-se realidade nas nossas vidas: podemos ficar na presença eucarística de Jesus em todos os momentos, sabendo que o Senhor está ao nosso lado, no nosso coração e dentro do coração das pessoas que nos rodeiam.

"Fica conosco, Senhor, porque as sombras da noite já estão chegando" (cf. Lc 24, 29), suplicavam os discípulos de Emaús. Fica conosco, Senhor, porque sem a luz da fé, a nossa vida vai-se povoando de trevas. Fica conosco, Senhor... Faz com que, ao

---

8   Elisabeth Anscombe, *Scripta Theologica*, vol. XXIV. 2.
9   Cf. João Paulo II, *Adoração ao Santíssimo Sacramento*, 02.02.1981.

olhar para esse disco branco que brilha no ostensório, ele se converta — no dizer de Knox — numa janela através da qual nos chegue a radiante luz da bem-aventurança eterna.[10]

Aqueles discípulos de Emaús imploravam: "Fica conosco, Senhor". E o Senhor nos poderia dizer: "Eu fico contigo, mas será que tu ficas comigo? Eu estou aqui esperando por ti. No fundo do Sacrário e no íntimo do teu coração, tenho os olhos bem abertos e não deixo de acompanhar a tua vida com o meu olhar. Eu te vejo quando trabalhas, quando sofres e te alegras, quando parece que queres abandonar o teu dever pelos muitos esforços que realizas. Eu estou vendo quando estás submetido às tentações que continuamente te rodeiam, quando te atemorizas pelos perigos que possam assaltar-te. Eu continuo vendo-te quando, olhando para o futuro, sentes apreensão diante das incertezas, quando és acometido pela depressão ou pela doença que tanto te angustiam.

Eu estou com as pupilas bem abertas esperando a tua correspondência. *Eu estou contigo, mas será que tu estás comigo?* Correspondes ao meu olhar? Já reparaste o que se sente quando alguém dirige a sua atenção para uma pessoa que ama e encontra como resposta uma atitude fria, indiferente? O olhar perde-se no vazio, não há correspondência. Tu nunca pensaste, no meio do teu excessivo trabalho, do teu ativismo, das tuas ansiedades, que eu

---

10 Cf. Ronald Knox, *Los Sermones Pastorales*, vol. 1, p. 435, cit. por Francisco Fernández Carvajal, *Falar com Deus*, vol. 6, São Paulo, Quadrante, 1991, p. 240.

estou esperando, esperando por ti aqui no Sacrário, aqui no fundo do teu coração?"

Quanto não se podem dizer duas pessoas que se amam, apenas com um olhar profundo, calado, sereno! Parece que ele vai carregando a vida toda, e que nele se comprimem, se aglutinam, todos os sentimentos que, porventura, não se conseguem traduzir em gestos ou palavras.

Dizia o Senhor a Santa Margarida de Cortona: "Tu me buscas, mas eu busco a ti mais do que tu a mim".[11] Valorizamos esta procura do Senhor por nós? Compreendemos que Ele nos diz: "Eu estarei convosco todos os dias até o fim do mundo?" (Mt 28, 20). Compreendemos também nós que devemos estar com Ele até o último instante da nossa vida, descarregando no seu coração todas as nossas inquietações, lembrando aquelas palavras suas: "Quem estiver angustiado, venha a mim e encontrará repouso?" (cf. Mt 11, 28-30).

A serenidade e a paz que tanto desejamos, sempre as encontraremos, como uma dádiva de amor, no nosso diálogo aberto e confiante com Jesus Sacramentado.

Essa serenidade e essa paz, contudo, não podem ficar encerradas dentro de nós. Temos que derramá-la, como fazia o Senhor. Ele ia inundando os caminhos da Palestina, as ruas de Jerusalém, com uma alegria e uma paz inefáveis: "A minha paz vos deixo, a minha paz vos dou" (Jo 14, 27). "O vosso

---

11 Vital Lehodey, *El Santo Abandono*, Madri, Rialp, 1977, p. 438.

coração se alegrará e ninguém vos tirará a vossa alegria" (Jo 16, 22).

Assim também nós deveríamos fazer: ser outros Cristos para ser semeadores de paz e de alegria. E essa transformação em Cristo será fruto da comunhão. Para sermos outros Cristos e podermos dizer como São Paulo: "o meu viver é Cristo" (Fl 1, 21), dependemos dessa *comum união* que é a Eucaristia.

Santo Agostinho, nas suas Confissões, comenta que, na ação de graças da comunhão, ouviu estas palavras do Senhor: "Eu sou o pão dos fortes, come-me e viverás, mas não me transformarás na tua própria carne como acontece com o alimento comum: tu, pelo contrário, te transformarás em mim."[12]

São Josemaria Escrivá aproveitava inúmeras ocasiões para insistir nesta mesma ideia: temos que ser outros Cristos, portadores de Cristo, ostensórios vivos. Assim o diz belissimamente numa homilia do *Corpus Christi*:

> A procissão do corpo de Deus torna Cristo presente nas aldeias e cidades do mundo. Mas essa presença não deve ser coisa de um dia, ruído que se ouve e se esquece. Essa passagem de Jesus lembra-nos de que devemos descobri-lo também nas nossas ocupações habituais. A par da procissão solene desta quinta-feira, deve avançar a procissão silenciosa e simples da vida comum de cada cristão, homem entre os homens, mas feliz de ter recebido a fé e a missão divina de se conduzir de tal modo que renove a mensagem do Senhor sobre a Terra.

---

12 Santo Agostinho, *Confissões*, Livro VII, 10.

Peçamos, pois, ao Senhor que nos conceda a graça de ser almas de Eucaristia, que a nossa relação pessoal com Ele se traduza em alegria, em serenidade, em propósitos de justiça. E assim facilitaremos aos outros a tarefa de reconhecerem Cristo, contribuiremos para colocá-Lo no cume de todas as atividades humanas. Cumprir-se-á a promessa de Jesus: "Eu, quando for elevado da terra, tudo atrairei a mim" (Jo 12,32).[13]

O trato contínuo com o Santíssimo Sacramento nos permitirá viver sempre serenamente, mergulhados nessa fonte de alegria borbulhante que é a Eucaristia, e sermos continuamente semeadores de paz e de alegria.

Façamos o propósito de viver continuamente ao lado de Jesus Eucarístico, de fazer a nossa oração com esse referencial vivo diante dos olhos da alma, de prolongar a ação de graças da comunhão ao longo do dia, de tomar consciência de que somos outros Cristos, portadores de Cristo, ostensórios vivos da sua presença e, por isso mesmo, semeadores de paz e de alegria.

---

13 Josemaría Escrivá, *É Cristo que passa*, São Paulo, Quadrante, 1975, p. 203.

CAPÍTULO V
UMA ORAÇÃO PARA CADA MOMENTO

A alma humana tem os seus momentos e as suas horas. Momentos de paz e de aflição, momentos inundados de sentimentos e fervor e momentos de secura; horas em que convém que a cabeça preceda o coração, o raciocínio ao sentimento, e outras em que a intuição afetiva parece que parte diretamente como uma flecha ao coração de Cristo; momentos de perplexidade e de desalento, horas de plácida contemplação, circunstâncias em que necessitamos especialmente, com urgência, da ajuda do Senhor para socorrer-nos e curar-nos. Neste capítulo nos referiremos a alguns destes momentos e circunstâncias. Só a uns poucos, porque a sua variedade é tão rica como os estados da alma e as expressões do amor.

Começamos por um tipo de oração que, de alguma maneira, é como o término de toda e qualquer oração. É a oração de simplicidade.

A oração de simplicidade

A oração ao lado de Jesus no Horto das Oliveiras, no lar de Nazaré ou perto do Sacrário, são como modelos que poderiam orientar-nos para fazer a nossa meditação, introduzindo-nos em outras passagens da vida de Jesus, como a do Sermão da Montanha, a Pesca Milagrosa, a Ressurreição de Lázaro e tantas outras. Cada um de nós há de fazer nesse sentido a sua experiência pessoal.

Há, contudo, uma oração que não precisa de muita leitura, de meditação, de discursos e de considerações. É, diríamos, uma oração intuitiva. Não há aqui um trabalho da inteligência ou da memória. É algo muito simples: uma atitude em que nos colocamos abertos, diante de Jesus vivo. Já dissemos que duas pessoas que se amam podem estar uma ao lado da outra, olhando-se mutuamente, talvez de mãos dadas, sem dizer-se nada, mas dizendo tudo. Não foi esta a postura de Maria aos pés de Jesus, lá em Betânia?

Esta oração — à qual nos referiremos a seguir —, que Bossuet chama "oração de simplicidade",[1] vai ao fundo das questões sem necessitar de um processo intelectual: "Como um simples e amoroso olhar a Deus; como uma doce contemplação que mantém a alma em afetuoso sossego e atenção".[2]

Precisamente pela sua simplicidade, não cabe nesta oração um método propriamente dito. Tudo se reduz a olhar e a amar. Mas essa atitude afetuosa não deve ser forçada, suspendendo-se arbitrariamente todo pensamento ou meditação. Isso poderia dar lugar a uma disposição passiva, preguiçosa, que Santa

---

1 Bossuet, *Maniere courte et facile pour faire oraison en foi et de simple présence* de Dieu, n. 3, cit por Antonio Royo Marín, *Teologia de la perfección cristiana*, 5ª ed., Madri, BAC, 1968, p. 678.
2 Ibidem.

Teresa qualificava de *bobice*.³ A oração de simplicidade obtém o seu clima de recolhimento afetuoso a partir, talvez, de alguma breve consideração ou de um sentimento que brota de uma circunstância, fato, palavra, ou da breve meditação de uma passagem da vida de Cristo, ou da contemplação de uma verdade revelada, como a inabitação da Santíssima Trindade no nosso coração, ou da presença real de Cristo na Eucaristia.

Deveríamos tentar de vez em quando dirigir essa simples atenção amorosa ao nosso interior, para encontrar-nos com esse doce hóspede da alma⁴ que converte o coração num pequeno céu. Quanto pode representar para nós esta singela e profunda consideração! Procuramos a felicidade "de forma ativa e passiva", nas cumeeiras do êxito e no fundo dos prazeres, na ascensão profissional e nas delícias do amor. E, no fim, ficamos insatisfeitos, pensando: "não, não era isto o que procurávamos Não, não, não está aqui, o que buscávamos não está aqui...". Corremos mares e terras, mundos e fundos, quando o que procuramos estava na realidade escondido dentro de nós.

Quantos homens já fizeram a mesma experiência de Santo Agostinho: "Tu estavas dentro de mim e eu te procurava fora de mim [...], Tu estavas comigo, mas eu não estava contigo. Tarde te amei, beleza tão antiga e tão nova, tarde te amei!"⁵

---

3   Santa Teresa, *Moradas*, n. 3, 4-5.
4   Sequência da Missa de Pentecostes.
5   Santo Agostinho, *Confissões*, n. 10, 27, 38.

SERENIDADE e paz pela oração

Como seria diferente o nosso comportamento se fôssemos conscientes de que somos templos do Espírito Santo!

Tentemos também outras vezes orientar o nosso olhar para o Sacrário, apenas com este pensamento: "Deus está aqui. O Criador do universo inteiro está aqui. Jesus Cristo que morreu por mim na cruz está aqui, à minha frente, olhando para mim, com as Suas pupilas dilatadas pela misericórdia e pelo amor."

Só essa atenção simples e amorosa basta. Isto é oração de simplicidade.

O importante é chegar a essa atenção amorosa, a esse afetuoso silêncio, com suavidade e sem violência. Mas, como não é fácil manter uma atenção continuada, às vezes resulta conveniente sintetizar essa atitude de abertura, esse simples olhar cheio de ternura e profundidade, numa frase curta — numa jaculatória — que se repete uma e outra vez: "Senhor, tu sabes tudo, tu sabes que eu te amo"; "Meu Senhor e meu Deus!"; "Senhor, creio, mas aumenta minha fé!"; "Maria, vida, doçura, esperança nossa!"; "Senhor, que eu veja!"; "Senhor, Filho de Davi, tem compaixão de mim!". "Senhor, se queres, podes curar-me!"; "Senhor, Te amo, mas quero Te amar mais!"; "Senhor, manso e humilde de coração, fazei o meu coração semelhante ao Vosso!" E tantas outras que a Sagrada Escritura e a devoção popular nos fornecem.

Francis Trochou nos dá um exemplo desta oração de simplicidade na biografia do Santo Cura D'Ars. Este, de tardinha, quando estava escurecendo, encontrava

na igreja um camponês, Chanfageon, que, sentado num banco, calado, ficava com os olhos presos no sacrário. Um dia o Santo não se conteve:
"Chanfageon, me diga uma coisa. O que é que você faz todos os dias aqui, calado o tempo todo?"
E Chanfageon, simples e transparente como uma fonte de montanha, respondeu:
"Não faço nada, eu olho para Ele e Ele olha para mim".
Não fazia nada... e fazia tudo! Naquele olhar estava toda a sua vida. Todo o seu amor corria por aquele olhar como o rio corre para o mar, o seu destino. Naquele olhar ele derramava o seu coração.
Quem não poderá fazer oração desta maneira? Visitar o Senhor. Chegar perto do Sacrário e dizer simplesmente: "Oi! Estou aqui, vim fazer-Te uma visitinha".
Contava Josemaria Escrivá algo que lhe aconteceu quando jovem. Sentava-se muito cedo no confessionário, esperando que chegassem penitentes, rezando o terço ou a Liturgia das Horas. Mais ou menos à mesma hora, ouvia na porta da igreja um ruído estranho. Parecia um chacoalhar de latas. Parava por uns minutos e logo a seguir o ruído voltava. Mas na posição onde se encontrava, dentro do confessionário, não conseguia saber o que se passava. Um dia, não se conteve e, quando ouviu o barulho costumeiro pela primeira vez, levantou-se para averiguar do que se tratava. No último banco da igreja, encontrou um homem muito simples, rezando fervorosamente. Ao seu lado, havia um bom número de latas de leite.

Quando se levantou, pegou as latas e fez o ruído característico que tinha atraído a atenção do sacerdote. Este lhe perguntou:
"Mas o que vem você fazer aqui todos os dias?"
"Eu, antes de trabalhar, venho fazer uma visitinha a Nosso Senhor." "E que você diz para Ele?"
"Eu digo: Senhor, chegou aqui João, o leiteiro!"
"E depois?"
"E depois fico lá fazendo companhia a Ele um pouquinho e, no fim, Lhe digo: Senhor, vai embora João, o leiteiro!"
Aquele gesto deixou o sacerdote completamente comovido. Ficou o dia inteiro repetindo: "Senhor, aqui está este infeliz que não sabe Te amar como João, o leiteiro!"[6]
Talvez esta tenha sido uma das lições em que São Josemaria aprendeu um modo simples e encantador de fazer oração. Há muitas passagens da sua vida nas quais poderíamos assim referir-nos. Apenas um exemplo: quando se sentia muito cansado, gostava de fazer a oração do "cachorrinho": "Vou lá correndo aos pés de Jesus e Lhe digo: não estou com vontade de estar aqui ao Teu lado, gostaria de sair e brincar com os outros cachorros da rua, mas estou aqui aos Teus pés, fazendo-te companhia, como um cachorro fiel, que cochila deitado aos pés do seu amo e se agita e late baixinho... mas sem se afastar do seu dono."[7]

---

[6] Andrés Vazquez de Prada, *O fundador do Opus Dei*, São Paulo, Quadrante, p. 151.

[7] Ibidem, p. 385.

A esse bater a cauda nas pernas de Jesus, reduzia-se a oração desse homem de Deus, tão inteligente e tão profundo: que maravilhosa simplicidade a que nos ensinam os santos!

Assim também nós podemos orar como um cachorrinho, bem perto de Nosso Senhor, com a irracionalidade das nossas distrações e devaneios que não conseguimos evitar. Orar conforme os animais, que, como já dizia Tertuliano no século III, "oram à sua maneira, dobrando os seus joelhos, levantando os olhos para o céu, fazendo vibrar o ar com os seus gritos, como uma reza. As aves levantam voo, elevando para o céu, em lugar das mãos, as asas estendidas em forma de cruz, expressando algo semelhante a uma prece".[8] Se estamos, assim, sem conseguir concentrar a nossa inteligência, coloquemo-nos no lugar das criaturas irracionais que louvam a Deus desprovidas das faculdades mentais.

E ainda mais: podemos orar como os seres inanimados, como as pedras que, no dizer de Jesus, gritariam se os homens cessassem de clamar: "sim, as pedras gritarão", nos diz S. Lucas, "quando os homens ficarem calados" (cf. Lc 19, 39). Sei de uma pessoa muito simples que, ao voltar do trabalho e entrar na Igreja para fazer a sua oração, às vezes, quando está muito cansado, quando se sente inerte, insensível como uma pedra, como o banco em que está sentado, diz ao Senhor: "Senhor, eu estou aqui

---

8 Tertuliano, *Tratado sobre a oração*, cap. 28-29, CCL 1. 273-274

como este castiçal, como este altar frio e pesado. Mas estou aqui fazendo-Te companhia. Apesar de não sentir nada, não vou embora. Estou aqui para enfeitar a Tua Igreja como o bronze do castiçal, como o mármore do altar. Pelo menos durante esta meia hora, estarei aqui, Senhor, ainda que só sirva para ornamentar o Teu templo, com a minha presença..."
Abençoada simplicidade!

Há tantas maneiras de fazer oração!

Em certa oportunidade perguntaram a Santa Teresa do Menino Jesus: "Que dizes ao Senhor na capela quando fazes oração?"

E ela respondeu:

"Nada."

"Como nada? Será possível? Que fazes, então?"

"Amo".

Amar! A mãe ama a criança, quando em silêncio a acalenta e nina nos seus braços; ama quem, sem palavras, fica junto à cama do seu amigo doente; Jesus ama seu amigo Lázaro, chorando em silêncio ao lado do seu túmulo; Nossa Senhora ama quando, em silêncio, acompanha com lágrimas o seu filho, ao pé da Cruz. Poderá haver orações mais expressivas do que estas?

Pode-se amar em silêncio; pode-se amar com palavras simples como as do João, o leiteiro, ou como as de Pedro, quando disse, depois da sua tripla negação: "Senhor, tu sabes tudo, tu sabes que eu te amo" (Jo 21,17); ou pode-se amar aos gritos como O amava um doido, lá em São Luís do Maranhão, ao qual se referia João Mohana:

Estou me lembrando daquele mendigo que todos conheciam em São Luís pelo apelido de "Bofe". Vivia a gritar na praça Pedro II, perturbando a missa, enquanto não entrasse na igreja e se prostrasse defronte do altar, calado, comovente. Nem bem comungava, saía. Até que um dia pude surpreendê-lo em plena praça, e indaguei:

"Bofe, me diga uma coisa. Por que é que você solta esses gritos, atrapalhando a Missa?"

A resposta veio pronta, como se há muito esperasse a pergunta: "Ora, Padre. É pra Deus Nosso Sinhô sabê onde é que eu tou". Curiosa, surpreendente, bela esta intenção naquela alma. Cativo, ainda encontrei jeito de retrucar sorrindo:

"Mas você não precisa gritar, Bofe, para Deus Nosso Senhor ouvir você. Fale baixinho que Ele escuta. Sabe onde Ele está?"

"Adonde?"

"Em você."

"Ué, em mim?"

"Em você."

E o resto do diálogo é dispensável. O leitor imagina como deve ter terminado. Contei o essencial. Não precisamos gritar como Bofe. Mas também não precisamos viver alheios como Hitler, ignorando esse portento do amor de Deus em qualquer cristão que ama Jesus e põe em prática Sua palavra, Seu mandamento, Seu pedido de amor aos irmãos.[9]

Provavelmente Bofe, a partir de então, ficaria tempos e tempos, na sua doida simplicidade, curvado sobre si mesmo dizendo baixinho: "Senhor que estás dentro de mim, não Te esqueças do pobre Bofe". Orar como o Bofe, como Teresinha, como

---

9   João Mohana, *Paz pela oração*, Rio de Janeiro, Agir, 1977, pp. 255-256.

o castiçal, como o cachorrinho, como João, o leiteiro, poderia ser também o nosso gesto sincero e simples de orar.

Esta oração de simplicidade pode significar, entretanto, uma forma muito elevada de oração, como é, em toda a sua imensa simplicidade, qualquer expressão de afeto, qualquer contemplação da inigualável beleza de Deus, qualquer êxtase de amor. São Josemaria Escrivá nos faz vislumbrar com palavras sublimes alguns lampejos deste tipo de oração:

> Primeiro uma jaculatória, e depois outra, e mais outra... até que parece insuficiente este fervor, porque as palavras se tornam pobres... e se dá passagem à intimidade divina, num olhar a Deus sem descanso e sem cansaço. Vivemos então como cativos, como prisioneiros. Enquanto realizamos com a maior perfeição possível, dentro dos nossos erros e limitações, as tarefas próprias da nossa condição e do nosso ofício, a alma anseia escapar-se. Vai rumo a Deus, como o ferro atraído pela força do ímã. Começa-se a amar Jesus de forma mais eficaz, com um doce sobressalto.
>
> Corremos "como o cervo, que anseia pelas fontes das águas" (Sl 41, 2); com sede, gretada a boca, com secura. Queremos beber nesse manancial de água viva. Sem esquisitices, mergulhamos ao longo do dia nesse veio abundante e cristalino de frescas linfas que jorram até a vida eterna (cf. Jo 4, 14). Sobram as palavras, porque a língua não consegue expressar-se; começa a serenar-se o entendimento. Não se raciocina, fita-se! E a alma rompe outra vez a cantar um cântico novo, porque se sente e se sabe também olhada amorosamente por Deus, a todo momento.
>
> Não me refiro a situações extraordinárias. São, podem muito bem ser, fenômenos ordinários da nossa alma: uma

loucura de amor que, sem espetáculo, sem extravagâncias, nos ensina a viver, porque Deus nos concede a Sabedoria. Que serenidade, que paz então, percorrendo a "senda estreita que conduz à vida!" (Mt 7, 14).
Ascética? Mística? Tanto faz. Seja o que for, ascética ou mística, que importa? É graça de Deus. A quem procura meditar, o Senhor não negará sua assistência. Fé e obras de fé: obras, porque o Senhor [...] é cada dia mais exigente. Isso já é contemplação e é união; é assim que deve ser a vida de muitos cristãos, avançando cada um pela sua própria via espiritual — são infinitas —, no meio dos afãs do mundo, ainda que nem sequer se apercebam disso.

Uma oração e uma conduta que não nos afastam das nossas atividades habituais, e que, no meio desses afãs nobremente terrenos, nos conduzem ao Senhor. Elevando todos os afazeres a Deus, a criatura diviniza o mundo. Quantas vezes não tenho falado do mito do rei Midas, que convertia em ouro o que tocava! Podemos converter tudo o que tocamos em ouro de méritos sobrenaturais, apesar dos nossos erros pessoais.[10]

Podemos, sim, viver com essa atenção amorosa a Deus no meio do nosso trabalho, assim como o pai e a mãe estão atentos aos seus filhos, pelo menos implicitamente, ao longo das incidências do dia a dia. Assim como estão atentas duas pessoas que verdadeiramente se amam. Assim como se sente feliz, de coração alegre, quem trabalha ao lado da pessoa amada: a sua simples presença torna maravilhosa a monotonia de um trabalho enfadonho. Assim se converte em ouro — em amor — tudo o que tocamos, como o Rei Midas. Assim convertemos

---

10   Josemaria Escrivá, *Vida de Oração*, São Paulo, Quadrante, (sem data), pp. 27, 36 e 37.

em oração o dia inteiro, desde que nos levantamos até que nos deitamos. Assim, com essa encantadora simplicidade...

A oração ao acordar e ao deitar — A oração ao longo de cada dia

Há um costume cristão que nos ensina a oferecer o dia a Deus, a fazer uma prece breve e abrangente. Há fórmulas muito simples que dizem algo parecido com isto: "Eu Te ofereço, Senhor, os meus pensamentos, as minhas palavras, as minhas ações deste dia; as coisas agradáveis e as desagradáveis, os trabalhos, penas, cansaços e alegrias".

Um amigo meu, médico de profissão, depois de um oferecimento parecido ao que acabamos de formular, costuma recolher-se em oração e dar uma vista de olhos na sua agenda. Vai revendo mentalmente o que vai ter que fazer naquele dia: as suas consultas, as visitas domiciliares... Percorrendo, um por um, todos os seus compromissos profissionais, vai encomendando ao Senhor as pessoas que passarão pelo seu consultório ou aquelas que visitará nas suas residências, as tarefas agradáveis e as enfadonhas que terá de enfrentar nas próximas doze horas. Ele diz que este tipo de oração lhe dá uma grande paz. É como se confiasse todo o seu dia à proteção amorosa do seu Pai-Deus; é como se sentisse o amparo da Sua Onipotência sobre cada uma das suas atividades. Se começamos o dia desta maneira, ou de forma semelhante, não será difícil que tudo seja como que agasalhado por um clima de oração: os momentos de júbilo se converterão numa ação de graças; as dificuldades, as angústias e depressões, numa oportunidade de fazer atos de reparação, unidos à cruz do Senhor; o encontro com cada uma das pessoas com as quais nos deparamos, numa ocasião privilegiada de servir, de ajudar, de tomá-las mais felizes, de falar-lhes de alguma maneira de Deus. Assim a vida se converterá na matéria-prima com que Deus fará uma das suas obras-primas.

Outra herança dos nossos antepassados que conseguiram uma habitual presença de Deus é o costume de recolher-nos à noite e fazer uma recapitulação do dia. Ao longo de um breve exame de consciência, pediremos perdão a Deus das nossas falhas e omissões e louvaremos a Deus pelas boas obras que conseguimos realizar naquelas horas. E sempre faremos um propósito para melhorar no dia seguinte.

Entre esses dois marcos — o oferecimento do dia e o exame de consciência à noite — encontraremos mil ocasiões de unir-nos ao Senhor ao longo dos nossos afazeres. Há pessoas que em tudo encontram uma ocasião para orar. Isto parecerá natural para aqueles que souberem assumir como próprias aquelas palavras de São Paulo aos atenienses no Areópago: "em Deus vivemos, nos movemos e existimos" (At 17, 28).

Existir em Deus, viver mergulhados em Deus, como o peixe na água, respirar em Deus como quem aspira o seu próprio alento... Dar graças a Deus por poder caminhar, correr, sentir o sangue dançar pelas nossas artérias... Bendizer o sol, a lua. Rememorando o hino de ação de graças dos três jovens no meio do fogo (Dn 3, 46-90): "Ventos do Senhor, bendizei ao Senhor, águas e rios bendizei ao Senhor, frio e calor bendizei ao Senhor, luzes e trevas bendizei ao Senhor, montanhas e fontes bendizei ao Senhor, pássaros todos dos céus, animais todos da terra, peixes todos do mar, bendizei ao Senhor, louvai-o e exaltai-o para sempre, pelos séculos sem fim".

Assim pode decorrer cada uma das nossas jornadas: redescobrindo a beleza da criação, a maravilha da própria existência, a alegria de viver... Sabendo encontrar a beleza escondida num rosto humano, numa flor, numa alvorada, num crepúsculo; conseguindo compadecer-se, como o Senhor, diante de um mendigo, de um doente; sentindo como própria a miséria de um favelado, de um excluído, de um discriminado. Ir dizendo pela rua, nós também, unidos ao hino bíblico: trabalhos dos homens, bendizei ao Senhor; escritórios e fábricas, bendizei ao Senhor; carros, trens e aviões, bendizei ao Senhor; desempregados, camelôs, funcionários públicos, empresários, favelados, bendizei ao Senhor; barulho, poluição, engarrafamentos e correrias urbanas, bendizei ao Senhor. Assim tudo — o bom e o ruim —, ao comando da nossa oração, pode tornar-se um autêntico louvor a Deus.

No fim do dia, saberemos também converter o sono em oração. Sei de alguém que tem o costume de, ao deitar-se, dizer a fórmula com que inicia sempre a sua oração: "Meu Senhor e meu Deus, creio firmemente que estás aqui, que me vês, que me ouves, adoro-Te com profunda reverência, peço-Te perdão dos meus pecados e graça para fazer com fruto este tempo de oração" — tempo de oração que durará a noite inteira... Ele dizia-me que assim se sentia muito em paz, porque pensava que desta maneira o seu descanso todo convertia-se em oração. E quando acordava no meio da noite, repetia a mesma fórmula, dizendo alguma jaculatória breve, e continuava dormindo. Ao levantar-se de manhã, recitava o que costumava dizer quando terminava a sua oração: "Dou-te graças meu Deus, pelos bons propósitos, afetos e inspirações que me comunicaste nesta meditação". Comentava que ficava muito contente porque "fazia de conta" que conseguia orar sete ou oito horas seguidas: o tempo decorrido enquanto dormia. Uma ingenuidade que, sem dúvida, há de alegrar ao Senhor.

No fim do dia, deveríamos saber dizer como Santo Agostinho:

"Quem me dera descansar em ti" — descansar em ti, repousar na tua inefável vontade — "quem me dera que viesses ao meu coração, para inebriá-lo a ponto de fazê-lo esquecer os meus males e abraçar-te a Ti, Senhor, o meu único bem";[11] quem me dera poder repetir com o salmista: "Senhor, contigo me levanto e contigo vou deitar-me tranquilo e na paz logo adormeço, pois só vós, ó Senhor Deus, dais segurança à minha alma" (cf. Sl 4).

---
11 Santo Agostinho, *Confissões*. Lib. 1, 1-2; 25, 5.

Que paz, que serenidade de espírito dá viver cada dia na presença de quem tem nas suas mãos o poder de tornar-nos eternamente felizes!

A oração de cada dia

No dia a dia vivemos situações que são comuns para todos: o cansaço, o desânimo, a doença, o aborrecimento, os êxitos, as ansiedades e as alegrias...
Temos que saber fazer a oração com o tema da nossa vida, utilizando como assunto precisamente essas circunstâncias que mais nos fazem rir e chorar, entusiasmar-nos ou desanimar. A nossa vida tem que ser oração, mas a nossa oração tem que estar repleta de vida.

Às vezes não sabemos como falar com Deus. Procuramos as palavras e não as encontramos. Por isso poderia ser útil ensaiarmos algumas formas de oração para que, apoiando-nos nelas, possamos construir com os nossos próprios sentimentos e palavras a oração de cada dia. Assim fui procedendo em algumas ocasiões: fazendo a minha oração enquanto escrevia, ou escrevendo enquanto fazia oração.

Rabiscando um dia e outro, uma folha e outra. Aqui recolho algumas delas, aleatoriamente, pensando que talvez possam ser-lhes úteis.

A oração para viver no dia de hoje

Senhor, estou inquieto. Hoje estou preocupado com o dia de amanhã, esquecendo que "basta a cada dia o seu cuidado" (Mt 6, 34).

Ensina-me, Senhor, a amar este minuto que estou vivendo agora, este dia de hoje que é o único que possuo; a entregar-me a ele sem pensar naquele que passou e naquele que há de vir.

Mostra-me como viver tranquilo, sem ansiedade, sem essa preocupação pelo que futuramente possa acontecer. Que eu saiba aprender essa lição evangélica que me convida a confiar na Divina Providência, reparando no cuidado que o meu Pai tem para com os passarinhos do céu e para com os lírios do campo...

Ensina-me a consagrar-me ao instante presente como se fosse o objetivo primordial e exclusivo da minha vida; a amar cada hora, humildemente, sem pausa e sem pressa, saboreando plenamente todo o seu conteúdo e toda a sua riqueza.

Ensina-me, Senhor, a inserir em cada tarefa, por insignificante que seja, a totalidade do meu ser, como se estivesse fazendo uma obra de arte exclusivamente para agradar-Te, engrandecer a Tua glória e cantar o Teu louvor.[12]

Ensina-me a viver cada minuto com vibração de eternidade,[13] a fazer o que devo e estar plenamente no que faço por amor, para que também, no último minuto da minha vida, possa exclamar como Tu: "Senhor, nas tuas mãos entrego o meu espírito" (Lc 23, 46).

---

12 Cf. Angelo Caldas, *Em conversa com Deus*, São Paulo, Quadrante, 1989, pp. 27--28.
13 Expressão habitual de São Josemaria Escrivá.

Oração para estar alegre

Hoje, Senhor, fiquei aborrecido. E o mau-humor foi crescendo e crescendo. E fiquei mais aborrecido por ter-me aborrecido.

Senhor, sou muito orgulhoso: qualquer desafeto, qualquer palavra menos amável, qualquer esquecimento e desatenção, qualquer fracasso e qualquer falha me deixam contrariado.

Hoje, Senhor, estou sendo vítima do enfado, sinto-me desassossegado feito um feixe de nervos descontrolados... isto me humilha e me entristece.

Peço-Te Senhor, que me ensines essa grande verdade: "A alegria verdadeira tem as suas raízes em forma de cruz."[14]

Rogo-Te que me ajudes a entender que a alegria não brota apenas do êxito e do bem-estar, mas também da contrariedade e da doença, quando são vividas por amor.

Suplico-Te, Senhor, que me mostres como um Cristianismo triste não é Cristianismo; como um santo triste é um triste santo; como a santidade deve irradiar alegria, como a alegria não há de ser para mim apenas uma virtude, mas uma verdadeira obrigação, "porque os que procuram o Senhor sempre têm o coração alegre" (cf. Sl 104, 3).

Hoje, diante deste meu ridículo aborrecimento, peço-Te que eu aprenda a aceitar as desatenções, as falhas e insucessos com humildade. Que eu saiba rir às gargalhadas da grotesca importância que dou à

---
14 Josemaria Escrivá, *Forja*, São Paulo, Quadrante, 1987, n. 28.

minha própria pessoa, que saiba encontrar uma ponta de humor nos acontecimentos enfadonhos, que saiba contar aos outros uma boa piada, ainda que tenha mais vontade de que me deixem em paz, que consiga fazer aflorar aos meus lábios um sorriso ainda que os meus olhos estejam a ponto de derramar-se em lágrimas...

Oração na doença e no cansaço

Hoje, Senhor, estou "na lona". Não sei se estou com gripe ou se estou cansado. O que sei é que estou com vontade de mandar tudo às favas e ir para a cama.

Hoje, meu Deus, estou com uma estranha compaixão de mim mesmo: "dodói". Que eu me lembre, Senhor, dos que não têm uma cama limpa para deitar-se e daqueles que, tendo-a, se deitam com a dor insuportável do câncer no seu estômago.

Senhor, que eu sinta nas minhas vísceras não tanto a dor da doença, como a dor do egoísmo que me faz pensar em mim mesmo, quando tantos perto de mim estão morando no imundo barraco de uma favela, no frio estarrecedor da rua, embaixo da ponte ou da marquise.

Quero que me dês a graça de poder oferecer-Te, Senhor, o meu corpo moído, a minha cabeça pesada, o meu espírito desanimado e apático e, ao mesmo tempo, peço-Te que saiba agradecer o conforto do meu lar, a presença dos meus entes queridos e especialmente esse grande dom da fé de que brota a ciência de transformar a desolação, a mágoa, o esgotamento, o desânimo, a consternação e a canseira em instrumentos corredentores, unidos aos Teus sofrimentos na cruz.

Eu vou repetir este pedido muitas vezes, tantas quantas sejam necessárias para afastar essa esquisita pena que sinto de mim...

Senhor, para dizer a verdade, já não me estou sentindo tão mal. Obrigado, Senhor, pela força e consolação que me destes. Continuo, porém, cansado. Vou para a cama.

Oração para não perder a juventude

Nesta última semana, parece ter-me faltado motivação para viver, como se me sentisse um pouco mais velho. Talvez isso tenha acontecido porque, no panorama da minha vida, não vislumbro nenhuma perspectiva nova. Porventura deixei-me dominar pela rotina, não soube descobrir novidades nesse decorrer cinzento dos dias sem nome, nem adjetivos.

Guarda-me, Senhor, eu Te peço, do ranço mal-humorado do homem velho. Ensina-me a encontrar novas luzes nos trabalhos monótonos de sempre. Que eu acorde, meu Deus, a cada manhã, com a vibração de um jovem atleta, com o desafio de superar a minha própria marca.

Outorga-me, Senhor, a grande graça de não perder nunca o otimismo, de saber recomeçar, com espírito esportivo, depois de qualquer fracasso, que eu saiba esperar contra toda a esperança (Rm 4, 18) e sentir-me forte quando me veja débil (cf. 2Cor 12, 10), porque sei que tudo posso em ti que sempre me confortas (cf. Fl 4, 13).

É assustador saber que aos dezoito anos se pode ter a alma de um velho. Muitas vezes já disse que os anos enrugam a pele, mas perder a esperança, perder o ideal enruga a alma. Às vezes, Senhor, parece que deixo que a minha alma se encolha corno urna uva passa, permitindo que nela entre o desânimo.

Não permitas isso, Senhor, nunca, nunca, nunca! Que eu viva sempre de esperanças, que não me deixe nunca abater pelas saudosas lembranças. Que as esperanças de progredir no caminho da virtude, de tornar felizes e santas as pessoas que me rodeiam, suplantem as lembranças das minhas falhas e limitações, dos meus ressentimentos e lamentações.

Que não me falte jamais o entusiasmo da juventude. Que esta minha oração de hoje seja uma ajuda para me sentir mais jovem amanhã.

Oração para sentir-se como um menino

Hoje estou me sentindo como que perdido, abandonado, sem saber como fazer a minha oração. Lembrei-me de uma página desse livro tão estimulante de Caffarel que se chama *Cartas sobre a oração*. Ao procurá-la, encontrei exatamente aquilo de que necessitava: uma história que me levantasse dessa sensação de desamparo: "Uma mãe de família", diz o texto, me escreve: "Fui ao quarto do meu filhinho abraçá-lo, antes que ele dormisse. Ao me retirar, apago a luz; mas eis que uma voz angustiada me suplica: 'Mamãe, não te vás!'. Aproximo-me e inclino-me sobre ele: 'Por que, meu bem?' 'Porque quando não estás aqui eu sou... sou... sou um pobrezinho!'"

"Minha senhora, respondi-lhe, não sei se alguma vez uma palavra de criança me impressionou tanto como esta. As palavras do seu pequenino Felipe ecoam na minha alma desde que as li. Ele poderia ter dito: 'Fico triste', ou ainda: 'Tenho medo'. Isso seria banal. A tristeza, como o medo, dissipa-se facilmente. Mas ele disse, depois de ter procurado por um instante a palavra exata para exprimir o seu sentimento mais autêntico: "Sou um pobrezinho". Isso é tão cheio de consequências! Um pobre é alguém a quem falta o necessário, o pão indispensável, e que acabará por morrer de privações. Eis o que o seu filhinho sentia intensamente naquela noite: que a sua mamãe era o seu pão cotidiano, a sua razão de viver, que sem ela ele era verdadeiramente pobre, pobre ao extremo.

"Possa ele dizer a Deus um dia, com o mesmo ardor e a mesma convicção: 'Senhor, não Te vás. Porque, quando não estás comigo, sou um pobrezinho!' Naquele dia, ele saberá rezar."[15]

"Naquele dia", que para mim é hoje, estava aprendendo a rezar da maneira que precisava. E qual um tolo estou, repetindo uma vez e outra: "Senhor, não Te vás. Sem Ti, sou um pobrezinho! Senhor, sem Ti, sou um pobrezinho!" Assim gritavam Bartimeu,

---

15   Henri Caffarel, op. cit.. pp. 77-78.

e o leproso, e a Cananeia, e Marta e Maria... e com as suas lágrimas, a viúva de Naim, o centurião e, no meio dos seus estertores mortais, o bom ladrão. E assim também podemos murmurar você e eu no silêncio da nossa oração: "Senhor, não Te vás. Sem Ti sou um pobrezinho!"

Oração para entusiasmar-se pelo trivial

No fim deste mês, olhando para trás, reparei que não houve nada de especial. Tudo era igual. Uma sucessão interminável de trivialidades. Coisas sem importância. Insignificantes. Isto tendia a deprimir-me.

Os minutos e as horas pareciam-me que iam desfilando, uns atrás dos outros, como soldados num desfile militar: todos uniformizados do mesmo jeito, da mesma cor; todos caminhando ao mesmo ritmo, com o mesmo passo...

Por um momento, Senhor, pareceu tudo aquilo tão insignificante que não valeria a pena ser vivido. Eu Te peço, Senhor, que me faças compreender que esses minutos que enchem as horas, como os grãozinhos finíssimos enchem a ampulheta do tempo, representam a minha vida. É isso o que devo santificar. Não tenho mais nada. Cada minuto. Cada grãozinho. É só isso o que possuo.

Ensina-me, Senhor, que essas horas que desfilam uma ao lado da outra, como os integrantes de uma parada marcial, são os elementos de que eu disponho para ganhar os combates da vida. Quando bem unidos, entrelaçados e aguerridos, *sicut acies ordinata*, "como exército em ordem de batalha" (Ct 6, 4), são capazes de transpor as trincheiras das dificuldades para vencer não já as escaramuças de cada dia, mas a última batalha que, afinal, é o que toma vitoriosa essa grande campanha guerreira que é a vida toda.

Mostra-me, Senhor, que essas insignificâncias, essas pequenas coisas são como o ponteado que vai alinhavando, pouco a pouco, a minha veste nupcial, o manto da minha santidade, como Maria tecia e entrelaçava, fio a fio, o tecido para perfazer a túnica do seu filho Jesus.

Um secreto orgulho parece que me inclina sempre a fazer coisas extraordinárias, que chamem a atenção. E, quando estas não aparecem — como sempre costumava acontecer — tenho tendência a ficar abatido. Gostaria, Senhor, de aprender essa grande lição de Maria, que nunca fez coisas extraordinárias, mas acabou sendo a mulher mais extraordinária da história humana, porque soube fazer extraordinariamente bem as coisas ordinárias de cada dia.[16]

Que eu me orgulhe, Senhor, de tomar grandes — pelo amor — as ninharias insignificantes da minha vida.

Dá-me a graça de entusiasmar-me pelo trivial, sabendo descobrir na opacidade do intranscendente o brilho de um amor que se perpetua e se eterniza.[17]

---

16 Expressão característica de São Josemaria Escrivá.
17 Cf. Angelo Caldas, op. cit., pp. 39-41.

A oração de cura

Entre os muitos temas que poderíamos tratar, há um que não se deveria omitir: a oração de petição pela cura das nossas doenças da alma e do corpo.

Antes de curar uma doença, é preciso diagnosticá--la, não reparando apenas nos efeitos superficiais, mas nas suas causas mais profundas.

Ouvimos falar dos novos métodos para conseguir um diagnóstico mais exato como a endoscopia e o cateterismo: introduzem-se pela traqueia ou pelas veias ou pelas artérias uma sonda ou um cateter com uma microcâmera na sua extremidade: ela vai filmando as irregularidades do estômago, do intestino ou das artérias e revelando ao médico imagens muito parecidas com as que apresentaria um exame feito a olho nu. De igual maneira, pretendemos introduzir--nos agora no mais profundo da nossa intimidade para descobrir, com a câmera luminosa e penetrante do Espírito Santo, a realidade do nosso ser e solicitar de Nosso Senhor o remédio oportuno.

Temos que aprender a fazer esta endoscopia e igualmente a pedir a nossa cura. O Senhor não apenas ensinou aos seus discípulos a fazer oração, mas insistiu com muitos exemplos, imagens e parábolas corno é bom clamar do fundo da nossa indigência, pedir e pedir com insistência. Poderíamos citar, nesse sentido, muitos textos do Evangelho, mas parece-nos suficiente agora transcrever apenas um de São Lucas, altamente expressivo: Um dia, num certo lugar, estava Jesus a rezar. Terminando a oração, disse-lhe um de seus discípulos: "Senhor, ensina-nos a rezar, como também João ensinou a seus discípulos". Disse-lhes Ele então: "Quando orardes, dizei: Pai, santificado seja o Vosso nome; venha o Vosso reino; dai-nos hoje o pão necessário para o nosso sustento; perdoai-nos os nossos pecados, pois também nós perdoamos aqueles que nos ofenderam; e não nos deixeis cair em tentação". Em seguida, Ele continuou: Se alguém de vós tiver um amigo, e for procurá-lo à meia-noite e lhe disser: Amigo, empresta-me três pães, pois um amigo meu acabou de chegar à minha casa, de uma viagem, e não tenho nada para lhe oferecer; e se ele responder lá de dentro: Não me incomodes; a porta já está fechada, e meus filhos e eu estamos deitados; não posso levantar-me para te dar os pães; digo-vos, no caso de não se levantar para lhe dar os pães por ser seu amigo, certamente se levantará por causa da sua importunação e lhe dará quantos pães ele necessitar. E eu vos digo: Pedi, e dar-se-vos-á, buscai e achareis, batei e abrir-se-vos-á. Pois todo aquele que pede, recebe; aquele que procura, acha; e ao que bater, se lhe abrirá. Se um filho pedir um pão, qual o pai entre vós que lhe dará urna pedra? Se ele pedir um peixe, acaso lhe dará urna serpente? Ou, se lhe pedir um ovo, dar-lhe-á porventura um escorpião? Se vós, pois, sendo maus, sabeis dar boas coisas a vossos filhos, quanto mais vosso Pai celestial dará o Espírito Santo aos que lhe pedirem!" (Lc 11, 1-3).

Não seria possível ser mais claro: o Senhor reitera de diversas formas a conveniência de pedir para receber. Isto nos deveria animar a, sem inibir-nos, confiar na solicitude salvadora de Jesus. E é isto o que faziam os que com Ele conviviam.

Já vimos como muitos se aproximaram d'Ele para pedir a cura, com uma sinceridade surpreendente, como aquela da cananeia que ia gritando detrás de Jesus: "Cura a minha filha, cura a minha filha!" (cf. Mc 7, 25-26); ou com uma persistência incansável como aquela de Bartimeu, o cego de Jericó, que repetia suplicando: *Domine, ut videam* — "Senhor, que eu veja!" (Mc 10, 51); ou com uma comovente humildade cheia de fé como aquela do leproso que clamava: *Domine, si vis, potes me mundare* — "Senhor, se queres, podes curar-me" (Mc 1, 40). É evidente que todos eles, além de pedir com insistência e sinceridade, pediam com extrema confiança. Reparemos que o leproso não dizia "se podes", mas "se queres". Não externava algo semelhante ao pedido do pai em favor do filho endemoniado: "se podes alguma coisa, cura o meu filho" (Mc 9, 22). Não: o leproso dizia apenas, cheio de fé: "se queres"; porque se *queres, podes.*

Foi nesta ocasião do menino endemoniado que o Senhor se insurgiu diante do pai para recriminar-lhe: "Como dizes 'se podes'? Tudo é possível para quem crê" (Mc 9, 23). O leproso, pelo contrário, com essa fé que provoca milagres, implorava simplesmente: *se queres*. Foi então que Jesus disse: *Volo, mundare* —"Eu quero, sê limpo" (Mc 1, 41). E naquele instante, o pobre doente ficou livre da lepra.

Na nossa meditação, como já dissemos, temos que saber adentrar no mais íntimo do nosso ser e, ajudados por essa "microcâmera" do Espírito Santo, descobrir as nossas doenças da alma e do corpo e solicitar ao Senhor o Seu remédio e a Sua cura. Mas temos que pedir com essa fé que transporta montanhas (Mt 17,20).

Com as palavras de São Josemaria Escrivá — esse homem de fé profunda que sabia dinamitar montanhas com a força da sua oração — deveríamos saber implorar a Deus: "Senhor, se quiseres — e Tu queres sempre — podes curar-me. Tu conheces a minha debilidade; sinto estes sintomas e experimento estas outras fraquezas. E descobrimos com simplicidade as chagas; e o pus, se houver pus. Senhor, Tu, que curaste tantas almas, faz com que, ao ter-Te no meu peito ou ao contemplar-Te no Sacrário, Te reconheça como Médico divino"[18] Ao fazer assim a nossa "endoscopia", através do nosso exame de consciência ou da oração, vamos mostrando a Deus as nossas doenças e solicitando a nossa cura.

A respeito dessa fé vigorosa que incita o ilimitado poder do Médico divino, gostaria de transcrever um texto dos artigos do Postulador da Causa de Canonização de São Pio X — um livro com as maiores garantias de veracidade — escrito por Girolamo Dal-Gal:

> Um Bispo do Brasil tinha a sua mãe doente de lepra. Tinha ouvido falar da fama de santidade de Pio X. Num dos primeiros meses de 1914, viajou a Roma para implorar do servo de Deus a cura de sua mãe. Apresentando-se

---
18 Josemaria Escrivá, *É Cristo que passa*, n. 93.

diante do Santo Padre, rogou-lhe com grande insistência que lhe obtivesse a graça tão desejada. O Papa o exortou a que se encomendasse a Nossa Senhora e a algum outro Santo. Mas o Bispo, insistente, cheio de fé no poder do Vigário de Cristo, disse-lhe: "Ao menos, beatíssimo Padre, digne-se repetir as palavras de Nosso Senhor ao leproso: *Volo mundare*" (Quero, sê limpo). O servo de Deus respondeu: *Volo mundare*. Quando o Bispo regressou a sua pátria, encontrou a sua mãe completamente curada.[19]

Na mesma hora em que o Papa pronunciava as suas palavras, operava-se o milagre a 5 mil quilómetros de distância! É o poder da oração! É o poder da fé! Quando nós pedimos ao Senhor com fé, — e é para o bem da nossa alma — sempre conseguimos.

Yves Chiron, na sua biografia de Padre Pio, conta um acontecimento que reafirma precisamente a eficácia da oração. Foi escrito pelo Pe. Onfroy, que verificou com pormenor a sua autenticidade. Uma criança de Alençon, na Normandia, França, doente de meningite cérebro-espinhal, estava desenganada pelos médicos. O especialista do hospital onde estava internada tinha advertido a sua mãe que o seu filho, Daniel B., faleceria provavelmente naquela noite.

A pobre mãe, desolada, confiou a sua pena às vizinhas, que tiveram uma ideia luminosa: enviar um telegrama ao Pe. Pio, para que intercedesse pela sua cura. Era o 29 de janeiro de 1957. O telegrama foi enviado às 13h30, carregado de esperanças e de orações. Às 15h, a senhora B. estava no hospital.

---
19   Girolamo Dal-Gal, *Pio X, El Papa Santo*, Madri, Palabra, 1985, pp. 30-1.

SERENIDADE e paz pela oração

Daniel tinha 41 graus de febre. Debatia-se em meio a convulsões. A freira de serviço suplicou à mãe que fosse embora, querendo poupar-lhe assim a pena de ver morrer o seu filho. Mas ela ficou. Às 16h., a febre baixou para 37 graus. Produziu-se no menino uma notável melhoria. Pouco depois estava curado. Ficou calmamente dormindo. A mensagem chegou ao seu destinatário e a oração do Padre Pio conseguiu a saúde da criança moribunda.

No dia seguinte de manhã, o médico que se ocupava do menino, ao ver a mãe de Daniel, exclama: "Não entendo nada: o seu filho não só está fora de perigo, mas também completamente curado!" Emocionada, com imensa alegria, a senhora B. foi comunicar às amigas vizinhas a grande notícia. Elas lhe deram a ler uma biografia do santo religioso. O livro tinha uma fotografia dele na capa. A Sra. B. levou o livro para o seu filho. E, olhando para a capa, a criança, surpreendida, comentou: "Escuta, mamãe, eu conheço este padre. Veio ver-me duas vezes esta manhã. Começou a cantar, para que não me assustasse. E logo foi-se embora".

A mãe dele respondeu com rapidez: "Como queres, filhinho, que um padre que mora a muitos quilômetros daqui tenha vindo visitar-te?" Mas, diante da insistência do filho afirmando o fato, a mãe viu-se obrigada a reconhecer a sua realidade. Ignorava que o Padre Pio tinha o dom inexplicável da bilocação. E para curar o seu pequeno moribundo, ele tinha efetuado uma viagem de 2 mil quilômetros à velocidade do pensamento...

Daniel ficou completamente curado. Os pais, que não eram casados, receberam o sacramento do matrimônio. E Daniel, com frequência, repetia para sua mãe: "Mamãe, quando for grande eu serei sacerdote."[20]

Compreendemos que alguns possam julgar que estas histórias, como tantas outras semelhantes, sejam meras fábulas forjadas por mentalidades desequilibradas. No entanto estes fatos, como milhares de outros milagres, têm o aval de provas históricas e clínicas insofismáveis.

Reiteramos: é o incrível poder da fé!

Não devemos ser "milagreiros", mas não podemos duvidar da existência dos milagres. Muitos alegam que hoje já não há milagres. Mas nós poderíamos dizer que, se faltam hoje milagres, é porque faltam homens de fé. Nós mesmos faríamos esses milagres, se tivéssemos fé. O poder de Deus não diminuiu. É o mesmo:[21] o mesmo que dividiu em duas partes as águas do Mar Vermelho; o mesmo que acalmou a tempestade e multiplicou os pães; o mesmo que ressuscitou instantaneamente a Lázaro. Nós temos que viver da fé, arrancar esses favores do Sacrário com a força da nossa oração. André Frossard, um comunista francês, convertido subitamente de uma forma prodigiosa ao ver a grandiosa beleza de Deus no Santíssimo Sacramento, dizia que "a força de Deus não é o seu poder, mas a sua ternura":[22] ela

---

20 Cf. Yves Chiron, *El Padre Pio*, Madri, Palabra, 1999, pp. 268-270.
21 Cf. Josemaria Escrivá, *Caminho*, op. cit., n. 583.
22 Cf. *Deus e o Sentido da Vida*, op. cit., pp. 131 ss.

derruba qualquer resistência humana. Nós, entretanto, poderíamos dizer, paralelamente, que a força da nossa oração é a fraqueza de Deus: o Senhor deixa-se vencer sempre por uma oração humilde e confiante. Tertuliano, o grande teólogo dos primórdios do Cristianismo, o diz da maneira mais sintética possível: "Só a oração vence a Deus".[23]

Algumas pessoas julgam que pedir favores parece algo interesseiro e egoísta. É possível que o seja. Mas nós não somos nem perfeitos, nem autossuficientes. Somos essencialmente carentes, como crianças. E as crianças pedem. Sempre pedem: "Mamãe dá-me isto, mamãe preciso daquilo". Sim, nós podemos também agir assim com Deus. Diante de um Deus que é eterno, por muito velhos que sejamos, sempre seremos crianças. Não tenhamos receio de pedir. Aliás, Ele mesmo, compreendendo as nossas carências "interesseiras", disse: "Pedi e recebereis." (Jo 16, 24).

Acreditemos: *a força da intercessão é a debilidade de Deus.*

Há muitas passagens na Bíblia que mostram essa força. Lembremos apenas aquela em que Moisés reza no meio de uma batalha: "Enquanto ele tinha as mãos levantadas em atitude de oração, o exército de Israel vencia, mas logo que as baixava, as tropas de Amalec triunfavam" (Ex 17, 11). Aqui encontramos o segredo das nossas derrotas: não recorremos a Deus com suficiente persistência. Somos muito

---

23 Tertuliano, *Tratado sobre a Oração.* cap. 28-29: CCL 1, 273-274.

desconfiados e autossuficientes. A solução é levantar humilde e incessantemente as mãos em atitude de oração. E o texto bíblico continua: "Mas como se fatigassem os braços de Moisés, puseram-lhe uma pedra por baixo e ele assentou-se nela, enquanto Aarão e Hur lhe sustentavam as mãos de cada lado; suas mãos puderam assim conservar-se levantadas até o pôr do sol" (Ex 17, 12). E a vitória foi arrasadora.

Não tenhamos receio de pedir que nos ajudem a levantar as mãos, a interceder por nós. Não nos cansemos também nós de interceder pelos outros. Essa é a nossa arma, essa será a pedra que derrubará, como fez Davi, qualquer tipo de Golias.

Sempre me impressionou a passagem de Isaías citada por São Lucas, que Jesus atribuiu à sua pessoa: "O espírito do Senhor está sobre mim, porque me ungiu para evangelizar os pobres, enviou-me para curar os contritos de coração, para anunciar aos cativos a redenção, aos cegos a recuperação da vista, para pôr em liberdade os oprimidos" (Lc 4, 18-19).

Nós temos que nos colocar diante de Jesus para dizer-lhe: "Senhor, eu sou um pobre homem, aprisionado pelos meus defeitos e limitações, cego até o ponto de não enxergar as verdades da fé, e tão oprimido que estou precisando quebrar as algemas dos meus condicionamentos. Jesus, eu Te peço que entres no meu coração e toques, com os recursos da Tua inigualável medicina, as minhas chagas de leproso, que me sares das minhas depressões, dos meus medos e das minhas ansiedades; limpa-me de tudo aquilo que exerce em mim uma influência negativa; liberta-me de todas as ataduras do meu passado — dos traumas, ressentimentos e complexos — e de todas as apreensões e medos a respeito do futuro; cura as feridas das frustrações, fracassos e rejeições Tu nos disseste que o Espírito do Senhor foi derramado em Ti para libertar os cativos. Aqui estou eu, diante de Ti, agrilhoado pelas minhas doenças, pelos meus defeitos e pecados. Eu me entrego totalmente a Ti e Te peço que restaures a integridade da minha vida e me outorgues a paz e a alegria própria dos que seguem o Teu caminho. Obrigado, Senhor, porque sei que a minha súplica está sendo acolhida pela tua benignidade".

E parece que o Senhor, de braços abertos, acolhe o nosso pedido e imaginamos que nos responde com a letra daquela música bonita que está sendo cantada agora especialmente pelos jovens:

> Eu Sou o que Sou, sou o Deus do amor. Estou aqui para te curar.
> Vem a mim, dá-me tuas tristezas, tuas dores e o teu coração.
> Te amo, és precioso para mim, o Teu nome gravado está em minhas mãos
> Estou aqui para te curar...
> Vai, meu filho vai, pois curado estás.[24]

O Senhor gostará, sem dúvida, de ouvir essa nossa oração, e para nós também, indubitavelmente, será

---
24 Música de autoria de Rildo Barros, do Ministério Haguidéni.

reconfortante imaginar que pode vir a ressoar nos nossos ouvidos uma música como essa que nos fale desse amor que o Senhor sente por nós e dessa determinação de prontificar-se para nos curar.

Por isso desejaria que, como já dizíamos, fizéssemos um percurso, introduzindo o "cateter" do Espírito Santo no mais profundo do nosso ser, nas cavernas da nossa memória, nas camadas mais entranhadas do nosso coração, nos abismos do nosso subconsciente, para que o remédio divino viesse a nos tocar como as mãos de Jesus ao cego ou ao leproso, operando no mais recôndito da nossa alma, no último vaso sanguíneo do nosso organismo espiritual, essa cura salvífica da qual tanto precisamos.

Procuremos, a partir de agora, orientar as nossas reflexões — a nossa "endoscopia" — na direção desses três estados de ânimo que com frequência nos afligem: a depressão, o medo e a ansiedade.

A depressão e a oração

Não raro nos temos referido, nestas páginas, ao problema da depressão. O dr. Cardona, acadêmico da Real Academia de Medicina de Valência (Espanha), especialista na matéria, nos diz que a depressão, segundo a opinião generalizada dos psiquiatras, foi a enfermidade por antonomásia do século XX. Com certeza, no século XXI esse quadro continua o mesmo, se levarmos em consideração que permanecem as causas que o provocam: isto é, a insegurança familiar causada pelas rupturas conjugais que abalam tanto os esposos como os filhos, a insegurança econômica e social e especialmente a falta de suporte psicológico criado pela perda dos valores que dão sentido à vida. Com efeito, grande número de transtornos psíquicos deriva da repressão dos valores do espírito. Chesterton já o dizia: "o natural, sem o sobrenatural, se desnaturaliza."[25] Esta realidade pode ser constatada no nosso meio. Com não rara incidência, encontramos ao nosso lado pessoas deprimidas. Dá a impressão de que esta situação anímica vai-se dilatando à medida que vamos adentrando no terceiro milênio. Ela, contudo, não é moderna. Acompanha o homem desde sempre. É certo que a ausência de Deus, como fenômeno social do nosso tempo, tem sido indubitavelmente um fator multiplicador desse mal, mas ele sempre esteve no íntimo do ser humano. Basta apenas recordar aquelas palavras do Salmo, escritas bem antes da era cristã: "Por que te deprimes, minha alma, e te inquietas dentro de mim?" (Sl 41, 66).

A depressão, como estado emocional de abatimento e de tristeza perante a vida, pode ter diferentes manifestações: o sentimento de abandono, de pessimismo, a perda da autoestima, a falta de interesse pela vida, pelo estudo, pelo trabalho, pela convivência social, pela família. Tudo parece difícil, desmotivante, custoso, desanimador.

---

25 Cf. entrevista do Dr. Carlos Cardona publicada em *Mundo Cristiano*, junho de 2001, e recolhida em *Interprensa*, agosto de 2001.

Bem sabemos que a depressão pode ter um fundo biológico, que exige um tratamento médico adequado; também sabemos que nela atuam outros fatores humanos como as experiências negativas do passado — a falta de carinho dos pais ou a sua separação, os traumas, as decepções e os fracassos... — as perdas que parecem irrecuperáveis — a morte de um ente querido, a frustração de uma relação amorosa, o desemprego... — as situações aflitivas do cotidiano — conflitos afetivos, crises conjugais, fracassos profissionais, desentendimento com os filhos, sentimentos de solidão, doenças, cansaço e "stress". Mas, sejam quais forem as causas da depressão, o importante é descobrir de que maneira a nossa oração nos pode tirar dessa situação de abatimento. É necessário estarmos convictos de que "pondo no Senhor os nossos cuidados, Ele nos sustentará" (cf. Sl 54, 23). Ao mesmo tempo, é preciso encontrar os caminhos através dos quais a oração pode vir a ser um remédio insubstituível.

Deveríamos levar à nossa consideração a situação de depressão em que se encontraram algumas personagens bíblicas, para aprender com elas a superar as nossas próprias depressões.

É notória a depressão de Moisés, que chegou a desejar a morte. Clamava: "Eu sozinho não posso sustentar todo este povo; ele é pesado demais para mim. Em lugar de tratar-me assim, Senhor, rogo-vos que antes me tireis a vida" (Nm 11, 14-15). Jó é a imagem viva da depressão. Depois de perder tudo o que tinha — os bens materiais, a sua querida família e, por fim, a saúde — só desejava a morte. E murmurava: "Por que não morri no seio materno, por que não pereci saindo das suas entranhas?" (Jó 3, 11). Elias — como tantos outros — também rogou a Deus: "Basta, Senhor; tira-me a vida" (1Rs 19, 4). Mas eles souberam acudir a Deus e Ele os reconfortou, como a Moisés por meio de prodigiosos sinais, como a Jó restituindo e multiplicando aquilo que perdeu, como a Elias alimentando-o com aquele pão que lhe deu vigor para caminhar quarenta dias e quarenta noites, até o monte Horeb (cf. 1Rs 19, 8). Contudo, a cena em que a depressão chega ao seu limite máximo, como já meditamos, é a de Jesus no Getsêmani: "A minha alma está experimentando uma tristeza mortal" (cf. Mt 26, 38). E foi o próprio Jesus que nos deu o meio para sair de qualquer depressão: orar; orar como Ele orou; *orar prolixius*, com intensidade renovada (cf. Mc 14, 39). Foi por causa dessa reiterada intensidade que um anjo veio confortá-Lo e Ele encontrou forças para enfrentar os seus perseguidores e os sofrimentos da Paixão.

A solução espiritual para as nossas depressões segue essa mesma linha. Uma linha que se orienta em duas direções complementares. A primeira nos convida a esquecer-nos de nós mesmos, a não nos reconcentrar negativamente sobre os nossos problemas, lembrando-nos de que muitos já sofreram maiores aflições que nós; que o próprio Cristo transpirou sangue no Horto das Oliveiras por causa do seu abatimento. A segunda nos inclina a abandonarnos em Deus, com uma atitude de absoluta confiança. Leva-nos a recordar aquelas palavras do Senhor: "Vinde a mim todos vós que estais angustiados e sobrecarregados, e encontrareis alívio" (Mt 11, 28). Incita-nos a alimentar a certeza de que Ele será nosso sustento e alívio porque "Ele tomou sobre si nossas enfermidades, e carregou com os nossos sofrimentos" (Is 53, 4), "e por suas chagas nós fomos curados" (Is 53, 5).

A depressão tende a crescer quando ficamos concentrados nela, e regride na medida em que nos abandonamos nas mãos de Deus, através de uma oração confiante. Nela chegamos a embeber-nos da profunda convicção de que o Senhor "é a nossa luz e a nossa salvação; e de que não devemos temer coisa alguma" (Sl 26, 1). Daí emana uma paz profunda que, pouco a pouco, vai permeando o mais íntimo da nossa alma, libertando-nos de todas as tristezas e desânimos.

É preciso acreditar. Acreditar firmemente que Ele realmente é o porto seguro onde poderemos abrigar-nos e repousar de todas as turbulências da vida.

Fundamentado na própria e repetida experiência pessoal e na de tantos outros, volto a convidar todos a que façam idêntica experiência: que decididamente se esqueçam de si mesmos e se abandonem em Deus, por meio da oração, como uma criança se abandona no regaço da sua mãe. E eu lhes asseguro com certeza: a tranquilidade chegará *sicut fluvium pacis*, como um grande rio de paz (Is 66, 12).

O medo e a oração

Todos sentimos medo: o soldado mais corajoso sente medo ao pular a trincheira em direção ao fogo inimigo. O valente não é aquele que não tem medo, mas aquele que o supera.

Nós sentimos medo de muitas coisas. Medo da solidão, do futuro, do fracasso, da doença, do abandono, do sofrimento, da morte... Quem consegue superar o medo torna-se um ser superior.

Nós já refletimos como Jesus ficou apavorado diante do sofrimento e da morte, e como soube superar esse pavor com a oração. Por isso veio a converter-se num paradigma de coragem. Com a oração nós também poderemos um dia dizer: "O que confia no Senhor nada receia, nem se atemoriza, pois o Senhor é a sua esperança" (Ecl 34, 16).

A oração nos afasta dessa espécie de hipnotismo negativo que o perigo exerce sobre nós. Por causa dessa estranha atração, desse medo que polariza toda a nossa atenção, terminamos caindo no perigo que tanto nos atemoriza, como aquele que, dominado pela síndrome da vertigem, corre maior risco de precipitar-se no abismo que obsessivamente quer evitar. Por isso são extremamente sábias aquelas palavras de Jó que nos dizem: "Todos os meus temores terminam se realizando e aquilo que me dá medo acaba por atingir-me" (Jó 3, 25). É como se o medo imobilizasse toda a nossa capacidade de resistência e nos deixássemos aprisionar pelas suas garras: é a força do seu nefasto magnetismo.

Não podemos deixar-nos hipnotizar dessa maneira: é necessário lançar o nosso olhar em outra direção, deixar-nos fitar pelas pupilas amabilíssimas do Senhor para permitir que Ele nos transmita a Sua paz, a Sua segurança, o Seu destemor. Abrir os nossos ouvidos na oração para escutar o Seu chamado, como aquele que dirigiu a Pedro para que, sem medo, saltasse do barco no meio de um mar encapelado: "Vem!" (Mt 14, 29), não tenhas medo. Pedro, ao sair da barca, conseguiu caminhar pelas águas até que reparou mais na violência do vento e das ondas do que na palavra de Jesus: aí começou a afundar. Enquanto fixava o seu olhar em Jesus, manteve-se firme em cima das ondas, mas, ao desviar a sua atenção do Senhor e reparar no perigo, Pedro sentiu que estava se afogando. Imediatamente gritou: "Salva-me, Senhor! No mesmo instante, Jesus estendeu-lhe a mão" (Mt 14, 31). E ele foi salvo.

Se, quando nos sentimos ameaçados, clamarmos ao Senhor, Ele sempre estenderá a Sua mão para nos socorrer. É necessário clamar, fazer oração. É aí que o mar das dificuldades se tomará firme. Quando a oração falha, é que falha a fé. E, quando falha a fé, é que nós afundamos. Por esta razão foi que Jesus disse a Pedro: "Homem de pouca fé, por que duvidaste?" (Mt 14, 31).

A fé aproxima de nós a força de Deus, afasta o medo. A fé faz com que Ele nos segure com a Sua mão; o medo leva-nos a reparar apenas no perigo e na nossa incapacidade. Essa fixação obsessiva, esse hipnotismo maligno de que falávamos antes, essa tensão nervosa que bloqueia qualquer reação é a que termina afundando-nos.

Poderíamos formular esta equação: falta de fé + ausência de oração = medo; oração + fé = coragem. Esta é a equação salvadora! A confiança em Deus terminará impregnando a nossa alma da paz que dimana daquelas palavras do Senhor: "Não tenhais medo dos que matam o corpo... Nem um passarinho cai sem a permissão do vosso Pai... Não temais, pois vós valeis mais que muitos pássaros" (cf. Mt 10, 25--31). A fé no poder do Onipotente acabará cobrindo a nossa alma com uma couraça defensiva: "Ainda que um exército acampe contra mim, meu coração não temerá; ainda que uma guerra me venha ameaçar, mesmo assim estarei confiante" (cf. Sl 26, 3).

Ignácio Orbegozo, um sacerdote do Opus Dei — que não faz muito tempo faleceu santamente de câncer —, nomeado bispo por Pio XII, que lhe designou um dos territórios mais difíceis de pastorear — a Prelazia de Yanyos e Guarochiri — contou-me alguma das suas "aventuras", vividas a mais de 4 mil metros de altitude nos Andes peruanos.

No meio daquelas montanhas imponentes e perigosíssimas, percorria ele em certa ocasião uma vereda de montanha de apenas um metro de largura, comprimida entre um paredão vertical e um profundo abismo. Fez-se noite. Era precedido por um montanhês que conhecia bem a região. Ambos iam a cavalo. De repente, o guia saltou da cavalgadura e se escondeu detrás de umas rochas: "Pule, pule", gritou para Ignácio. "Por quê?" "Olhe à direita".

E ele viu dois olhos brilhando na noite. Era um puma dos Andes, animal extremamente feroz e agressivo. Ignácio gritou: "Sobe ao cavalo. Não tenha medo. Estou armado". O montanhês obedeceu. Quando chegaram à aldeia, este, admirado, disse ao sacerdote: "Não sabia que o senhor andava armado". "Eu sempre ando armado". E puxou do bolso o seu crucifixo: "Esta é a minha arma". O nosso bom homem começou a tremer de susto e esteve a ponto de desmaiar.

O crucifixo, a oração a Cristo crucificado, Nosso Salvador, é a melhor arma contra todos os nossos medos.

A atitude deste bispo santo deveria trazer-nos sempre à memória que, caminhando ao lado do Senhor, estamos protegidos por uma potente couraça: "O Senhor é a minha Luz e a minha Salvação; a quem temerei?" (Sl 27, 1).

Apesar do que dizemos, não podemos esquecer que a graça não dispensa a natureza, que a oração não supre nem a prudência que o bom senso exige, nem o esforço pessoal. Temos que empenhar-nos a fundo para lutar contra o medo, como se luta contra um inimigo. Mas para isso é preciso, antes, identificá-lo.

Os nossos temores muitas vezes são confusos, indeterminados. Podem ter a sua origem numa constituição psicológica fraca, ou numa estrutura física precária; podem provir de uma situação traumática sofrida no passado e escondida no nosso subconsciente, que de repente aflora no presente devido a um motivo aparentemente banal; ou podem emanar de uma família desestruturada em que faltou a segurança do braço paterno ou a ternura do coração materno; podem surgir de uma vida sem sentido, carente de fé, que parece ir caminhando para o aniquilamento ou a morte. Podem ter a sua fonte em outros muitos motivos que precisam ser delimitados e definidos. Só então poderemos combatê-los e superá-los.

Uma das formas mais eficazes para identificar os nossos medos é a meditação feita à luz do Espírito Santo. Com a calma que traz uma meditação pausada, poderemos, pouco a pouco, ir conhecendo a procedência dos nossos receios, as raízes dos nossos pavores e as causas das nossas covardias. É necessário abrir as válvulas da nossa alma e dar oportunidade a que o Espírito Santo invada todas as áreas escuras da nossa vida e as ilumine.

O Espírito Santo nos ajudará a descobrir "o que de escuro e inapreensível se oculta na alma"[26], nos diz João Paulo II. Existe, acrescenta ele, uma "zona limite onde a consciência, a vontade e a sensibilidade do homem estão em contato com as escuras forças do mal."[27] Nessa zona crepuscular onde nosso subconsciente, os traumas e os complexos do passado estão, por assim dizer, misturados às realidades conscientes do presente e em contato com as forças ocultas do mal, é onde aparecem os fantasmas, os medos indefinidos, as apreensões assustadoras...

---

26 João Paulo II, *Reconciliatio et Paenitentia*, n. 14.
27 Ibidem.

Sim, é preciso esclarecer esse complexo mundo interior e desarmar todos os mecanismos, mergulhando nessa correnteza infinita de luz que é o Espírito Santo. Essa divina claridade pode iluminar alguns questionamentos que com frequência nos fazemos: por que sinto tamanho receio de fracassar, de não ser bem-sucedido, de ficar doente, de não poder ganhar uma boa posição social, ou de não conquistar o amor de uma criatura com quem realmente possa ser feliz? Por que fico tão assustado ao prestar uma prova? Por que tenho tanto medo quando vou fazer um exame médico? O Espírito Santo, talvez, venha a esclarecer-me que é, porventura, um orgulho excessivo o que me impede de aceitar o fracasso; que é a falta de fé o que me embaraça para ver na doença ou na humilhação um desígnio da vontade de Deus; que é a falta de amor à Cruz salvadora o que dificulta saber oferecer com alegria as minhas dores para ser corredentor com Cristo. E, nessa meditação, iluminada pelo "doce hóspede da alma", vamos descobrindo as raízes dos nossos temores e inseguranças, vamos reconhecendo as nossas limitações, dando o nome que merecem os nossos complexos, traumas e temores: saberemos então desmascarar as forças ocultas do mal, os fantasmas do nosso cérebro... E, uma vez conhecidos e identificados, eles virão a perder a sua virulência. Ao desvendar o seu rosto assustador, acabamos, porventura, rindo deles como as crianças troçam daquele simpático "Gasparzinho", o fantasma das histórias em quadrinhos. Quantos medos espantosos são em realidade simples "gasparzinhos"!

SERENIDADE e paz pela oração

Desta forma, começamos a ser curados. A cura interior não é algo mágico. Deus não faz mágica. Deus não premia a passividade apática. Deus faz, isso sim, os milagres que pressupõem uma empenhada reflexão, iluminada pelo Espírito Santo.

É a partir daí que devemos dar um segundo passo: pedir a ajuda de Deus para superar aquilo que não podemos fazer com o nosso esforço.

Aí sim, devemos saber gritar, como Pedro quando se afundava no mar de Tiberíades: "Salva-me, Senhor!" (Mt 14, 30). "Senhor, escuta a minha oração, e que o meu clamor chegue até vós" (Sl 102, 2). "Senhor, que eu não tenha medo do terror da noite nem da flecha que voa de dia" (Sl 90, 5). "Senhor, escuta a minha súplica, não deixes de escutar este grito que lanço para ti, Deus Altíssimo" (Sl 53). "Senhor, que eu assimile as palavras que dirigistes a Josué: Sê firme e corajoso. Não te atemorizes, não tenhas medo, porque eu estou contigo em qualquer parte para onde fores" (Js 1, 9). Senhor, que eu tome minhas as palavras de Santa Teresa: "nada te perturbe, nada te espante, tudo passa, quem a Deus tem nada lhe falta, só Deus basta!" Senhor, que não me falte nunca a ajuda protetora do meu Anjo da Guarda, que eu nunca perca a confiança na eficácia daquela oração que se rezava antigamente no fim de cada Missa e que nunca poderá perder a sua atualidade: "São Miguel Arcanjo, protegei-nos no combate, cobri-nos com o vosso escudo contra os embustes e ciladas do demônio. Subjugai-o, ó Deus, instantemente o pedimos; e vós, Príncipe da milícia celeste, pelo divino poder que vos foi dado por Deus, precipitai no inferno a Satanás e aos outros espíritos malignos que andam pelo mundo para perder as almas. Amém".

Quando sabemos fazer a oração desta maneira, aos poucos a paz de Deus vai permeando a nossa alma, e terminaremos sendo invadidos pela certeza que comunicam estas palavras que o Senhor disse a Abraão: "Nada temas! Eu sou o teu protetor" (Gn 15, 1).

A ansiedade e a oração

Apesar de ter-nos referido repetidas vezes às ansiedades e às preocupações, parece-nos necessário voltar a insistir na sua solução em forma de breve síntese conclusiva.

A ansiedade tem muitas manifestações: a apreensão por algo que nos pode acontecer, o sentimento de ameaça por um possível perigo, a insegurança a respeito do futuro pessoal ou da família, a preocupação pela saúde ou pela proximidade da morte ou por outro motivo confuso ou indeterminado, provocado talvez pela nossa congênita insegurança.

A fonte principal das nossas ansiedades parte, na maioria dos casos, da incerteza do que acontecerá no futuro: as incógnitas do dia de amanhã nos tomam inseguros. E a causa última dessa incerteza — já o repetimos anteriormente — está em que não se acredita que tudo está submetido à providência amabilíssima do Criador: enquanto as pessoas não tiverem a convicção de que Deus, infinitamente poderoso e sábio, cuida deles corno o mais amoroso dos pais, qualquer suspeita de urna enfermidade, qualquer dor que se sinta no peito no meio da noite, qualquer bala perdida que bata na casa vizinha, qualquer doença contagiosa que atinja um parente, qualquer informação menos favorável a respeito da nossa posição profissional, qualquer notícia sobre um possível abalo mundial, pode desencadear todos os mecanismos da ansiedade. Por isso Enrique Rojas, especialista nessa matéria, afirma que a ansiedade é o termômetro que nos dá a imagem do homem do final do século XX, desprovido de um sentido transcendente da vida.[28] Quando, porém, ternos esse sentido transcendente, quando ternos urna fé profunda, sabemos com certeza corno reagir perante estas apreensões. O Evangelho sai ao nosso encontro para nos dizer, suavemente, corno tantas vezes já anotamos: "Não vos preocupeis com o dia de amanhã, o dia de amanhã terá as suas próprias preocupações. A cada dia basta o seu cuidado" (Mt 6, 34).

Basta a cada dia o seu cuidado! Viver o dia de hoje com plenitude de alegria, sem angústia pelo que acontecerá no futuro: este é o segredo da nossa felicidade. O melhor momento da nossa vida é este que estamos vivendo agora. Não entristeçamos o presente com as amarguras de um futuro que não sabemos como será. Saibamos fazer nossa aquela música do Gonzaguinha:

---
28 Enrique Rojas, *A Ansiedade*, op. cit, p. 18.

"Viver e não ter a vergonha de ser feliz. Cantar e cantara beleza de ser um eterno aprendiz. Ai, meu Deus, eu sei que a vida devia ser bem melhor, e será, Mas isso não impede que eu repita: é bonita, é bonita, é bonita." É necessário viver a beleza de ser um eterno aprendiz para saborear a felicidade da vida neste momento, tal como ela é: a vida com Deus, seja lá como for, é bonita, é bonita, é sempre bonita.

Para isto é necessário — como já reiteramos insistentemente — viver o abandono nas mãos de Deus, como uma criança no colo da sua mãe. E orar repetidas vezes: "Senhor, abandono nas Tuas mãos tudo o que eu sou ou posso vir a ser, o meu presente, o meu passado e o meu futuro. Em Tuas mãos, Senhor, repousa o meu espírito."

Lembremos, neste amável sentido do abandono filial, uma das considerações que faz, ao lado de muitas outras semelhantes, Santa Teresa do Menino Jesus, Doutora na doutrina da infância espiritual: "Jesus compraz-se em mostrar-me o único caminho [...]; este caminho é o abandono da criancinha que se deixa adormecer sem temor nos braços do Pai... 'Se alguém é pequenino venha a mim' (Pr 9, 4), disse o Espírito Santo pela boca de Salomão, e este mesmo Espírito de Amor disse ainda que 'Aos pequenos é concedida a misericórdia' (Sb 6, 7). [...] E, como se todas estas promessas não bastassem, o mesmo profeta, cujo olhar inspirado penetrava já as profundezas eternas, exclama em nome do Senhor: 'Como a mãe acalenta o filho, assim eu vos consolarei, vos trarei ao colo e vos acarinharei sobre os joelhos' (Is 66, 13). Jesus não pede grandes ações, mas apenas o abandono e o reconhecimento".[29]

A forte e profunda teologia de São Paulo corre pelos mesmos trilhos da suave e afetuosa teologia de Santa Teresinha de Lisieux: fala-nos da paz que provém do abandono de todas as nossas preocupações em Deus, através da oração. Ele nos aconselha: "Não vos inquieteis com nada" (Fl 4, 6). Mas, poderíamos perguntar-nos: como é possível viver sem inquietar-nos por nada? Não estaremos aprovando assim uma atitude omissa, inerte e apática? Não. Não é isto o que São Paulo quer dizer. O que ele nos quer comunicar está na continuação do mesmo versículo: "Em todas as circunstâncias apresentai a Deus as vossas preocupações mediante a oração" (Fl 4, 6).

Mediante a oração! A oração é o veículo para extravasar todas as nossas preocupações, e é o grande transformador que reverte o quadro da ansiedade deprimente para um estado de ânimo plácido, sereno, tranquilo. Especialmente quando a nossa oração é como a entrega aberta e confiante de uma criança incapaz e inerme aos cuidados de seu pai, então Deus, enternecido, não poderá deixar de ajudar-nos. Paulo e Teresinha encontram-se juntos no coração do Pai misericordioso.

Neste momento, é bom recordar aquela oração da serenidade, já citada anteriormente: "Senhor, dá-me a serenidade para aceitar aquelas coisas que não puder mudar, coragem para mudar aquelas que puder,

---

[29] Santa Teresa do Menino Jesus, *Manuscritos autobiográficos*, Porto, Apostolado da Imprensa, 1960, pp. 222-223.

e sabedoria para conhecer a diferença entre as primeiras e as segundas". Na oração é que aprendemos essa sabedoria: viver entregues a nós mesmos e à nossa mera capacidade humana significa algo como debater-nos na ansiedade; entregar a Deus, porém, num ato de plena confiança, tudo aquilo que nos preocupa e que nós não podemos superar, é arribar no porto seguro da paz.

É preciso repetir uma e outra vez, como uma "ladainha", aquelas palavras tão conhecidas por nós: "Confia-lhe todas as tuas preocupações porque Ele tem cuidado de ti" (1Pd 5, 7); "não tenhas medo, sem a Sua permissão não cairá um só cabelo da tua cabeça" (Mt 10, 29-31). "O Senhor é a minha luz e a minha salvação, a quem temerei?" (Sl 26, 1). "Sê firme e corajoso. Não te atemorizes, não tenhas medo, porque o Senhor está contigo em qualquer parte para onde fores" (Js 1, 9).

É necessário que reiteremos dessa forma a nossa oração, substituindo essa outra "ladainha pessimista" do "homem velho" que martela a nossa cabeça: "Alguma coisa vai acontecer comigo... esta dorzinha que tenho aqui no peito está pressagiando algo muito sério. A caçulinha está demorando para chegar da escola, já é tarde, meu Deus! O que terá acontecido? Faz tempo que não tenho notícias dos meus pais. Deve estar acontecendo alguma coisa ruim com eles... Está demorando demais para chegar o resultado daquele exame médico, o especialista olhou muito preocupado para mim... Estou apreensivo pelo futuro de meus filhos, não sei se estão se encaminhando bem na vida... Pela atitude que está tomando o meu chefe, tenho a forte impressão de que vou ser mandado embora!" Não! Não! Não! Digamos: "Senhor, estou nas Tuas mãos; Tu me amas, Tu queres o melhor para mim, seja feita a Tua vontade, livra-me de todo mal! O meu Deus há de prover magnificamente a todas as minhas necessidades" (cf. Fl 4, 19).

Com as mesmas palavras do sacerdote na Santa Missa — "orai, irmãos e irmãs" — que nos incitam a levantar o coração a Deus, agora também somos convidados a solicitar do Senhor essa coragem necessária para vivermos decidida e integralmente com a segurança de um filho de Deus: invocar, orar, pedindo aquilo de que tanto necessitamos: a paz e a serenidade, livres de medos e ansiedades.

Essa coragem e segurança, sem temores e angústias, era o que sustentava Davi: "O Senhor é minha luz e minha salvação, a quem temerei? O Senhor é o protetor da minha vida, de quem terei medo? Se todo um exército acampar contra mim, não temerá o meu coração. Se se levantar contra mim o perigo de uma batalha, mesmo assim terei confiança" (Sl 26, 1-3).

"Era a fé de Davi", escreve Dougherty, "que o encorajava a vencer o medo todas as vezes que passava pelo vale escuro das incertezas. Davi nos mostra que, mesmo em situações aterradoras, tinha confiança em que Deus estava com ele. A fé de Davi suscitava uma esperança, uma certeza de vitória que espantava o medo, mesmo nas condições aparentemente mais insuportáveis.

E como Davi conseguia ter tanta fé, tanta confiança na proteção divina?

Através da oração constante e frequente, que se intensificava ainda mais nos momentos de angústia e de aflição. No Salmo 60, fugindo dos inimigos, Davi reza suplicante: "Ouvi, ó Deus, o meu clamor, atendei a minha oração. Dos confins da terra clamo a Vós, quando me desfalece o coração. Haveis de me elevar sobre um rochedo e dar-me descanso. Porque Vós sois o meu refúgio, uma torre forte contra o inimigo" (Sl 60, 2-3).

No Salmo 140, no meio da tribulação, ele reza: "Senhor, eu Vos chamo, vinde logo em meu socorro, escutai a minha voz quando Vos invoco. Que a minha oração suba até Vós como a fumaça do incenso" (Sl 140,1).

E depois da vitória sobre os inimigos, explode em louvores no belíssimo Salmo 17, cantando: "Na minha angústia, invoquei o Senhor, gritei para o meu Deus: do seu templo, Ele ouviu a minha voz e o meu clamor chegou aos seus ouvidos" (Sl 17, 7). Deus ama a todos sem distinção. "Vamos, portanto," continua a dizer Dougherty, "invocar a sua proteção, afastando assim definitivamente o medo de nossas vidas. Não deixemos de rezar confiantes como Davi, nos momentos de angústia e depressão. A fé na oração nos libertará dos medos, traumas e aflições. A oração é a nossa maior arma contra o medo".[30]

---

30 Eduardo Dougherty, *Ainda não tendes a fé?*, in *Anunciamos Jesus*, outubro de 1992, p. 1.

Sigamos o conselho de um homem de Deus: "Sê atrevido na tua oração e o Senhor te transformará de pessimista em otimista; de tímido em audaz; de acanhado de espírito em homem de fé, em apóstolo!"[31] E acrescenta: "Quando vejo tantas covardias, tantas falsas prudências, neles e nelas, ardo em desejos de perguntar-lhes: então a fé e a confiança são para pregar, não para praticar?"[32]

Façamos oração com confiança e fé e ganharemos o "atrevimento" e a "audácia" próprios dos filhos de Deus. E peçamos ao Espírito Santo o dom da Fortaleza — que compreende a virtude da valentia, como os Apóstolos no dia de Pentecostes. Eles sentiam medo das perseguições e temor para empreender essa imensa tarefa de evangelização mundial que o Senhor lhes tinha confiado. Mas oravam: "Perseveravam unanimemente em oração ao lado de Maria, a mãe de Jesus" (At 1, 14). E conseguiram a coragem de que precisavam para cumprir o mandato de Cristo: "Ide e pregai a todas as nações" (Mt 28, 19). Mais ainda, em poucos anos converteram o orgulhoso Império Romano numa sociedade impregnada de valores cristãos.

Cada um de nós, guiado pelo Espírito Santo, poderia acrescentar à sua própria oração espontânea: "Pai, não permitais que eu seja dominado pela ansiedade; ensina-me a colocar todas as minhas preocupações nos desígnios da Tua bondade amorosíssima. Eu Te entrego todos os cuidados da minha vida: o futuro

---

31 Josemaria Escrivá, *Sulco*, n. 118.
32 Ibidem n. 121, p. 53.

da minha família, do meu trabalho profissional, da minha saúde: 'Em tuas mãos, Senhor, está a minha sorte' (Sl 31, 15-16). 'Senhor, eu ponho em vós minha esperança... defendei-me, libertai-me Sede uma rocha protetora para mim, um abrigo bem seguro que me salve'" (Sl 30, 2-4).

Quero rezar sempre, sem desfalecer: eu confio na tua proteção paterna e materna. Dá-me a graça de viver intensamente o dia de hoje, sem preocupar-me com o dia de amanhã, para que eu saiba agradecer o dom desta vida tão bonita que me deste. "Das profundezas eu clamo a vós, Senhor, escutai a minha voz. Vossos ouvidos estejam bem atentos ao clamor da minha prece!" (Sl 129). Não me deixes nunca, Senhor! Sem ti nada posso fazer, mas Contigo posso tudo. Penetra com a Tua paz todo o meu ser até o último poro do meu corpo, até a mais íntima fibra do meu coração. Que eu saiba ser sempre, Senhor, semeador de paz e de alegria! Amém."

Quando esta oração, com todas as verdades que ela implica, descer serenamente até o âmago do nosso ser, pouco a pouco iremos experimentando essa paz que o mundo não conhece, que só Deus pode dar e que só d'Ele podemos receber.

Estaria tentado agora a deixar um espaço em branco, abaixo destas linhas para você, querida leitora, querido leitor, estampar aqui também a sua mais íntima e espontânea oração. Essa tarefa pessoal, contudo, só depende de você...

CAPÍTULO VI
PAZ E SERENIDADE IRRADIANTES

A paz e a serenidade conseguidas na oração, como um fruto do amor de Deus, serão sempre acompanhadas da alegria.

A alegria é como uma manifestação vibrante dessa paz e dessa serenidade que estão enraizadas na alma pelo amor. A consciência de que estamos caminhando para a felicidade eterna, intensamente sentida na oração — na vivência experimental de Deus — termina inundando a alma de uma paz e de uma alegria tão intensas, que se tornam necessariamente comunicativas como o fogo, que sempre procura novas coisas para queimar.

Da plenitude do coração fala a boca

O Senhor disse: "Vim trazer fogo à terra e o que mais poderia desejar, senão que tudo já estivesse ardendo?" (Lc 12, 49). O fogo ou cresce, ou se apaga: alimenta-se do que queima; se não se espalha, morre, e transforma tudo o que toca. Assim também a paz e a alegria convertem-se em algo essencialmente expressivo.

O ardor missionário, de que tanto fala João Paulo II, tem aqui a sua razão de ser. Quando nos falta vibração apostólica é porque não estamos plenamente convencidos de que o nosso caminhar cristão nos conduz à felicidade eterna. Se tivéssemos essa certeza, não poderíamos ficar quietos, inertes, não poderíamos deixar-nos dominar pela apatia.

A oração é o forno em que se acende o amor, fonte de paz e de alegria. João Paulo II, na Carta Apostólica *Novo Millennio Ineunte*, utiliza expressões muito semelhantes. Fala da oração como uma "experiência pessoal de Deus que é o segredo de um Cristianismo verdadeiramente vital", como um "diálogo de amor" que chega até uma "união esponsal", tornando o "coração verdadeiramente apaixonado" do qual brota "uma alegria inexprimível".[1]

Uma paz e uma alegria inexprimíveis e irreprimíveis não podem ficar represadas: têm que ser proclamadas, talvez aos brados, porque, como disse Jesus: "se os homens não clamam as glórias do Senhor, as pedras gritarão" (Lc 19, 40).

"Da abundância do coração fala a boca" (Lc 6, 45). Santa Rosa de Lima bem expressa essa verdade. Depois de ouvir Nosso Senhor, depois de experimentar no seu coração as inefáveis consolações da Sua graça e do Seu amor, diz ela:

> Penetrou-me um forte ímpeto como de me colocar no meio da praça e bradar a todos, de qualquer idade, sexo e condição: "Ouvi, povos; ouvi, gentes. Seguindo o mandato de Cristo, repetindo as palavras saídas de seus

---

[1] Cf. João Paulo II. Carta Apostólica *Novo Millennio Ineunte*, 6 de janeiro de 2001, n. 32-33.

lábios, quero vos exortar: cumpre acumular trabalhos sobre trabalhos, para alcançar a íntima participação da natureza divina, a glória dos filhos de Deus e a perfeita felicidade da alma".

O mesmo aguilhão me impelia a publicar a beleza da graça divina; isto me oprimia de angústia e me fazia transpirar e ansiar. Parecia-me não poder mais conter a alma na prisão do corpo, sem que, quebradas as cadeias, livre, só e com a maior agilidade, fosse pelo mundo, dizendo: Quem dera que os mortais conhecessem o valor da graça divina, como é bela, nobre, preciosa; quantas riquezas esconde em si, quantos tesouros, quanto júbilo e delícia! Sem dúvida, então, eles iriam todos pela terra a procurar, em vez de fortunas, o inestimável tesouro da graça.[2]

Quando a água contida numa panela fechada é submetida a uma alta temperatura, ferve, borbulha e faz saltar a tampa. Assim acontece com o coração humano ao ser aquecido na oração: a paz e a alegria, frutos do amor, tomam-se uma força expansiva que faz saltar o medo, a vergonha, os respeitos humanos, o comodismo e a preguiça e se derrama como um rio inflado pelo temporal: *Superabundo in gaudio in omni tribulatione mea*: "o meu coração extravasa de alegria no meio das minhas tribulações" (2Cor 7, 4), escrevia São Paulo. E, provavelmente gritando, exclamava: "Ai de mim se não evangelizar!" (1Cor 9, 16).

Bem o expressa uma música que os jovens gostam de cantar, especialmente durante o Sacramento da Crisma:

---

[2] Dos escritos de Santa Rosa de Lima, *Ad medicum Castillo La Patrona de América*, Madri, L. Getino, 1928, pp. 54-55.

SERENIDADE e paz pela oração

"Tenho que gritar, tenho que arriscar, ai de mim se não o faço! Como escapar de Ti, como calar, se Tua voz arde em meu peito? Tenho que andar, tenho que lutar, ai de mim se não o faço! Como escapar de Ti, como calar, se Tua voz arde em meu peito?"

Como não gritar, se o coração cheio de ardor transborda de alegria?

A paz e a alegria, bem como a amargura e o mau humor, irradiam e são contagiosos.

Não é apenas a gripe que é contagiosa. Há sem dúvida uma forma de "melancolia infecciosa" e de "mau-humor por contágio". A cólera — o mau-humor — é mais contagiosa do que o cólera. E a alegria, que transborda do coração, é ainda mais expansiva e irradiante.

"Da abundância do coração fala a boca" (Lc 6, 45), voltamos a repetir. Se há paz, alegria ou mau-humor, assim fala a boca, expressa o rosto, externam-no as atitudes, e o ambiente deixa-se contagiar.

A oração é o laboratório onde se cultivam a paz e o amor dos quais brota a alegria. Se queremos irradiar serenidade e bom humor, temos que cuidar da nossa oração: é daí, do fundo do coração impregnado pelo amor, que a boca retira a sua eloquência convincente, as palavras que conquistam.

Para nós, cristãos, a paz e a alegria, na sua dimensão social, têm assim fundamentalmente dois aspectos: por um lado, tendem a derramar-se, a comunicar-se e, por outro lado, atraem, cativam.

A paz e a alegria não são algo artificial ou postiço. Saem de dentro. Por isso, tendem naturalmente a

PAZ E SERENIDADE IRRADIANTES

dilatar-se, a expandir-se. Quem está sereno e contente não o consegue ocultar. É assim que o amor que temos pelos nossos irmãos, por este mundo tão belo que nos rodeia e por Deus, se derrama em forma de simpatia, de acolhimento cordial, de apostolado espontâneo. E, ao invés, quando alguém fica fechado dentro de si mesmo e não difunde as verdades cristãs, está dizendo aos gritos — sem abrir a boca — que a sua fé e o seu amor são insuficientes. A maior ou menor vibração, em termos de evangelização, indicam o maior ou menor entusiasmo espiritual. O apostolado é um termômetro da nossa vida de oração onde se cultivam a paz e a alegria.

Por outro lado, a paz e a alegria atraem, arrastam. Todos querem compartilhar a vida de uma mulher ou de um homem sereno e alegre. Existe em todos nós uma polarização para a felicidade e para as suas expressões visíveis. Tendemos para ela como os corpos para o seu centro de gravitação. É uma lei que não podemos evitar. Por isso, quando vemos numa personalidade esse reflexo da paz e da alegria que são expressões da felicidade, sentimo-nos naturalmente cativados.

Dizíamos em outro lugar que, se alguns dos homens de Deus — como São Francisco de Assis ou o Pe. Pio — trouxeram no seu corpo os sinais da paixão de Cristo em forma de chagas, nós todos poderíamos muito bem trazer nas nossas atitudes, no nosso rosto, no nosso sorriso, o sinal da Ressurreição de Cristo, que é a paz e a alegria: seríamos então verdadeiramente testemunhas de Cristo

SERENIDADE e paz pela oração

Ressuscitado! E conquistaríamos os outros como aqueles pescadores do lago de Tiberíades que arrastaram o mundo atrás deles.

Todo pescador precisa, para atrair os peixes, de uma isca. E a nossa isca de pescadores de homens é a alegria, a amabilidade humilde e serviçal que se expressa numa atitude serena, num gesto cordial, num sorriso. Muitos fracassos apostólicos têm sua origem nas atitudes duras, nos rostos carrancudos, na amargura, na inquietação, na mágoa, na falta de disponibilidade, de acolhimento e simpatia.

Madre Teresa de Calcutá foi um dia abordada por um grupo de professores norte-americanos, que lhe pediram um conselho para serem mais eficazes nas suas lides pedagógicas. A madre limitou-se a responder-lhe: "Sorriam. Digo-o completamente *a sério*".[3]

Sorrir é uma coisa muito séria. Os que levam a sério as suas responsabilidades apostólicas sabem sorrir, sabem ser joviais.

"O apostolado cristão não é um programa político nem uma alternativa cultural; consiste na difusão do bem, no contágio do desejo de amar, numa semeadura concreta de paz e de alegria"[4], diz São Josemaria Escrivá.

Os cristãos devem ser no mundo um bálsamo de serenidade, de compreensão e de júbilo. Deste modo, a verdade irradiará e se estenderá *sicut fluvium pacis* (Is 66, 12), como um grande rio de paz.

---

3   Eugi. *Anedotas y virtudes*, Madri, Rialp, 1987 , p. 19.
4   Josemaria Escrivá, *É Cristo que passa*, n. 124.

Se queremos falar de Deus, da mensagem evangélica, erradiquemos de vez qualquer palavra que tenha sabor de amargura, de crítica negativa ou pessimismo. Comecemos sempre a falar com um sorriso... Mas não podemos esquecer: a serenidade, a paz e a alegria têm a sua fonte na oração.[5]

Muitos sociólogos, jornalistas e estudiosos das Ciências da Comunicação perguntam-se como um Papa idoso e alquebrado conseguiu reunir dois milhões e meio de jovens em Tor Vergata, perto de Roma, no ano 2000, e outro milhão em Paris. Já houve quem dissesse que essa empatia impressionante era o resultado de uma espécie de osmose espiritual, uma intercomunicação contagiosa, de dimensões planetárias. O que talvez esses sociólogos não consigam perceber é que essa prodigiosa capacidade tem uma causa muito clara: as multidões — inclusive os não-católicos — veem em João Paulo II a certeza da fé, a segurança de um homem que caminha com a convicção de que está conduzindo a humanidade à felicidade eterna.

Não podemos esquecer que esse homem de Deus escreveu, no seu último documento mais significativo, que todo caminho pastoral deve tender à santidade e que essa santidade se obtém através da oração, de uma experiência pessoal de Deus, de um diálogo apaixonado que chega à alegria inexprimível, da "união esponsal".[6]

---

5   Rafael Llano Cifuentes, *A alegria de viver*. São Paulo: Quadrante, 1993, pp. 85-89.
6   João Paulo II, Carta Apostólica *Novo Millennio Ineunte*, 06 de Janeiro de 2001, n. 32-33.

SERENIDADE e paz pela oração

Oração: fonte de coragem

Na oração cultivamos não só a paz e a alegria, mas também, como já vimos anteriormente, superamos o medo, os constrangimentos humanos, para sermos coerentes em todo momento, nos ambientes mais adversos, no trabalho, na escola, nas rodas sociais mais frívolas e superficiais... enfim, em todo o nosso comportamento social.

Cristo nos diz: "Quem me negar diante dos homens, também Eu o negarei diante de meu Pai que está nos céus" (Mt 10,32). E São Paulo — que nunca teve medo de pregar o Evangelho — faz-se eco da palavra evangélica, aconselhando o seu discípulo Timóteo: "Deus não nos deu um espírito de temor, mas de fortaleza. Não te envergonhes nunca de dar testemunho de Nosso Senhor" (2Tm 1,7-8). E, no entanto, como nos custa, às vezes, dar um testemunho decidido e corajoso!

Em Pentecostes, orando ao lado de Maria, os apóstolos conseguiram superar o medo e a covardia. Na escola do Espírito Santo, que é a oração, ganharemos esse ardor apostólico que nada intimida. Aprenderemos nesse clima cálido de oração a perder as vergonhas e os receios excessivamente humanos. É necessário que reparemos na audácia de que se valem os promotores de programas pornográficos, de novelas indecorosas que tão rentáveis lucros dão à sua conta bancária... enquanto nós, cristãos — possuidores do verdadeiro sentido da felicidade — permanecemos escondidos na toca da nossa timidez como coelhos acovardados, tremendo nas bases por medo de sermos "pichados".

A evangelização em profundidade não se faz apenas dentro do cálido ambiente da família, de um grupo católico ou de uma comunidade paroquial; é preciso enfrentar com coragem os ventos e as marés do alto--mar, lá onde se decidem os destinos da sociedade. É no entrecruzar-se das profissões, no núcleo das relações sociais que se desenha a tarefa própria dos cristãos que vivem no meio do mundo.

Lá do alto-mar chega até nós um "surdo clamor que nasce de milhões de homens pedindo a sua libertação",[7] libertação da sua tristeza, da sua falta de sentido na vida, da sua ignorância religiosa. O clamor de homens e mulheres que, enfraquecidos, têm sede de Deus. Lá no mar alto, nadando em águas amargas, se encontram, porventura, esses homens e mulheres que, possuindo um poder decisório, têm nas mãos o futuro da história.

Ouçamos esse clamor, ao mesmo tempo em que ouvimos o chamado de Cristo que nos impele: *Duc in altum* (Lc 5, 4), dirige-te ao mar alto para pescar, não fiques na superfície, entra em águas profundas onde vivem os grandes peixes e adentra também na profundidade dos seus corações, para resgatá-los de uma existência materialista e frívola.

É João Paulo II que, no documento destinado a dar sentido pastoral ao nosso milênio, lembra este apelo do Senhor: *Duc in altum*, "lancemo-nos sem

---

[7] Conferência de Medellín, 14, 2.

medo para o futuro que nos espera; sigamos em frente com um coração grande, na esperança de imitarmos o entusiasmo do apóstolo Paulo, avançando para frente em direção à meta: resgatar a humanidade, trazer os homens todos para a barca de Pedro".[8]
Não podemos furtar-nos dessa responsabilidade.

Depois destas considerações, seria bom que nos perguntássemos: estou decidido a deixar as águas mornas da praia, dos ambientes familiares da comunidade paroquial, do aconchego dos grupos que aceitam com facilidade as minhas opiniões religiosas, e lançar-me destemidamente mar adentro, a novos horizontes onde se encontram os que podem marcar o rumo do novo milênio? Tenho a coragem de confessar a minha fé em ambientes que considero "difíceis" — na escola, na universidade, no trabalho etc? Tenho medo de críticas, de "falatórios"? Fico inibido porque receio que alguém diga que sou "carola" ou "careta", ou, pelo contrário, sou coerente de cima a baixo em todo o meu comportamento? Já pensei alguma vez que, no momento do meu julgamento definitivo, desfilarão diante de mim os rostos dos parentes, amigos, vizinhos e colegas, e que cada rosto significará uma pergunta: "Que fez você por mim?"?

É preciso comunicar a todos — como nos diz literalmente o Papa — "a certeza de que existe alguém que tem nas suas mãos os destinos deste mundo que passa, Alguém que é o Alfa e o Ômega da história do

---

[8] Cf. João Paulo II, *Novo Millennio Ineunte*, n. 1,3, 58, 59.

homem (cf. Ap 22, 13). Somente Ele é que dá plena garantia às palavras 'Não tenhais medo'".[9]

Essa certeza, contudo, só se consegue na oração, no profundo diálogo com Aquele que é o Princípio e o fim da Criação. "Não tenhais medo!", estas foram as primeiras palavras que João Paulo II pronunciou depois de eleito Papa, na sua primeira homilia na Praça de São Pedro. São palavras que ele vem repetindo nas mais diversas ocasiões e com os mais diversos acentos e significados: "Não tenhais medo dos homens; não tenhais medo de Deus; não tenhais medo de amar; não tenhais medo de evangelizar". São palavras que contribuíram para derrubar todo o "império do mal".

Venceremos sempre o medo quando, na oração, sentirmos que somos filhos de um Pai que tudo sabe e que tudo pode. Para sermos decididos e audazes, não é preciso tomar atitudes esquisitas ou agressivas. Cumpre fundamentalmente ser coerentes, desempenhar a função do sal e do fermento, como nos diz Jesus no Evangelho (cf. Mt 5, 13; 13, 33), atuar com a naturalidade, a paz e a serenidade com que atuam o sal e o fermento: a toda hora, sem chamar a atenção, com suavidade, sem estridências.

Numa conferência dada pelo Cardeal Darío Castrillón, no ano de 1988, para cerca de cem bispos brasileiros no Rio de Janeiro, ele falava precisamente do magnetismo que irradiam os santos, da capacidade transformadora de sua presença e de seu exemplo.

---
[9] João Paulo II, *Cruzando o limiar da esperança*, Rio de Janeiro, Francisco Alves, 1994, p. 204.

Contava-nos a experiência que teve ao viajar no mesmo avião que Teresa de Calcutá. Logo que ela se sentou em seu lugar, uma aeromoça aproximou-se, fez uma confidência pessoal e pediu que a abençoasse. Minutos depois, outra funcionária do avião fez o mesmo, e mais tarde um dos comissários, e outro, e outro, até que terminaram saindo os pilotos da cabine para estarem um pouco ao lado dela e receberem também a sua bênção. O ambiente do avião mudou por completo. Que atrativos humanos teria esta mulher, aparentemente insignificante, esta velhinha de rosto enrugado, diminuta, já encurvada pelos anos? O atrativo da bondade, da virtude, da abnegação total, do amor aos pobres, da santidade... dessa alegria e dessa paz que dimanam da oração. O atrativo desse *bonus odor Christi* (2Cor 2, 15) de que nos fala São Paulo, desse perfume, desse aroma que cativa e arrasta.

Deveríamos perguntar-nos habitualmente: quando quero melhorar a repercussão apostólica de minha vida cristã, procuro, na oração, renovar a mim mesmo, o meu espírito eucarístico, minha fé, minha esperança, o meu amor, melhorar a minha vida espiritual, enfim, reavivar minha vida de oração?

Oração: o clima de Pentecostes

A oração é a condição indispensável para todo trabalho evangelizador, e vemos isto de uma forma muito clara em Pentecostes. João Paulo II, na sua mensagem por ocasião do "XII Dia Mundial da

Juventude", no Domingo de Ramos do ano de 1998, nos disse que "é importante acudir idealmente ao Cenáculo para vivermos, pessoalmente, o mistério de Pentecostes".

Façamos, você e eu, a nossa experiência pessoal e íntima no Espírito Santo. Acorramos com o pensamento ao Cenáculo, entremos naquela cena em que os apóstolos estavam unanimemente unidos em oração com Maria, a mãe de Jesus. Tentemos mergulhar no coração de algum daqueles apóstolos, talvez no de Pedro, para conseguirmos decifrar seus sentimentos. Que encontramos nele? Sem dúvida, uma imensa desproporção entre o muito que Deus lhe pedia e o pouco que julgava poder dar. Recordaria ele, com certeza, aquela grandiosa missão que o Senhor lhe confiara: "Ide por todo o mundo e pregai o evangelho a toda criatura" (Mc 16, 15) e, ao mesmo tempo, teria uma viva memória de sua fraqueza, de seu medo e covardia... Aquela terrível negação que tanto o envergonhava e aquele olhar do Senhor no átrio de Caifás (cf. Lc 22, 61), que lhe partira o coração. Jesus havia confiado essa grande missão de converter o mundo inteiro a um rude e ignorante pescador, covarde e medroso. Que fazer? Desanimar? Não. Orar, orar, orar para preencher essa imensa desproporção. Os apóstolos rezaram durante muitos dias, ao lado de Maria, talvez com palavras parecidas a estas que tantas vezes repetimos: "Vinde, Espírito Santo, enchei o coração de vossos fiéis, e acendei neles o fogo do vosso amor!".

E, de repente, um vento impetuoso encheu toda a

SERENIDADE e paz pela oração

casa onde estavam, abalou não apenas os alicerces do edifício, mas também as estruturas psicológicas dos apóstolos, iluminou suas inteligências e acendeu nos seus corações um fogo tão intenso, que pairava sobre as suas cabeças em forma de chamas. E ficaram todos repletos do Espírito Santo. Então, aqueles ignorantes camponeses e pescadores da Galileia começaram a falar com tal eloquência, que todos os entendiam em seu próprio idioma. E, naquele dia, converteram-se e foram batizadas cerca de três mil pessoas.

Esta maravilha divina, não a podemos considerar como uma realidade incrustada no tempo, perdida entre as névoas da história. Ela tem que ser uma realidade viva, atual, porque o poder de Deus não diminuiu, e a grande força do Espírito está sempre "renovando a face da terra". Se tivéssemos uma fé tão pequena como um grão de mostarda, nós mesmos reproduziríamos os milagres do Evangelho e dos Atos dos Apóstolos. Por isso, coloquemo-nos também ao lado de Maria para orar, para fazer, cada um de nós, a experiência íntima do Espírito Santo, para que em nós se faça realidade a maravilha de Pentecostes.

Não sentimos porventura, nós também, essa imensa desproporção entre a nossa missão cristã — sempre grandiosa! — e a nossa miséria pessoal? Entre o fabuloso trabalho que temos que realizar e as nossas limitações humanas, fraquezas, abandonos e desleixos? Entre a santidade que Deus espera de nós e as nossas negligências e inconstâncias, as nossas sombras e pecados? E que fazer, irmãos? Desanimar? Nunca! Aperfeiçoar a nossa formação espiritual e doutrinal; fazer cursos de liderança ou de comunicação? Tudo isso poderá ser útil, porém é insuficiente. Há algo, sobretudo, indispensável: a renovação espiritual que o Espírito Santo opera em nossas almas. Uma renovação que postula um requisito prévio, insubstituível: a oração. Não em vão, os apóstolos passaram muitos dias implorando a vinda do Paráclito. E só por meio dela puderam transformar sua debilidade em fortaleza. Façamos nós o mesmo. Oremos, irmãos! Clamemos na nossa oração, por exemplo, com as palavras desse antigo e maravilhoso hino que reza: *Veni Creator Spiritus, mentes tuorum visita, infunde amorem córdibus, infirma nostri corporis!* "Vem, Espírito criador, visita as nossas mentes, infunde amor no nosso coração, dá força aos nossos corpos fracos!"

Não podemos perder nunca de vista que, no momento de receber o Espírito Santo, os discípulos estavam unidos em oração com Maria, a mãe de Jesus. Isto é muito significativo.

Estar unidos em oração é algo fundamental. A oração é o clima do Espírito Santo. E é também o Espírito Santo que nos leva, como a Jesus, ao recolhimento silencioso da oração: foi precisamente por ele que o Senhor foi levado ao deserto para orar (cf. Lc 4, 1).

"O deserto", escreve o Cardeal Ratzinger, "é o lugar do silêncio, da solidão; é o afastamento das ocupações cotidianas, do ruído e da superficialidade.

O deserto é o lugar que situa o homem ante as questões fundamentais de sua vida. Neste sentido torna-se o lugar da graça. Ao esvaziar-se de suas preocupações, o homem encontra o seu Criador. As grandes coisas começam sempre no deserto, no silêncio da oração".[10]

Foi exatamente no silêncio da oração que os apóstolos encontraram toda a força expansiva de uma ação que nada tem a invejar em eficácia ao programa de *marketing* de uma multinacional. O silêncio da oração foi como a mola comprimida cujo impulso chegou aos últimos recantos do Império Romano.

Queremos uma eficaz ação apostólica? Entremos diariamente no clima do Cenáculo. Recolhamo-nos em oração.

Só assim entendemos o que nos diz João Paulo II: "O Espírito é, também para a nossa época, *o agente principal da nova evangelização*".[11]

Compreendendo que temos que dar o mesmo testemunho de fé que deram os Apóstolos depois de Pentecostes, saibamos ver na oração, por trás do rosto daqueles com quem tratamos pastoralmente, milhões de vidas que virão depois, em sucessivas ondas, em futuras gerações, ao longo deste milênio que estamos iniciando.

O mundo está ressecado, sedento de Deus. De todos os firmamentos culturais — como dos imensos

---

10 Cit. por J. R. Maug Lano, *Hablar con Jesus*, Desclée de Bouvier, 1977, p. 5.
11 João Paulo II, Carta Apostólica *Tertio Millennio Adveniente*, 10 de outubro de 1994, n. 45.

areópagos[12] do mundo universitário, dos meios de comunicação e da política — se levanta um clamor de ansiedade, reclamando um sentido para a vida e para a morte. E nós temos que sair ao encontro dessas opressões, dessas carências, ajudados pela força do Espírito Santo. O amor tem que ser impulsionado e dilatado pela impetuosidade do vento e do fogo pentecostais.

O vento e o fogo, quando estão unidos, adquirem às vezes dimensões colossais. Um pequeno ponto de ignição na floresta seca, insuflado pelo vento, pode estender-se de forma incrível. Não faz muito tempo, no ano de 1998, durante três meses, um incêndio pavoroso destruiu na Amazônia mais de 15% do Estado de Roraima. Foram consumidas casas, plantações, campos, pequenos povoados, o *habitat* milenário de povos indígenas e, especialmente, uma grande superfície da selva virgem, numa área de 33 mil km² superior à extensão da Bélgica. O fogo deixou um cenário apocalíptico.

O vento converte uma faísca num fantástico incêndio. Isto, que é somente uma imagem física, pode ser também uma realidade espiritual.

Estamos vendo, aqui e ali, o nascimento de novas iniciativas, de novos movimentos, de novas tentativas sobrenaturais. Em vários países ressurgem novas formas de piedade popular, de devoção mariana,

---

12 O Areópago era local de Atenas onde se discutia todo tipo de questões, especialmente as religiosas. Nele São Paulo fez um famoso discurso para os pagãos ali reunidos. Todos o rejeitaram, menos Dionísio, o Areopagita, Dâmaris e alguns outros (At 17, 19-34). Utiliza-se este nome para designar os ambientes alheios ao Cristianismo.

de grandes empreendimentos de evangelização massiva... Não poderia ser este fenômeno a faísca inicial de um grande incêndio, de uma verdadeira nova era, de uma autêntica — e não de uma espúria — "New Age" do Espírito Santo? Não poderão significar estes indícios um avanço estratégico do Espírito Santo, uma "revanche de Deus" — como dizia Gilles Kepel[13] — uma pequena fogueira que, atiçada pelo vento do Espírito, venha alastrar-se num grande movimento evangelizador, como se fosse um novo Pentecostes?

O mundo é de palha, quando o coração é de fogo. Nossos corações, com o ardor que comunica o Doce Hóspede da Alma no ambiente silencioso da nossa oração, podem multiplicar os pontos de ignição e operar um fenômeno inverso ao de Roraima: estender a paz e a alegria de Deus num incêndio de amor de proporções fantásticas. Em vez daquele cenário apocalíptico da Amazônia, poderemos fazer brotar um jardim paradisíaco de dimensões continentais.

Temos que ser, como os apóstolos ao lado de Maria, o epicentro desse grande incêndio de amor. Não podemos minimizar a importância da nossa oração.

Diante desses imensos desafios que entrevemos no terceiro milênio, temos que pedir ao Espírito essa exultação, essa "embriaguez santa" e vibrante com que os apóstolos, depois de Pentecostes, comunicavam a boa nova. Temos que implorar-Lhe, na nossa oração, que nos dê essa eficácia apostólica que não

---

13   Cf. Gilles Kepel,, *La revancha de Dios*. Madri. 1991.

advém tanto de uma programação tecnicamente perfeita, como dessa silenciosa atuação d'Ele em nossas vidas; temos que pedir ao Divino Paráclito que nos dê a mesma virtude que deu àqueles pescadores tímidos e incultos: uma audácia tão grande e admirável, que seja capaz de superar todas as barreiras e enfrentar todas as perseguições e tormentos, todos os martírios e mortes afrontosas.

Sim, temos que saber suplicar ao Espírito Santo e a Maria — "esse par invencível de esposos"[14] — que nos comuniquem o fogo consumidor de todas as tibiezas, as indiferenças, frialdades e medos; o fogo que queima os corações com o amor, que acende os povos e as culturas — *"sicut ignis qui comburit silvam"* (Is 64, 2) — como aquele fogo devastador que se propagou na selva amazônica.[15]

É preciso que nos convertamos numa brasa acesa para aquecer o ambiente gelado de um mundo entregue ao materialismo prático, ao consumismo e ao culto do prazer. Mas para isso temos que jogar-nos, pela oração, no fogo do amor de Deus, como um artesão joga o ferro na fornalha.

Santa Teresa do Menino Jesus escreve nesse sentido algo muito expressivo:

> Se o fogo e o ferro tivessem o uso da razão e esse último dissesse ao outro: "atrai-me", não provaria acaso que deseja identificar-se com o fogo de maneira que ele

---

14 Leon Joseph Suenens, cit. por Raniero Cantalamessa e Saverio Gaeta, *O Sopro do Espírito*, São Paulo, Ave Maria, 1988. p. 195.
15 Cf. Rafael Llano Cifuentes, *A força do Sacerdócio no Espírito Santo*, Rio de Janeiro, Marques Saraiva, 1998, pp. 13-16; 64-81.

o penetre e o embeba da sua substância ardente e pareça não fazer senão uma só coisa com ele? [...] Eis a minha oração: peço a Jesus que me atraia para as chamas do seu amor, que me una estreitamente a si, que viva e opere em mim. Sinto que quanto mais o fogo do amor me abrasar o coração, [...] tanto mais as almas que se aproximarem de mim [...] "correrão com rapidez no odor dos perfumes do seu Bem-Amado" porque a alma abrasada de amor não pode continuar inativa. Todos os santos compreendem isto e mais especialmente aqueles que encheram o universo com a iluminação da doutrina evangélica. Não foi acaso na oração que os Santos Paulo, Agostinho, João da Cruz, Tomás de Aquino, Francisco, Domingos, e tantos outros ilustres Amigos de Deus adquiriram esta ciência divina que arrebata os maiores gênios? Um sábio disse: "Dá-me uma alavanca, um ponto de apoio, e eu levantarei o mundo". O que Arquimedes não pôde conseguir, porque a sua petição não se dirigia a Deus e porque não era feita senão do ponto de vista material, alcançaram-no os santos em toda a plenitude. O Todo-Poderoso deu-lhes como ponto de apoio: Ele mesmo e Ele só; como alavanca: a oração, que abrasa com fogo de amor; e foi assim que eles levantaram o mundo; é assim que os Santos ainda militantes o levantam e que, até o fim do mundo, os futuros Santos o levantarão igualmente.[16]

Como acabamos de ver, a oração consegue que a paz e a alegria se tornem comunicativas, ardentes como fogo e, ao mesmo tempo, se convertam na grande alavanca que conseguirá remover a frialdade de um mundo dominado pela mentalidade de um nefasto neopaganismo.

---

16 Santa Teresa do Menino Jesus, *Manuscritos Autobiográficos*, Porto, Apostolado da Imprensa, pp. 316-317.

Uma palavra final: a intercessão de Maria Santíssima

Não podemos esquecer-nos de que a Igreja teve a sua origem — o epicentro desse fabuloso terremoto de amor que é o Cristianismo — no dia de Pentecostes, no momento em que os discípulos estavam *perseverantes unanimiter in oratione cum Maria Matre Iesu*, "perseverando em oração com Maria, a Mãe de Jesus" (cf. At 1, 14). Era a oração de uma família unida ao lado da sua Mãe. Isto é muito significativo: a oração é o clima do Espírito Santo e Maria é a esposa amadíssima da terceira pessoa da Santíssima Trindade. Maria consegue tudo do seu Esposo. Como indica a expressão do Cardeal Leo Joseph Suenens: "Maria e o Espírito Santo é o par invencível de esposos".[17]

Os Apóstolos em Pentecostes já sabiam que Maria era uma grande intercessora. Eles tinham já a experiência do primeiro milagre realizado por Jesus em Caná da Galileia. Ela adiantou a hora do seu filho. Compadeceu-se daqueles noivos no dia do seu casamento. Tinha acabado o vinho. Ela queria evitar o constrangimento deles. E acudiu a Jesus. "Não chegou a minha hora" (Jo 2, 4), respondeu Jesus. Maria passou por cima da resposta e simplesmente disse aos criados: "Fazei o que Ele vos disser" (Jo 2, 5). E o Senhor fez um milagre estupendo. Só porque sua mãe o tinha solicitado.

---

[17] Cit. por Raniero Cantalamessa e Saverio Gaeta, *O Sopro do Espírito*, São Paulo, Apostolado da Imprensa, 1988, p. 195.

SERENIDADE e paz pela oração

A intervenção de Maria foi então, e pode ser agora, decisiva. Por isso a Igreja gosta de chamá-la a "Onipotência Suplicante".

Bem é certo que só há uma onipotência, que é a de Deus, mas, quando a Sua Mãe suplica, Ele não se nega. Ela consegue tudo do seu filho Jesus e do seu esposo, o Espírito Santo.

Aproveitemos ao máximo o presente que o próprio Cristo nos deu na cruz, quando disse a São João, que representava a todos nós: "Eis aí a Tua mãe" (Jo 19, 27). "Dessa hora em diante, o discípulo a recebeu em sua casa" (Jo 19, 27). Assim também nós, como o discípulo João, devemos viver na intimidade com Maria, para que Ela seja a nossa maternal e onipotente intercessora.

Recordo algo que foi gravado nos anais de Lourdes. Uma criança, desenganada pelos médicos, ouviu da sua mãe estas palavras: "Filho, já que a medicina humana não consegue curar você, vamos acudir à medicina divina". Viajaram para Lourdes. Na viagem, a mãe ia repetindo ao filho: "Não se esqueça de que tudo o que se pede a Jesus com fé, através de Maria, se consegue".

Ao chegarem a Lourdes, na hora da bênção do Santíssimo, quando o sacerdote descrevia o sinal da cruz diante da cabeça do menino, ele levantou o dedinho e exclamou, dirigindo-se ao ostensório: "Jesus, se não me curas, vou-me queixar à Tua mãe". Vendo o rosto consumido da criança, todos sentiram um arrepio. E o sacerdote, compadecido, voltou a abençoar a sua cabecinha. Com as poucas forças que ainda lhe restavam, aquela pobre criaturinha, com lágrimas nos olhos, repetiu novamente: "Jesus, se não me curas, vou queixar-me à Tua mãe!" E naquele momento experimentou a cura total![18]

De uma forma ou de outra, nós devíamos saber pedir como esta criança. Com fé, através de Maria.

Cada um de nós também poderá experimentar na sua vida a força daquela consoladora oração elaborada por São Bernardo: "Lembrai-vos, ó piíssima Virgem Maria, que nunca se ouviu dizer que algum daqueles que tivesse recorrido à vossa proteção, implorado a vossa assistência e reclamado o vosso socorro, fosse por Vós desamparado. Animado eu, pois, de igual confiança, a Vós, Virgem entre todas singular, como a minha mãe recorro; de Vós me valho, gemendo sob o peso dos meus pecados, e me prostro a vossos pés. Não desprezeis minhas súplicas, ó Mãe do Filho de Deus humanado, mas dignai-Vos de as ouvir propícia e de alcançar o que Vos rogo. Amém."

Todas as noites — dizíamos já em outro momento — deveríamos fazer um ato de entrega a Deus, deixando sair do nosso coração uma oração como esta: "Senhor, estou nas Tuas mãos! Tu sabes o que é mais conveniente para mim; abandono tudo o que sou e serei à tua divina vontade. Cuida de mim. Indica-me a vereda que devo seguir e dá-me a coragem necessária para caminhar com passo seguro. Senhor, confio em ti. Maria, Mãe de Jesus e

---

[18] Cf. Ignacio Segarra, *Histórias Marianas para rezar*, Lisboa, Prumo, 1983, pp. 20-21.

minha Mãe, não me abandones, nem de noite nem de dia, nem na vida nem na morte".

Dormiremos placidamente, sem temores, como dormíamos no regaço da nossa mãe, e nos levantaremos na manhã seguinte decididos a dar com valentia os pequenos grandes passos que nos conduzirão, dia após dia, à Pátria definitiva.[19]

---

19 Cf. Rafael Llano Cifuentes, *Insegurança, medo e coragem*. São Paulo, Quadrante, 1997, p. 69.

REFERÊNCIAS BIBLIOGRÁFICAS

AGOSTINHO, Santo. *Confissões*. São Paulo: Quadrante, 1989.

_____ *Comentário ao Evangelho de São João*, n. 30.

_____ *In Psalm*, n. 22.

ALVAREZ, W. *Viva em paz com seus nervos*. Rio de Janeiro: Civilização Brasileira, 1959.

ANSÓN, F. *O Mistério de Guadalupe*. São Paulo: Quadrante, 1990.

AUFFRAY, A. *Dom Bosco*. São Paulo: Dom Bosco, 1946.

BAUR, B. *A Vida Espiritual*. Lisboa: Rei dos Livros, 1995.

BERNAL, S. *Perfil do Fundador do Opus Dei*. São Paulo: Quadrante, 1978.

BERNARDO, São. *Sobre a falácia e a brevidade da vida*. 6. Hom.2, Supra Missus.

CAFFAREL, H. *Cartas sobre a oração*. São Paulo: Quadrante, 1962.

CALDAS, A. *Em conversa com Deus*. São Paulo: Quadrante, 1989.

CANALS, S. *Reflexões espirituais*. São Paulo: Quadrante, 1988.

CANTALAMESSA, R. e GAETA, S. *O Sopro do Espírito*. São Paulo: Ave-Maria, 1988.

CARDONA, Carlos. Entrevista publicada em *Mundo Cristiano*, junho de 2001 e recolhida em Interprensa, agosto de 2001.

CATECISMO DA COMISSÃO EPISCOPAL DA ESPANHA. *Con vosotros está*, Madri, 1976.

CEJAS, J. M. Montserrat Grases. Madri, Rialp, 1995.

CESÁRIO DE ARLES, São. *Sermão 25*, 1: ccl 103, 111-112.

CHIRON, Y. *El Padre Pio*. Madri: Palabra, 1999.

CINTRA, L.F. *Os primeiros cristãos*. São Paulo: Quadrante, 1991.

_____. *Como Orar?* São Paulo: Quadrante, 1996.

CIPRIANO, São. *De bano patientia*.

CONCÍLIO VATICANO II. Constituição pastoral *Gaudium et Spes*.

_____. Constituição conciliar Sacrosanctum Concilium.

COVEY, S. *Los 7 hábitos de la gente eficaz*. México: Paidós, 1994.

DAL-GAL, G. *Pio X, El Papa Santo*. Madri: Palabra, 1985.

DAUJAT, J. *Viver o Cristianismo*. Lisboa: Aster, 1973.

DOUGHERTY, E. *Ainda não tendes a fé?* in Anunciamos Jesus, outubro 1992.

ECHEVARRÍA, J. *Para servir a la Iglesia*. Madri: Rialp, 2001.

ELCID, D. *El Hermano Francisco*. Madri: BAC, 1981.

ESCRIVÁ, J. *Amigos de Deus*. São Paulo: Quadrante, 1979.

_____. *Caminho*. 7ª ed. São Paulo: Quadrante, 1989.

_____. *É Cristo que passa*. São Paulo: Quadrante, 1975.

_____. *Forja*. São Paulo: Quadrante, 1987.

_____. *Sulco*. São Paulo: Quadrante, 1987.

_____. *Via Sacra*. São Paulo: Quadrante, 1981.

EUGUI, J. *Anecdotas y virtudes*. Madri: Rialp, 1987.

_____. *Nuevas anecdotas y virtudes*. Madri: Rialp, 1995.

EYZAGUIRE, R. M. *Tesoro escondido*. Santiago de Chile, 1982.

FAUS, F. *A Paciência*. São Paulo: Quadrante, 1998.

REFERÊNCIAS BIBLIOGRÁFICAS

FERNANDEZ-CARVAJAL, F. *A cruz de Cristo*. São Paulo: Quadrante, 1999.

_____. *Falar com Deus*. Vol. 3. São Paulo: Quadrante, 1990.

FIORNEY, K. *La personalidad neurótica de nuestro tempo*. México: Paidós, 1992.

FRANCISCO DE SALES, São. *Introdução à vida devota*.

_____. *Tratado do amor de Deus*.

FRANKL, V. *La idea Psicológica del Hombre*. Madri: Rialp, 1979.

_____. *Presença Ignorada de Deus*. Rio de Janeiro: Sinodai, 1985.

_____. *Psiquiatria e sentido da vida*. São Paulo: Quadrante, 1973.

GHÉON, H. *Teresa de Lisieux*. São Paulo: Quadrante, 1990.

GRAEF, R. *Ita Pater, Sim, Pai*. Taubaté: Publicações S. C. J., 1938.

GREGÓRIO MAGNO, São. *In expositione Beati Job Moralia*, 7, 57-61.

_____. *Homiliae in Evangelia*, 2, 35, 4.

GRÜN, A. *O céu começa em você*. Petrópolis: Vozes, 2000.

JANÉS, C.; FUENTE, L. M. *Aprender a envelhecer*. São Paulo: Quadrante, 1995.

JOÃO PAULO I. *Angelus* de 10 setembro 1978.

JOÃO PAULO II. Adoração ao Santíssimo Sacramento, 2 fevereiro 1981.

_____. Audiência geral, 29 janeiro 1986.

_____. Audiência geral, 30 janeiro 1988.

_____. Carta Apostólica *Novo Milennio Ineunte*, 6 de janeiro 2001.

_____. Carta Apostólica *Tertio Milennio Adveniente*, 10 novembro 1994.

_____. *Cruzando o limiar da esperança*. Rio de Janeiro: Francisco Alves, 1994.

_____. Exortação apostólica *Reconciliatio et Paenitentia*, n. 14.

K. ESSER. *Admonitiones in Opuscula*, n. 20; *Leyenda mayor de São Francisco. S. Buenaventura*, VI, 1.

KEPEL, G. *La revancha de Dios*, Madri, 1991.

LARRANAGA, I. *O silêncio de Maria*. São Paulo: Paulinas, 1977.

LAUAND, L. J. *Ética: questões fundamentais*. São Paulo: Paulinas, 1994.

LEHODEY, V. *El Santo Abandono*. Madri: Rialp, 1977.

LEWIS, C. S. *Dor (A Grief Observer)*. Lisboa: Grifo, 1999.

_____. *El problema del dolor*. Madri: Rialp, 1994.

LIGÓRIO, Santo Alfonso Maria de. *Como conversar contínua e familiarmente com Deus*. Madri: BAC.

LLANO CIFUENTES, R. *A alegria de viver*. São Paulo: Quadrante, 1993.

_____. *A força do Sacerdócio no Espírito Santo*. Rio de Janeiro: Marques Saraiva, 1998.

_____. *Insegurança, medo e coragem*. São Paulo: Quadrante, 1997.

_____. *Grandeza de coração*. São Paulo: Quadrante, 1996.

_____. *Não temais, não vos preocupeis*. Rio de Janeiro: Marques Saraiva, 1999.

_____. *Otimismo*. São Paulo: Quadrante, 1990.

LÚCIA, Irmã. *O segredo de Fátima*. São Paulo: Loyola, 1974.

REFERÊNCIAS BIBLIOGRÁFICAS

MALVAR FONSECA, J. *Conhecer-se*. São Paulo: Quadrante, 1988.

MANGLANO, J. P. *Hablar con Jesus*. Desclée de Bouvier, 1977.

MANN, T. *Os Buddenbrook*. São Paulo: Cedibra, 1975.

MARANON, G. Tibério, *História de un resentimiento*. Madri: Espasa-Calpe, 1981.

MARITAIN, R. *As grandes amizades*. Rio de Janeiro: Agir, 1970.

MATOS SOARES, Pe. *Versão do Novo Testamento*. São Paulo: Paulinas, 1981.

MISSAL ROMANO. Sequência *Stabat Mater*.

MOHANA, J. *Paz pela oração*. Rio de Janeiro: Agir, 1977.

MONGE, M. A. *Alexia*. São Paulo: Quadrante, 1993.

NUGENT, J. *Nervos, preocupações e depressão*. São Paulo: Quadrante, 1998.

OLIVEIRA, J. C. Jornal do Brasil, Caderno B, 21 março 1979.

PORTILLO, A.; HERRANZ, G.; BERGLAR, P. *Josemaria Escrivá, instrumento de Deus*. São Paulo: Quadrante, 1992.

PORTO, L. *Deus e os adolescentes*, in Interprensa, n. 15, julho de 1998, p. 3.

ROJAS, E. *La ansiedade*. Madri: Temas de Hoy, 1995.

_____. *O homem light*. 13ª ed. Madri: Temas de Hoy, 1997.

ROSA DE LIMA, Santa. *Ad Medicum Castillo La Patrona de América*. Madri: L. Getino, 1928.

ROYO MARIN, A. *El gran desconocido, El Espíritu Santo y sus danes*. 4ª ed. Madri: BAC, 1977.

_____. *Teologia de la perfección Cristiana*. Madri: BAC, 1968.

SAINT-ÉXUPÉRY, A. *Terra dos homens*. Rio de Janeiro: José Olímpio, 1972.

SCHRIVERS, J. *O dom de si*. São Paulo: Quadrante, 1993.

SCHELER, M. *El resentimiento en la moral*. Madri, Caparrós, 1993.

SEGARRA, I. *Histórias Marianas para rezar*. Lisboa: Prumo, 1983.

SERTILLANGES, A. *Deveres*. Lisboa, 1957.

SOPP, H. *Tratado de Psicologia Cotidiana*. Barcelona, 1965.

TERESA DE JESUS, Santa. *Vida*.

_____. *Moradas*.

TERESA DO MENINO JESUS, Santa. *Manuscritos autobiográficos*. Apostolado da Imprensa.

TERTULIANO. *Tratado sobre a oração*.

THIBON, G. *Equilíbrio y armonia*. Madri: Rialp, 1978.

TOMÁS, São. *Summa Teológica*.

TORELLO, J. B. *Psicologia aberta*. Madri: Rialp, 1972.

UGARTE, E. *El veneno del resentimiento*. Revista Istmo, maio-junho, 2000.

URBANO, P. *O Homem de Villa Tevere*. São Paulo: Quadrante, 1996.

URDANOZ, I. *História de la filosofia*. Madri: BAC, 1998.

VAZQUEZ DE PRADA, A. *O fundador do Opus Dei*. São Paulo: Quadrante, 1989.

WALSH, W. T. *Nossa Senhora de Fátima*. São Paulo: Quadrante, 1996. WASSERMANN, J. *El caso Maurizius*. Barcelona, 1974.

WAST, H. *Don Bosco y su tiempo*. Madri: Palabra, 1987.

Direção geral

Renata Ferlin Sugai

Direção de aquisição

Hugo Langone

Direção editorial

Felipe Denardi

Produção editorial

Juliana Amato

Gabriela Haeitmann

Karine Santos

Ronaldo Vasconcelos

Roberto Martins

Capa

Gabriela Haeitmann

Diagramação

Sérgio Ramalho

ESTE LIVRO ACABOU DE SE IMPRIMIR
A 15 DE AGOSTO DE 2024,
EM PAPEL POLÉN NATURAL 70 g/m².